理财金点子系列丛书

炒股与炒基金快易通

科教工作室　编著

清華大學出版社
北京

内 容 简 介

本书系统全面地介绍了网上炒股的方式、技能和诀窍，并通过大量实例和成功者的经验，告诉读者如何具备最新的炒股理念、最有效的炒股方法，并轻松获得赢利或扭亏为盈，成为一名炒股高手。

本书共分为 10 章，详尽地介绍了电脑炒股入门、分析股票行情、模拟炒股、实战炒股、网上炒股、长短线炒股、股票被套与解套、网上获取炒股与基金信息、买卖基金、手机上网炒股等内容。

本书适用于股票投资的初学者、爱好者及具有一定炒股经验的股民阅读，也可作为理财和投资人员的参考书。同时，还可作为网上炒股培训的教学用书。

图书在版编目(CIP)数据

炒股与炒基金快易通/科教工作室编著. --北京：清华大学出版社，2014

(理财金点子系列丛书)

ISBN 978-7-302-34168-0

Ⅰ. ①炒…　Ⅱ. ①科…　Ⅲ. ①股票投资—基本知识　②基金—投资—基本知识　Ⅳ. ①F830.91　②F830.59

中国版本图书馆 CIP 数据核字(2013)第 243410 号

责任编辑：章忆文　张丽娜
装帧设计：刘孝琼
责任校对：王　晖
责任印制：沈　露

出版发行：清华大学出版社
　　　　　网　　址：http://www.tup.com.cn, http://www.wqbook.com
　　　　　地　　址：北京清华大学学研大厦 A 座　　邮　编：100084
　　　　　社总机：010-62770175　　　　　　　　　邮　购：010-62786544
　　　　　投稿与读者服务：010-62776969，c-service@tup.tsinghua.edu.cn
　　　　　质 量 反 馈：010-62772015，zhiliang@tup.tsinghua.edu.cn
　　　　　课 件 下 载：http://www.tup.com.cn,010-62791865
印 刷 者：清华大学印刷厂
装 订 者：北京市密云县京文制本装订厂
经　　销：全国新华书店
开　　本：170mm×240mm　　　印　张：19　　　字　数：357 千字
版　　次：2014 年 1 月第 1 版　　　　　　　　印　次：2014 年 1 月第 1 次印刷
印　　数：1～3000
定　　价：38.00 元

产品编号：047405-01

前　言

随着股票市场的日益发展，轰轰烈烈的网络与炒股结为一体，使股民足不出户就可以进行股票买卖。但是，股市就如同战场般，每一位涉足股市的投资者都想在股市搏杀中大获全胜，可事实上由于大部分股民缺乏经验、知识和系统的指导，能够盈利的只是少数投资者。

为了能够让股民掌握炒股和炒基金的方式、技能和诀窍，具备炒股所需的知识与方法，能用先进的工具指导自己进行股票交易和基金买卖，我们编写了本书。本书分为 10 章，具有以下特色。

- 举例说法：精选典型的、有代表性的实用案例，结合每章内容进行详细剖析。并且案例的可操作性强，让读者能够高效地进行复制，快速实现心中所需。
- 内容丰富：介绍最新的、最流行的元素、资讯和软件，紧跟时代，贴近生活和工作。操作步骤采用类似表格双栏的编写方式，版式紧凑充实。
- 倾囊相授：总结多年的经验和技巧，结合每章内容给出相应的点拨和指导，并且细致、分步地进行讲解，帮助读者快速理解和掌握。

本书由科教工作室组织编写，陈锦屏、崔浩、丁永平、费容容、何璐、黄纬、季业强、刘兴、罗晔、潘小凤、孙美玲、谭彩燕、王佳、杨柳、俞娟、岳江、张蓓蓓、张魁、张芸露、邹晔等人参与了创作和编排等事务。

由于时间仓促，作者水平有限，书中难免有不妥之处，欢迎广大读者批评指正。另外，如果您在使用本书时有任何疑难问题，可以通过 kejiaostudio@126.com 邮箱与我们联系，我们将尽全力解答您所提出的问题。

编　者

目　　录

第 1 章　稳扎稳打——电脑炒股入门

本章导读

现在，最实用的看盘工具就是电脑。人们只要打开电脑，连接上网就可以坐在家中查看、分析股市行情，并委托下单，实现远程炒股交易。

本章重点

- 准备炒股设备
- 连接 Internet
- 设置电脑安全
- 了解证券交易所
- 了解证券

1.1 炒股必备条件

本章将详细介绍电脑炒股的基础知识，包括电脑的基本操作、电脑联网和认识证券等。

1.1.1 准备电脑

要使用电脑进行炒股，首先应该对电脑有初步的认识，并根据自己的需求配置合适的电脑。本节将简要介绍一些电脑配置知识，包括电脑的种类、电脑的软件系统、炒股软件等。

1. 配置电脑硬件系统

目前市场上的个人电脑主要分为台式电脑和笔记本电脑。

(1) 台式电脑

台式电脑简称台式机，从外观上看，一般由主机、显示器、键盘和鼠标几部分组成，如下图所示。

根据用户选购硬件的方式，台式机可分为兼容机和品牌机两种。兼容机是指用户自己选购所需的各种硬件，然后组装成电脑；品牌机是指由厂家组装后整机出售的电脑。对于同样的电脑硬件配置，一般兼容机价格较低，但它的硬件保修期比较短，一般为 1 年，并且兼容机没有完善的售后服务；而品牌机的稳定性较高，并且会提供比较优质的售后服务，甚至有的品牌机在出售时会附带正版系统软件。

（2）笔记本电脑

笔记本电脑的组成与台式电脑类似，但是两者在外观上有很大的区别。笔记本电脑由液晶显示屏和键盘组成，如下图所示。笔记本电脑的造型就像我们平时用于书写记事的小本子一样，便于携带，其体积比台式电脑小很多。

笔记本电脑的键盘下方有一个触摸板，由一个感压板和两个按钮组成，如下图所示。在感压板上，用户可以通过手指的滑动来移动鼠标，两个按钮相当于鼠标的左右键，可以帮助用户有效地操作鼠标。

2. 安装软件系统

软件是指在电脑硬件设备上运行的各种程序、数据以及相关文档的总称。只有安装了软件的电脑才能工作，否则它就是一台"裸机"。软件可以分为系统软件和应用软件两大类。

（1）系统软件

系统软件的主要作用是对电脑的软硬件资源进行管理，并提供各种服务。其中操作系统是最常见和最基本的系统软件，是整个软件系统的核心，用于控制和协调电脑硬件的工作，并为其他软件提供平台，常见的操作系统有 Windows Vista、Windows XP 和 Windows 7 等。

（2）应用软件

应用软件又分为专用软件和工具软件两种，是用程序设计语言开发的系列程序的集合。

3. 炒股电脑的基本配置

炒股电脑不仅需要连接 Internet 网络，还要安装和运行炒股的相关软件。为了能够及时了解最新的股市信息，保证数据流和操作顺畅，对炒股电脑的基本设置要求如下。

- CPU：Intel Pentium 或 AMD 双核 CPU，主频至少为 1GHz 以上。
- 内存：1GB DDR2 以上。
- 硬盘：160GB 以上。
- 显卡：独立显卡 256MB 以上。
- 光驱：DVD 光驱。
- 操作系统：Windows XP/Windows Vista/Windows 7。

1.1.2 连接网络

学会上网是用电脑炒股的必要技能。连接上网络后，用户才能下载炒股软件、查看股票信息。

1. 选择上网方式

目前连接网络的方式有很多种，主要可分为窄带和宽带两种接入方式。窄带主要指拨号上网、ISDN 等速度比较慢的网络连接方式；而宽带的范围比较广，其中包括 ADSL、光纤上网等。下面将简单介绍这几种上网方式的优缺点，以方便用户选择。

(1) 拨号上网

拨号上网是一种重要的网络接入方式，是指通过调制解调器和电话线将电脑连入 Internet 的方式。优点是需要的配置和开通简单、使用方便；缺点是速度慢、接入质量差，而且用户在上网的同时不能接听电话。这种上网方式适合于上网时间较少的个人用户。

(2) ISDN 上网

ISDN(俗称"一线通")上网也是利用现有电话线来访问因特网。优点是可以边上网边接听电话，而且上网速度快；缺点是费用较高，因为使用 ISDN 需要专用的终端设备(包括网络终端 NT1 和 ISDN 适配器)。

(3) ADSL 宽带上网

ADSL(Asymmetric Digital Subscriber Line，简称"非对称数字用户环路")是中国电信推出的一项质优价廉的互联网接入服务。它采用双绞线的入户方式，免去了重新布线的问题，只要家中装有电话就可以拨打 10000 申请安装。优点是采用星型结构、保密性好、安全系数高、速度快(相对拨号上网的速度)、价格低；缺点是不能传输模拟信号。

(4) 用小区宽带上网

小区宽带也是一种常见的宽带接入方式，主要采用光缆与双绞线相结合的整体布线方式，利用以太网技术为整个社区提供宽带接入服务。小区宽带安装简单、不占用电话、有线电视等其他通信通道，性能稳定，一般可以提供 10Mb/s 以上的共享带宽，并可根据要求升级到100Mb/s以上；缺点是专线速率往往很低，制约了小区宽带的发展。

(5) 光纤上网

光纤上网用光纤线代替铜芯电话线，通过光纤收发器、路由器和交换机连接因特网。优点是带宽独享，性能稳定，升级改造费用低，不受电磁干扰，损耗小，安全、保密性强，传输距离长。

(6) 无线上网

无线上网不需要通过电话线或网络线连接到因特网，而是通过通信信号来联网。只要用户所处地点在无线接入口的无线电波覆盖范围内，再配上一张兼容的无线网卡就可以轻松上网了。优点是不受地点和时间的限制、速度快、无线上网卡还可收发短信；缺点是费用高。

2. 使用ADSL连接Internet

ADSL是国内普及率较高的网络连接方式，它以安装方便、网速快、价格低廉、宽带服务多等特点深受广大用户青睐。使用ADSL连接Internet之前，必须先做好以下准备。

- 硬件条件：一台电脑、一根电话线和一个ADSL调制解调器(也称Modem，俗称"猫"，用于将电话线传输的模拟信号转换为电脑能够处理的数字信号)。
- 软件条件：对于要上网的电脑，Windows 7系统包含了所有需要的软件。
- 上网账号：用户需要向Internet服务提供商(Internet Services Provider，简称为ISP，网络服务商)申请上网账户(包括用户名和密码)。

准备工作做好后，需要安装和连接ADSL调制解调器，工作人员会上门为用户进行安装调试。安装和连接完毕后，用户需要在电脑中创建ADSL拨号连接。以后只要运行该连接，就可以连接Internet。创建ADSL拨号上网的具体方法如下。

Step 01 打开"控制面板"窗口。	**Step 02** 打开"网络和共享中心"窗口。

① 在桌面上单击"开始"按钮。 ② 选择"控制面板"命令。	在打开的"控制面板"窗口中，单击"网络和共享中心"图标。

Step 03 单击"设置新的连接或网络"链接。

打开"网络和共享中心"窗口，单击"更改网络设置"区域下的"设置新的连接或网络"链接。

Step 04 选择一个连接选项。

① 单击"连接到 Internet"选项。

② 单击"下一步"按钮。

Step 05 选择连接方式。

弹出"连接到 Internet"对话框，单击"宽带(PPPoE)(R)"选项。

Step 06 输入 ISP 提供的信息。

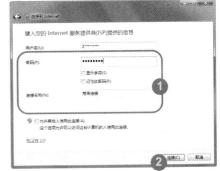

① 输入 ISP 提供的"用户名"和"密码"，并设置连接名称。

② 单击"连接"按钮。

Step 07 连接互联网。

单击"连接"按钮后，系统就会自动连接 Internet。

Step 08 打开"网络连接"窗口

在"网络和共享中心"窗口中单击左侧窗格中的"更改适配器设置"文字链接。

Step 09 打开"网络连接"对话框。

① 在"网络连接"窗口中右击新创建的宽带连接图标。

② 从弹出的快捷菜单中选择"连接"命令。

Step 10 使用宽带连接拨号上网。

① 输入申请的上网账户和密码。

② 单击"连接"按钮连接因特网。

1.2 电脑安全设置

电脑的安全是一个不容忽视的问题，特别是对于要进行网上委托交易的股民来讲，保证上网安全是很重要的，因此如何更好地实现电脑防护也成为人们关注的焦点。电脑的安全防护方法有很多，下面具体介绍如何实现电脑安全防护。

1.2.1 安装系统补丁程序

Windows 7 操作系统存在一些安全漏洞，这些安全漏洞会威胁到电脑安全，会给我们造成一些不必要的损失，因此需要使用 Windows 自动更新功能来安装系统补丁。

1. 使用 Windows Update 自动更新系统

使用 Windows Update 功能可以很方便地更新系统，它是 Windows 的联机扩展功能，可以连接到 Microsoft 网站的升级站点页面，程序会分析操作系统中需升级的项目，并将升级的项目列表显示出来，用户可以根据自己的需要选择补丁程序并安装。

Step 01 选择 Windows Update 命令。

在桌面上选择"开始"|"所有程序"| Windows Update 命令。

Step 02 打开"更改设置"窗口。

在 Windows Update 窗口中单击"更改设置"文字链接。

Step 03 检查完毕。

① 在"重要更新"选项组中设置更新选项为"自动安装更新(推荐)",接着设置"安装新的更新"的日期和时间。

② 单击"确定"按钮,保存设置。

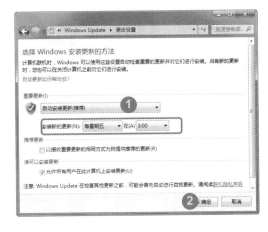

2. 手动更新系统

除了可以让 Windows Update 程序自动更新系统外,用户也可以通过手工操作随时更新系统,操作步骤如下。

Step 01 打开 Windows Update 窗口。

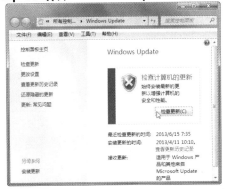

参考前面的方法,打开 Windows Update 窗口,并单击"检查更新"按钮。

Step 02 开始检查更新。

开始检查更新,稍等片刻。

Step 03 更新检查完成。

检查完成后,在窗口中单击"现在安装"按钮。

Step 04 下载更新程序。

开始下载检查到的更新程序,稍等片刻。

Step 05 显示下载的更新程序。

更新程序下载完成后，会在窗口中显示可更新程序的数目，单击"××个重要更新可用"链接。

Step 06 选择要更新的程序。

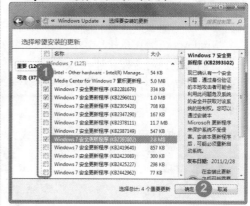

❶ 选择要更新的程序。

❷ 单击"确定"按钮。

Step 07 安装选择的更新程序。

返回 Windows Update 窗口，单击"安装更新"按钮。

Step 08 更新程序。

开始更新选择的更新程序，稍等片刻。

Step 09 重启电脑使设置生效。

更新程序安装完成后，会提示要重新启动电脑，单击"立即重新启动"按钮，重新启动电脑，使更新生效。

1.2.2　启动系统防火墙

Windows 7操作系统中内置了防火墙功能，用户可以通过设置防火墙来拒绝网络中的非法访问通道，防止发生不可预测的、潜在的、破坏性的入侵。在默认情况下，Windows已经打开了防火墙，但用户在安装某些软件时，可能会关闭Windows防火墙功能，本节将介绍如何再次启动防火墙。

Step 01　将控制面板切换到大图标模式。

① 在"控制面板"窗口中单击"查看方式"后的"类别"按钮。

② 选择"大图标"命令。

Step 02　打开"Windows防火墙"窗口。

单击"Windows防火墙"链接。

Step 03　打开"自定义设置"窗口。

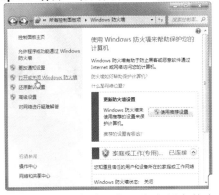

在"Windows防火墙"窗口的左侧窗格中单击"打开或关闭Windows防火墙"链接。

Step 04　启用Windows防火墙。

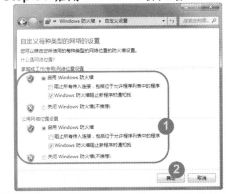

① 选中"启用Windows防火墙"单选按钮。

② 单击"确定"按钮。

1.2.3　设置浏览器安全级别

为了加强网络安全管理，IE浏览器中将网络划分为4个区域，分别为Internet、本地Intranet、受信任的站点和受限制的站点。每个区域都有自己的安全级别，用户可以根据不同的安全级别来设置活动的区域。设置 IE 安全级别的具体步骤如下。

Step 01　打开 IE 浏览器。

在桌面上选择"开始"|"所有程序"|Internet Explorer 命令，打开 IE 浏览器。

Step 02　打开"Internet 选项"对话框。

① 在 IE 浏览器窗口中单击"工具"菜单。

② 选择"Internet 选项"命令。

Step 03　切换到"安全"选项卡。

① 单击"安全"选项卡下。

② 在"选择要查看的区域或更改安全设置"列表框中单击 Internet 选项。

③ 单击"自定义级别"按钮。

Step 04　设置 Internet 的安全性。

① 根据需要启用或禁用某些项目。

② 设置 Internet 区域的安全级别。

③ 单击"确定"按钮。

Step 05 打开"可信站点"对话框。

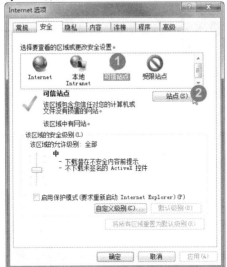

❶ 单击"可信站点"选项。

❷ 单击"站点"按钮。

Step 06 添加网站到区域。

❶ 输入可信站点的网址。

❷ 单击"添加"按钮，添加可信任站点。

❸ 设置完毕后，单击"关闭"按钮，返回 "Internet 选项"对话框，再单击"确定" 按钮。

1.2.4 安装设置杀毒软件

如果电脑感染了病毒，那么用户需要马上关闭所有的应用程序，并用杀毒软件来清除病毒。本节以"360 安全卫士"软件为例来介绍杀毒软件的安装和使用方法。

1. 安装杀毒软件

安装 360 安全卫士软件的具体步骤如下。

Step 01 打开 360 杀毒软件所在的文件夹。

双击 360 安装图标。

Step 02 立即安装。

❶ 选中"已阅读并同意许可协议"复选框。

❷ 单击"立即安装"按钮。

Step 03　安装中。

此时能看到 360 杀毒软件正在安装中。

Step 04　安装完成。

单击"完成"按钮。

Step 05　成功安装 360 安全卫士。

随后即可打开 360 安全卫士杀毒软件的工作界面。

2. 使用 360 安全卫士查杀木马

使用 360 安全卫士查杀木马的具体步骤如下。

Step 01　启动 360 安全卫士程序。

双击桌面上的"360 安全卫士"图标，然后在打开的窗口中单击"检查更新"链接。

Step 02　检查更新木马库。

开始检查木马库，并将其升级到最新版本。

Step 03 完成木马库升级。

木马库升级完成后，单击"关闭"按钮，关闭"360 安全卫士"对话框。

Step 04 选择木马查杀方式。

① 在"360 安全卫士"窗口中单击"木马查杀"按钮。

② 单击"全盘扫描"按钮。

自定义扫描

若在"木马查杀"面板中单击"自定义扫描"按钮，则会弹出"360 木马云查杀"对话框，如下图所示。设置要扫描的区域，再单击"开始扫描"按钮，可以对指定区域进行木马查杀。

Step 05 开始扫描文件。

开始扫描所有电脑硬盘，并在窗口中显示当前的查杀进度。

Step 06 完成扫描。

木马查杀完成后，在窗口中单击"返回"按钮。

1.2.5　使用 360 保险箱保护证券账号

要想在网上安全炒股，不让黑客盗取自己的账号和密码，可以使用 360 保险箱保护证券账号，操作步骤如下。

1. 安全启动程序

Step 01　选择要使用的工具。

❶ 在 "360 安全卫士" 窗口中单击 "功能大全" 按钮。
❷ 单击 "360 游戏保险箱" 按钮，加载该程序。

Step 02　扫描可加载对象。

360 游戏保险箱加载完毕后，将自动启动该工具，同时开始自动扫描 360 游戏保险箱可以保护的软件，并将其添加到该工具中。

Step 03　扫描完毕。

扫描完毕后，单击 "下一步" 按钮。

Step 04　关闭 "添加向导" 对话框。

配置向导完成后，单击 "完成" 按钮，关闭 "添加向导" 对话框。

Step 05 选择要启动的程序。

1. 单击"所有保护应用"选项。
2. 单击"大智慧"按钮。

Step 06 安全启动程序。

此时大智慧软件就从360保险箱中启动了，从而可以安全保护炒股账号。

2. 智能添加保护对象

如果在打开的360游戏保险箱窗口中找不到要启动的程序，可以通过下述操作将程序智能地添加到保险箱。

Step 01 打开"添加向导"对话框。

1. 单击窗口左上角的"更多"按钮。
2. 在打开的菜单中选择"添加向导"命令。

Step 02 选择添加对象方式。

在弹出的"添加向导"对话框中选择添加对象方式，这里单击"自动智能添加"按钮。

 **小贴士**

指定目录添加

若知道要添加对象的路径，可以在"添加向导"对话框中单击"指定目录添加"按钮，然后在弹出的"浏览文件夹"对话框中选择目录位置，再单击"确定"按钮，这样将直接搜索该目录下的所有文件，查找要添加的对象，如下图所示。

Step 03 扫描可以添加的对象。

扫描计算机中可以添加到360游戏保险箱中的软件。

Step 04 扫描完毕。

扫描完毕后，单击"下一步"按钮。

Step 05 关闭"添加向导"对话框。

配置向导完成后，单击"完成"按钮，关闭"添加向导"对话框。

Step 06 启动新添加的对象。

❶ 右击新添加的"大智慧"软件。

❷ 选择"打开"命令，即可安全地启动大智慧软件。

3. 手动添加对象

如果使用"添加向导"功能没有扫描到需要安全启动的软件，可以通过下述操作手动添加对象。

Step 01 打开"添加向导"对话框。

在"360 游戏保险箱"窗口单击"添加"按钮。

Step 02 选择添加方式。

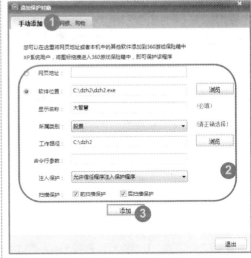

① 切换到"手动添加"选项卡。

② 设置软件位置、显示名称、所属类别、工作路径、扫描保护等参数。

③ 单击"添加"按钮，添加软件对象。

1.3 证券交易所简介

证券交易所是依据国家有关法律，经政府证券主管机关批准设立的、进行集中证券交易的有形场所。其主要职责是：提供股票交易的场所和设施；制定证券交易所的业务规则；审核批准股票的上市申请；提供和管理股票信息；组织、监督股票交易活动等。

证券公司可以从事下列客户资产管理业务：

(1) 为单一客户办理定向资产管理业务。

(2) 为多个客户办理集合资产管理业务。

(3) 为客户办理特定目的的专项资产管理业务。

1.3.1 上海证券交易所

上海证券交易所简称为"上证所"，位于上海浦东新区，是中国内地最大的证券交易所。它创立于 1990 年 11 月 26 日，同年 12 月 19 日开始正式营业。上海证券交易所不以营利为目的，归中国证监会直接管理。

上海证券交易所的市场交易时间为每周一至周五，而在周六、周日和上证所公告的休市日市场休市。交易日时，上午为前市，9:15～9:25 为集合竞价时间，9:30～11:30 为连续竞价时间；下午为后市，13:00～15:00 为连续竞价时间。上海证券交易所官网首页(网址是

http://www.sse.com.cn)如下图所示。

1.3.2　深圳证券交易所

深圳证券交易所位于深圳罗湖区，成立于 1990 年 12 月 1 日，于 1991 年 7 月 3 日正式营业，是为证券集中交易提供场所和设施，组织和监督证券交易，实行自律管理的法人，由中国证监会直接监督管理。

深圳证券交易所的市场交易时间与上证所相同：上午 9:30～11:30，下午 13:00～15:00。深圳证券交易所的官网(网址是 http://www.szse.cn)首页如下图所示。

1.3.3 香港证券交易所

香港证券交易所又称香港交易及结算所有限公司(简称港交所),位于香港中环,是中国企业筹集国际资金最有效的渠道。它是一家控股公司,全资拥有香港联合交易所有限公司、香港期货交易所有限公司和香港中央结算有限公司三家附属公司。

香港的第一家证券交易所于 1891 年成立。目前,香港证券交易所已于 2000 年 6 月上市,其主要业务是拥有、经营香港唯一的股票交易所与期货交易所,以及其有关的结算所。香港证券交易所官网(网址是 http://sc.hkex.com.hk/TuniS/www.hkex.com.hk/chi/index_ c.htm)首页如下图所示。

1.3.4 国外证券交易所

国外的证券交易所主要有 4 家:纽约证券交易所、纳斯达克证券交易所、伦敦证券交易所和东京证券交易所。

1. 纽约证券交易所

纽约证券交易所,简称"纽约证交所",总部位于美国纽约州纽约市百老汇大街 18 号。它是全球上市公司总市值第一的交易所市场,也是美国历史最悠久的证券市场。200 多年来,它为美国经济的发展做出了杰出的贡献。作为世界性的证券交易场所,纽约证交所也接受外国公司挂牌上市，但上市条件较美国国内公司更为严格。纽约证券交易所官网(网址是 http://www.nys e.com)首页如下图所示。

2. 纳斯达克证券交易所

纳斯达克证券交易所，是美国也是世界最大的股票电子交易市场，位于美国华盛顿，其英文全称是 "National Association of Securities Dealers Automated Quotation"，译为 "全美证券商协会自动报价系统"，它建于 1971 年，是随着信息业与服务业的兴起而产生的。纳斯达克是一个完全采用电子交易、为新兴产业提供竞争舞台、自我监管、面向全球的股票市场。纳斯达克股票市场是世界上首家电子化的股票市场，是世界上主要的股票市场中成长速度最快的市场。有 5400 家公司的证券在这个市场上挂牌，每天在美国市场上换手的股票中有超过半数的交易是在纳斯达克进行的。纳斯达克证券交易所官网(网址是 http://www.nasdaq.com)首页如下图所示。

3. 伦敦证券交易所

伦敦证券交易所是英国第一家证券市场,于 1773 年由伦敦柴思胡同的乔纳森咖啡馆逐渐演变而来。伦敦证券交易所是世界四大证券交易所之一,它不仅是欧洲债券及外汇交易领域的全球领先者,还受理超过 2/3 的国际股票承销业务,其外国股票的交易超过其他任何证交所。伦敦证券交易所的官网(网址是 http://www.londonstockexchange.com)首页如下图所示。

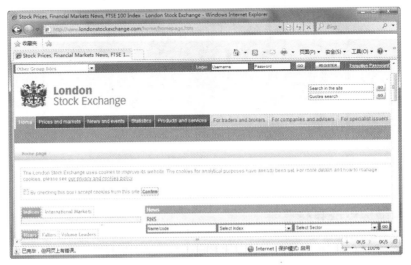

4. 东京证券交易所

东京证券交易所(简称"东证"),总部位于日本东京。东京证券交易所与大阪证券交易所、名古屋证券交易所并列为日本三大证券交易所。东京证券交易所的历史虽然不长,但它却是仅次于纽约证券交易所的世界第二大证券市场,不过它以日本的企业为主,外国企业较少。东京证券交易所的官网(网址是 http://www.tse.or.jp)首页如下图所示。

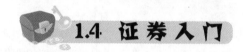

1.4 证券入门

1.4.1 证券市场概述

证券市场是证券发行和交易的场所。证券的产生已有很久的历史，但证券的出现并不标志着证券市场同时产生，只有当证券的发行与转让公开通过市场的时候，证券市场才随之出现。证券市场是商品经济和社会化大生产发展的必然产物。

1. 证券市场的组成

证券市场的构成要素包括3个方面：证券市场参与者、证券市场交易工具和证券交易场所。证券市场参与者包括证券发行人、证券投资者、证券市场中介机构、自律性组织、证券监管机构。证券市场交易工具包括政府债券(包括中央政府债券和地方政府债券)、金融债券、公司(企业)债券、股票、基金及金融衍生证券等。证券交易场所包括场内交易市场和场外交易市场两种形式。1613年，世界上第一个证券交易所诞生于荷兰，其名称为"阿姆斯特丹证券交易所"。

2. 证券市场的基本功能

证券市场是市场经济发展到一定阶段的产物，其实质是资金的供给方和资金的需求方通过竞争决定证券价格的场所。因此，融通资金功能、资本定价功能、资本配置功能是证券市场的3个基本功能。

(1) 融通资金功能

证券市场的融通资金功能指的是，证券市场为资金需求者筹集资金的功能。这一功能的另一个作用是为资金供给者提供投资对象。证券市场的任何证券，既是筹资的工具，也是投资的工具。

在经济运行过程中，既有资金盈余者，又有资金短缺者。一般来说，企业融资有两种渠道：一是间接融资，即通过银行贷款获得资金；二是直接融资，即发行各种有价证券使社会闲散资金汇集成为长期资本。在证券市场上，资金盈余者可以通过买入证券而实现投资，而资金短缺者可以通过发行各种证券来达到筹资的目的。

(2) 资本定价功能

证券市场的资本定价功能指的是：为资本决定价格。证券市场提供了资本的合理定价机制。证券是资本的存在形式，因此，证券的价格实际上是证券所代表的资本价格。证券的价格是证券市场上证券供求双方共同作用的结果。

证券市场的运行形成了证券需求者竞争和证券供给者竞争的关系，竞争的结果是：能产生高投资回报的资本，市场需求就大，其相应的证券价格就高；反之，证券的价格就低。

(3) 资本配置功能

证券市场的资本配置功能指的是：通过证券价格引导资本的流动而实现资本的合理配置。在证券市场上，证券价格的高低是由该证券所能提供的预期报酬率的高低决定的。证券价格的高低实际上是该证券筹资能力的反映。

资本的趋利性，决定了社会资金要向经济效益最高的行业和企业集中，例如：经营好、发展潜力巨大的企业，或者是来自于新兴行业的企业。由于这些证券的预期报酬率高，因而其市场价格也就相应高，从而其筹资能力就强；相反，经济效益差的企业的证券投资者就少，市场交易就不旺盛。这样，证券市场就引导资本流向能产生高报酬率的企业或行业，从而使资本产生尽可能高的效率，进而实现资本的合理配置。

小贴士

客观评价证券市场的功能及作用

证券市场以其独特的方式影响着近现代社会，对社会经济的发展起着重要作用。但任何事物都具有两面性，证券市场也有其消极作用。例如：证券市场上的投机行为，会造成市场的混乱，进而影响其他金融市场的秩序，甚至还可能加剧社会矛盾。因此，对证券市场的功能及作用，应有一个客观的评价。

3. 证券市场的分类

证券市场的分类方式有多种，例如：按市场职能不同，分为发行市场和流通市场；按证券性质不同，分为股票市场和债券市场；按组织形式不同，分为场内市场和场外市场。下面介绍按市场职能划分的发行市场和流通市场。

小贴士

什么是场内市场和场外市场

场内市场，即场内交易所，一般是指证券交易所市场或集中交易市场；而场外市场主要是指柜台市场、第三市场和第四市场。

(1) 发行市场

发行市场是筹资者通过发行股票、债券等金融工具，从市场上筹集资金的场所。发行活动是股市一切活动的源头和起始点，因此发行市场又称为"一级市场"。

发行市场的规模决定了交易市场的规模，影响着交易市场的交易价格。发行市场由证券发行者、证券承销商(中介机构)和证券投资者三个元素构成。

(2) 流通市场

流通市场是指已发行的证券通过买卖交易实现流通转让的场所。流通市场是证券得以持续扩大发行的必要条件，流通市场又称为"二级市场"。

与发行市场的一次性行为不同，在流通市场上证券可以不断地进行交易。证券买卖双方在指定的证券交易平台上，按照交易规则，通过连续性竞价形成合理的交易价格，实现证券在投资者之间的转让。一般情况下，证券交易结算体系会在交易当日为投资者办理证券与资金的预结算，买下证券；然后在成交次日，交易者可以办理交割手续，卖掉证券。

1.4.2　证券分类

不同的企业，根据不同的需要可以发行不同类型的证券，例如，按证券的性质进行划分，可以将证券分为证据证券、凭证证券和有价证券三大类。

(1) 证据证券

证据证券是一种单纯地证明一种事实的书面文件，如信用证、证据、提单等。

(2) 凭证证券

凭证证券又称无价证券，是证明持证人具有某种合法权利的有效书面证明文件，如定期存款单、仓单、借据、收据存款单等。

凭证证券由于不能流通，所以不存在流通价值和价格。

(3) 有价证券

有价证券是证券的一种，在其票面上标有一定金额，是证明持有人有权按期取得一定收入并可自由转让和买卖的所有权或债权凭证。它与前面两种证券的主要区别是有价证券可以让渡。

小贴士

让渡的含义

让渡是指权利人将自己有形物、无形的权利或者是有价证券的收益权等通过一定的方式，以有偿或者无偿的方式将其全部或部分转让给他人所有或者占有，或是让他人行使相应权利。

1.4.3　证券代码

每只上市证券均拥有自己的证券代码，证券与代码一一对应，且证券的代码一旦确定，就不再改变，这主要是为了便于电脑识别，使用时也比较方便。

目前证券交易所挂牌交易的各证券产品，均对应一个6位数字的代码，既方便投资者查看行情，又是证券交易中的必填要素。

以下是常用的证券代码。

- 沪A：60****；封基：50****；上证基金通、ETF：51****；
- 深A：00****；封基：18****；LOFS：16****；ETF：15****；
- 沪B：90****；

- 深 B：20****；
- 普通三板 A 股:40****；三板 B 股：42****；新三板：43****；
- 创业板：30****。

此外在股票申购、配股缴款等情况下，又会产生与上市交易不同的特定申购代码、配股代码等，也均为 6 位数字代码。

1. 上海证券交易所的证券代码

上海证券交易所的股票根据"证券编码实施方案"，采用 6 位数编制方法。代码的前 3 位数用来区别证券品种，如 600×××为 A 股、900×××为 B 股等。绝大多数股票是按照上市时间排序而定的，如 600657 比 600656 上市晚。若增加新股票，则按照现有的代码依序排列。

2. 深圳证券交易所的证券代码

深圳证券交易所的股票代码以前是 4 位，2001 年升级为 6 位。升级前，深圳本地上市公司前两位代码是 00，后两位代码按上市时间排序，如 0001 是深发展 A、0002 是深万科 A；非深圳本地上市公司第一位代码是 0，第二位代码从 4 开始排列，后 3 位数按照上市时间排序，如 0501 是鄂武商等。2001 年，深圳证券交易所代码升级，其方式是在原代码的左端添加 00。

1.4.4　股票

股票是一种无偿还期限的有价证券，是股份公司在筹集资本时向出资人公开或私下发行的、用以证明出资人的股本身份和权利，并根据持有人所持有的股份数享有权益和承担义务的凭证。每一股同类型股票所代表的公司所有权是相等的，即"同股同权"。股票可以公开上市，也可以不上市。在股票市场上，股票也是投资和投机的对象。

1. 股票的特点

股票是股份公司在筹集资本时向出资人发行的股份凭证，具有以下特点。

- 永久性：股票从发行后，只要股份公司存在，股票就会一直存在。而且，股票在被投资者购买后，不能要求退股，只能到二级市场卖给第三者，也就是所谓的转让。股票转让表示公司的股东改变了，但不会影响公司的资本。
- 参与性：股票代表其持有者拥有对股份公司的所有权，如出席股东大会、选举公司董事会、参与公司重大决策等。股东持有股票的多少，决定了其参与公司决策的权利大小。
- 收益性：投资者凭借持有的股票，可以从公司领取股息或红利，获取投资的收益。股票收益的大小，主要取决于公司的盈利水平和公司的盈利分配政策。

股票收益的其他表现

股票的收益性还表现在股票投资者可以获得价差收入或实现资产保值增值。通过低价买入和高价卖出股票，投资者可以赚取价差利润。

- 流通性：是指股票可以在不同投资者之间进行转让。通常以可流通的股票数量、股票成交量以及股价对交易量的敏感程度来衡量。可流通的股数越多，成交量越大，价格对成交量越不敏感，股票的流通性就越好，反之就越差。
- 风险性：股票在交易市场上作为交易对象，同商品一样，有自己的市场行情和市场价格。由于股票价格要受到诸如公司经营状况、供求关系、银行利率、大众心理等多种因素的影响，其波动有很大的不确定性。正是这种不确定性，有可能会使股票投资者遭受严重损失。股票是一种高风险的金融产品，价格波动的不确定性越大，投资风险也越大。

2. 股票分类

(1) 按照股票持有者划分

按照股票持有者的不同，可以将股票划分为国家股、法人股和个人股。

- 国家股不可上市流通转让，其资金来自国有资产。
- 法人股必须经中国人民银行批准才能转让，其资金来自于企事业单位。
- 个人股可以自由流通，其资金来自社会公众。

(2) 按照股东权益划分

按照股东权益的不同，可以将股票划分为普通股和优先股。

- 普通股享有优先认股、参与经营表决、股票自由转让等权利，它的股息和红利多少取决于公司盈利和股息分配政策。
- 优先股有优先分配股息和清偿资产的权利，一般没有表决权，它的股息是事先约定的，不会因公司盈利的多少而改变。

(3) 按照发行范围划分

按照发行范围，可以将股票划分为 A 股、B 股和 H 股等。

- A 股：A 股的正式名称是人民币普通股票，它由中国境内的公司发行，供境内机构、组织和个人(个人不包括台湾、香港和澳门的投资人)来认购交易。
- B 股：B 股的正式名称是人民币特种股票，它是在中国境内证券交易所上市交易的外资股，但是以人民币标明面值，以外币认购和买卖。B 股公司的投资者在境外或中国台湾、香港和澳门，但公司注册地和上市地都在中国境内。
- H 股：H 股又称企业股，是指注册地在内地，上市地在香港的外资股。

(4) 按照票面形式划分

按照票面形式，可以将股票划分为有面额、无面额和有记名、无记名等。中国上市的股票都是有面额股票，它在票面上标明票面价值；无面额股票仅仅标明股票占资产总额的比例；记名股票设置有股东名簿，将股东姓名记入该名簿，转让时需办理过户手续；无记名股票股东姓名不记入名簿，买卖也无须过户。

3. 股票的价格分类

股票的价格分为市场价格和理论价格两种类型。

(1) 股票的市场价格

股票的市场价格是指股票在二级市场上买卖成交的价格。股票市场分为发行市场和流通市场，相应地，股票的市场价格也分为发行价格和流通价格。

股票的发行价格是由发行方和证券承销商协议确定的。股票发行价格的确定有三种情况。

● 股票的发行价格就是股票的票面价值。

● 股票的发行价格以股票在流通市场上的价格为基准来确定。

● 股票的发行价格介于股票面值与市场流通价格之间，通常在对原有股东进行有偿配股时采用这种价格。

小贴士

确定股票发行价格的公式

国际市场上确定股票发行价格的参考公式为

股票发行价格=市盈率还原值×40%+股息还原率×20%+每股净值×20%+预计当年股息与一年期存款利率还原值×20%

这个公式全面考虑了影响股票发行价格的若干因素，如利率、股息、流通市场的股票价格等。发行价格不能过高或过低，股票发行价格过高，不利于股票的出售；发行价格过低，会给发行方带来损失。

股票在流通市场上的价格是完全意义上的股票市场价格，一般称为股票市价或股票行市。股票市价表现为开盘价、收盘价、最高价、最低价等形式。其中，收盘价最重要，是分析股市行情时采用的基本数据。

(2) 股票的理论价格

股票代表的是持有者的股东权。这种股东权的直接经济利益，表现为股息、红利收入。股票的理论价格，就是为获得这种股息、红利收入的请求权而付出的代价，是股息资本化的表现。

静态地看，股息收入与利息收入具有同样的意义。投资者要把资金投资于股票还是存入银行，首先取决于哪一种投资的收益率更高。按照等量资本获得等量收入的理论，如果股息率高于利息率，人们对股票的需求就会增加，股票价格就会上涨，从而股息率就会下降，一直降到股息率与市场利率大体一致为止。按照这种分析，可以得出股票的理论价格

公式为

股票理论价格=股息红利收益/市场利率

计算股票的理论价格需要考虑的因素包括预期股息和必要收益率。

4. 股票的价值

(1) 股票的面值

股票的面值是指股份公司在所发行的股票上标明的票面金额，其作用是用来表明每一张股票所包含的资本数额。股票的面值一般都印在股票的正面，且基本都是整数，如百元、拾元、壹元等。

一般来说，股票的发行价都会高于其面值。当股票进入二级市场流通后，股票的价格就与股票的面值相分离了，彼此之间没有什么直接的联系，股民将其炒多高，它就有多高。

(2) 股票的内在价值

股票的内在价值是指在某一时刻股票的真正价值，它也是股票的投资价值。计算股票的内在价值需用折现法，但是上市公司的寿命期、每股税后利润及社会平均投资收益率等都是未知数，所以股票的内在价值较难计算。在实际应用中，一般都是取预测值。

(3) 股票的市场价格

股票的市场价格是指股票在二级市场上买卖成交的价格，它是人们最常使用的股票价格。股票的市场价格在供求关系等因素的驱使下会上下波动，投资者正是在股票市场价格的波动中，通过买卖股票，获取差额利益，这也是投资者投资股票的真正目的。如果没有特别说明，一般所说的股票价格就是指股票的市场价格。

(4) 股票的净值

股票的净值是用会计统计方法计算出来的每股股票所包含的资产净值，又称为账面价值或每股净资产。其计算方法是用公司的净资产除以总股本，净资产包括注册资金、各种公积金、累积盈余等，但不包括债务。股东实际拥有的资产随股份公司账面价值的增加而增加，股份公司账面价值越多，股东实际拥有的资产就越多。

 小贴士

账面价值是股民应该注意的信息

股民应注意上市公司的这一数据。因为账面价值是财务统计、计算的结果，数据较精确，相对于其他股市信息而言，其可信度更高，是股票投资者评估和分析上市公司实力的重要依据。

(5) 股票的清算价格

股票的清算价格是指股份公司一旦破产或倒闭，清算时每股股票所代表的实际价值。股票的每股清算价格在理论上应该与股票的账面价值相一致，但实际中，股票的清算价格就会与股票的净值不一致，这是因为企业在破产清算时，其财产价值是以实际的销售价格

来计算的，而在进行财产处置时，其售价一般都会低于实际价值。股票的清算价格在股票的发行和流通过程中没有意义，只是在股份公司因破产或其他原因丧失法人资格而进行清算时才被作为确定股票价格的依据。

(6) 股票的价格指数

股票的价格指数是由证券交易所或金融服务机构编制的，用以反映股票市场上股票市场价格的总体水平及变动情况的指标，是一种仅供参考用的指示数字。

由于股票价格起伏无常，投资者很难了解多种股票价格的变化，为了满足投资者的需要，一些金融服务机构就利用自身的业务知识和熟悉市场的优势，公开发布股票价格指数，帮助投资者检验投资成果，并预测股票市场的动向。同时，股票价格指数也是新闻界、公司老板乃至政府部门观察和预测社会政治、经济发展的一项依据。

上市股票种类繁多，要想计算全部上市股票的价格指数是一项艰巨的工作，人们常常选择若干具有代表性的样本股票，以这些样本股票的价格指数表示整个股票市场的总体趋势和涨跌幅度。

计算股票价格指数时要注意的事项

计算股票价格指数时要考虑以下几点：

● 选择样本应综合考虑其行业分布、市场影响力、股票等级、适当数量等因素，并保证样本股票的典型性和普遍性。

● 必须保证股票价格指数的敏感性，使其能应对不断变化的股市行情，在股市行情变化的过程中做出相应的调整或修正。

● 要有科学的计算依据和手段。

● 基期应有较好的均衡性和代表性。

5. 股票的发行

股票发行属于发行市场的行为，遵循发行市场的一般原则。具体来说，股票发行是指符合条件的发行人以筹资或实施股利分配为目的，按照法定的程序，向投资者或原股东发行股份或无偿提供股份的行为。

(1) 股票发行条件

《股票发行与交易管理暂行条例》规定，公司发行股票应具备如下条件。

● 公司的生产经营符合国家产业政策。

● 公司发行的普通股只限一种，同股同权。

● 发起人认购的股本数额不少于公司拟发行股本总额的 35%。

● 在公司拟发行的股本总额中，发起人认购的部分不少于人民币 3000 万元，但是国家另有规定的除外。

- 向社会公众发行的部分不少于公司拟发行股本总额的25%，其中公司职工认购的股本数额不得超过拟向社会公众发行股本总额的10%；公司拟发行股本总额超过人民币4亿元的，证监会按照规定可酌情降低向社会公众发行部分的比例，但是，最低不少于公司拟发行股本总额的15%。
- 发行人在近三年内没有重大违法行为。
- 证券委规定的其他条件。

(2) 股票发行方式

常用的股票发行方式主要有上网定价、配售和询价发行，发行人常采用两种甚至两种以上的发行方式。

对于普通个人投资者，可以认购上网定价方式发行的股票。上网定价发行是指投资者在指定时间内，通过证券交易所联网的各种证券营业网点，委托申购以确定发行价格发行的股票。我国上海证券交易所和深圳证券交易所对申购单位和申购上限都有规定，在委托申购的过程中，投资者应全额缴纳申购款项，并遵守申购单位和申购上限的规定。

 小贴士

股票申购的摇号抽签方式

如果总的有效申购量小于上网发行量，不需要摇号抽签，按照每一个申购单位配一个号的原则，由交易主机自动进行统一连续配号，投资者可按有效申购量认购股票。

如果总的有效申购量大于上网发行量，则要通过摇号抽签的方式，确定本次申购的有效申购中签号码，每一个中签号码认购一个申购单位新股。

6. 股票的分红

分红是投资者对一家上市公司投资后享受的权利，是股民投资上市公司的基本目的，也是股民的基本经济权利。具体来说，分红是在上市公司分派股息之后按持股比例向股东分配的剩余利润。

(1) 股票分红的形式

股票分红有两种形式：向股东派发现金股利和股票股利，上市公司可根据情况选择其中一种形式进行分红，也可以同时用两种形式。

- 现金股利：以现金的形式支付股利给股东，是最常用的形式，如每 10 股派 2.00 元。
- 股票股利：上市公司向股东无偿赠送股票，红利以股票的形式出现，又称为送红股或送股，如每 10 股送 2 股。采用送红股的形式发放股息红利实际与股份公司暂不分红派息没有太大的区别，它将应分给股东的现金留在企业内作为发展再生产之用，股东手中的股票在名义上增加了，但随着公司的注册资本的增大，股票的净资产含量减少了，实际上股东手中股票的总资产含量并没有变化。

(2) 股票分红的时间

上市公司一般在财务年度结算以后，会根据股东的持股数将一部分利润作为股息分配给股东，我国的上市公司必须在财务年度结束的 120 天内公布年度财务报告，且在年度报告中要公布利润分配预案，所以上市公司的分红一般都集中在次年的第二和第三季度。

在分配股息红利时，首先向优先股股东分配收益，然后普通股股东根据余下的利润分取股息，股息率不一定是固定的，在此之后，如果上市公司还有利润可供分配，就可根据情况给普通股股东发放红利了。

在沪深股市，股票的分红派息都由证券交易所及登记公司协助进行。深市的登记公司将直接登录到股民的股票账户，将现金红利通过股民开户的券商划拨到股民的资金账户；沪市也将红利直接返回股民的股票账户，但股民需要到券商处履行相关的手续，才能将现金红利款项划入资金账户。

7. 股票的配股

配股也是投资者会经常遇到的情况，它不是利润的分配方式，而是投资者对公司进行再投资的过程。具体来说，配股是上市公司根据发展需要，通过向公司股东按比例配售一定数额的股票以达到进一步吸收资金的目的，它是一种筹资方式，也是一次股票发行，公司股东有权选择是否购买。

根据规定，上市公司配售新股时，首先应面向老股东，以保证老股东的持股比例。当老股东放弃配股时，才可以将配股权转让给他人。老股东可根据上市公司的经营业绩、配股资金的投向及效益的高低等情况来判断是否选择配股，对他们来说，配股实际上是一种追加投资的机会。

小贴士

配股的弊端

当上市公司确定配股以后，如果配股权证不能流通，其配股就带有强制性，因为配股实施后股票就要除权，价格就要下跌，如老股东不参加配股，就要遭受市值下降的损失，唯一的逃避方法就是在配股前将股票抛出。

目前，我国股份制运作尚不规范，上市公司中国家股和法人股占绝对的控股地位，一些大股东赞成配股却拿不出资金，将配股权强制性地转让给个人股东，这种行为实际上是对中小股东权益的侵犯。

8. 股票的除权和扣息

上市公司分派股利或进行配股时，会宣布股权登记日和除权日，一般来说，除权日为股权登记日的次交易日，在除权日前买进股票的投资者有权分配股利或参与配股；除权日当日及以后再买入股票的投资者无权分配股利或参与配股。

　　除息是当上市公司向股东分派股息时进行的；除权是当上市公司向股东送红股时进行的。为了指导投资者购买股票，交易所会在除权日提供交易参考价，称为除权价或除息价。以下是除权价或除息价的计算公式。

　　(1) 派发现金股利后的除息价：

$$除息价=股息登记日收盘价-每股红利现金额$$

　　(2) 送股后的除权价：

$$送股后的除权价=股权登记日收盘价÷(1+每股送股数)$$

　　(3) 配股后的除权价：

$$配股后的除权价=(股权登记日收盘价+配股价×每股配股数)÷(1+每股配股数)$$

　　(4) 除权除息价。

　　当上市公司发放现金股利且送股时：

$$除权除息价=(股权登记日收盘价-每股现金红利)÷(1+每股送股数)$$

　　当上市公司发放现金股利、送股，同时还有配股时：

$$除权除息价=(股权登记日收盘价-每股现金红利+配股价×每股配股数)÷(1+每股送股数+每股配股数)$$

　　例如，某一股票股息登记日收盘价为 3 元，每股现金红利为 0.5 元，计算除息价为 3－0.5=2.5(元)；某一股票股权登记日收盘价为 24 元，每 10 股送 2 股，计算除权价为 24÷(1+0.2)=20(元)。

1.4.5 基金

　　基金是指为了某种目的而设立的具有一定数量的资金，如信托投资基金、单位信托基金、公积金、保险基金、退休基金以及各种基金会的基金。

1. 基金分类

　　根据不同标准，可以将基金划分为不同的种类。

　　(1) 根据基金单位是否可增加或赎回进行分类

　　根据基金单位是否可增加或赎回，可将基金分为开放式基金和封闭式基金。其中，开放式基金一般不上市交易，可以通过银行申购和赎回，基金规模不固定；封闭式基金一般在证券交易场所上市交易，投资者可以通过二级市场买卖基金单位。封闭式基金有固定的存续期，期间基金规模固定。

　　(2) 根据组织形态进行分类

　　根据组织形态的不同，可以将基金分为公司型基金和契约型基金。其中，公司型基金是指通过发行基金股份成立投资基金公司的形式设立的；契约型基金是指由基金管理人、基金托管人和投资人三方通过基金契约设立的。目前我国的证券投资基金均为契约型基金。

　　(3) 根据投资风险与收益进行分类

　　根据投资风险与收益的不同，可以将基金分为成长型、收入型和平衡型基金。

(4) 根据投资对象进行分类

根据投资对象的不同，可以将基金分为股票基金、债券基金、货币市场基金、期货基金等。

2. 常见基金种类

(1) 开放式基金

开放式基金是一种发行额可变、基金份额总数可随时增减、投资者可按基金的报价在基金管理人指定的营业场所申购或赎回的基金，包括特殊开放式基金和一般开放基金。

- 特殊开放式基金(Listed Open-Ended Fund，LOF，译为"上市型开放式基金")在国外又称共同基金，这类基金发行结束后，投资者既可以在指定网点申购与赎回基金份额，也可以在交易所买卖该基金。但是要注意，在指定网点申购的基金份额，若要上网抛出，需要办理一定的转托管手续；在交易所网上买进的基金份额，要想在指定网点赎回，也要办理一定的转托管手续。
- 一般开放式基金又叫普通开放式基金，它是不允许在证券市场交易的。

(2) 封闭式基金

封闭式基金是指基金规模在发行前已确定、在发行完毕后的规定期限内固定不变并在证券市场上交易的投资基金。

封闭式基金在证券交易所采取竞价的方式进行买卖，故而交易价格受到市场供求关系的影响有溢价、折价现象。

 小贴士

开放式基金与封闭式基金的区别

开放式基金和封闭式基金共同构成了基金的两种基本运作方式，用户可以从以下几点进行区别。

- 基金规模的可变性不同：封闭式基金均有明确的存续期限，在此期限内已发行的基金单位不能被赎回；而开放式基金所发行的基金单位是可赎回的，在基金的存续期间内也可随意申购基金单位，从而使得基金的资金总额每日均不断地变化。
- 基金单位的买卖方式不同：投资者在封闭式基金发起设立时可以向基金管理公司或销售机构认购，在基金上市交易时可以委托券商在证券交易所按市价买卖；而对于开放式基金，投资者可以随时向基金管理公司或销售机构申购或赎回。
- 基金单位的买卖价格形成方式不同：封闭式基金因在交易所上市，其买卖价格受市场供求关系影响较大；而开放式基金的买卖价格是以基金单位的资产净值为基础计算的，可以直接反映基金单位资产净值的高低。
- 基金的投资策略不同：由于封闭式基金不能随时被赎回，其募集得到的资金就相当于是定期存款，基金管理公司可以根据自己的情况制定长期的投资策略，将通过基金募集得到的资金全部用于投资，以便取得长期经营绩效；而开放式基金则必须保留一部分现金，以便投资者随时赎回。

(3) 指数基金

指数基金是一种按照证券价格指数编制原理构建投资组合进行证券投资的基金，如兴和、普丰、天元三只指数基金。

(4) ETF 基金

ETF(Exchange Traded Fund，译为"交易型开放式指数基金")又称交易所交易基金，是一种在交易所上市交易的开放式证券投资基金产品，交易手续与股票完全相同。

(5) 认股权证基金

认股权证基金主要投资于认股权证，基于认股权证有高杠杆、高风险的产品特性，此类型基金的波动幅度亦比股票型基金大。

(6) 公司型基金

公司型基金又叫作共同基金，基金的本身为一家股份有限公司，它通过发行股票或受益凭证的方式来筹集资金。投资者购买了该家公司的股票，就成为该公司的股东，凭股票领取股息或红利、分享投资所获得的收益。

(7) 契约型基金

契约型基金又称为单位信托基金，是指专门的投资机构(如银行和企业)共同出资组建一家基金管理公司，基金管理公司作为委托人通过与受托人签订"信托契约"的形式发行受益凭证、基金单位持有证等来募集社会上的闲散资金。

(8) 平衡型基金

平衡型基金是指以既要获得当期收入，又追求基金资产长期增值为投资目标，把资金分散投资于股票和债券，以保证安全性和营利性的基金。它包括两种类型，一是股债平衡型基金，它由基金经理根据行情变化及时调整股债配置比例；另一种平衡型基金在股债平衡的同时，比较强调到点分红。

(9) 保险基金

保险基金是指为了补偿意外灾害事故造成的经济损失，或因人身伤亡、丧失工作能力等引起的经济需要而建立的专用基金。

在现代社会里，保险基金一般有 4 种形式。

- 集中的国家财政后备基金：这是在国家预算中设置的一种货币资金，专门用于应付意外支出和国民经济计划中的特殊需要，如特大自然灾害的救济、外敌入侵、国民经济计划的失误等。
- 专业保险组织的保险基金：是指由保险公司和其他保险组织通过收取保险费的办法筹集的保险基金，用于补偿保险单位和个人遭受灾害事故的损失或到期给付保险金。
- 社会保障基金：该基金是为了为公民提供一系列基本生活保障而设立的，在年老、患病、失业、灾难和丧失劳动能力等情况下，有从国家和社会获得物质帮助的权力。社会保障一般包括社会保险、社会福利和社会救济等。
- 自保基金：是由经济单位自己筹集保险基金，自行补偿灾害事故损失的一种货币资金。

(10) 信托基金

信托基金也叫投资基金，是指通过契约或公司的形式，借助发行基金券(如收益凭证、基金单位和基金股份等)的方式，将社会上不确定的多数投资者不等额的资金集中起来，形成一定规模的信托资产，交由专门的投资机构按资产组合原理进行分散投资，获得的收益由投资者按出资比例分享，并承担相应风险的一种集合投资信托制度。

(11) 证券投资基金

证券投资基金是一种间接的证券投资方式，是指通过发售基金份额，将众多投资者的资金集中起来，形成独立资产，由基金托管人托管，基金管理人管理，以投资组合的方法进行证券投资的一种利益共享、风险共担的集合投资方式。

(12) 股票基金

股票基金是以股票为投资对象的投资基金，是投资基金的主要种类。股票基金的主要功能是将大众投资者的小额投资集中为大额资金。

(13) 债券基金

债券基金又称为债券型基金，是指专门投资于债券的基金，它通过集中众多投资者的资金，对债券进行组合投资，寻求较为稳定的收益。

目前国内大部分债券型基金属性偏向于收益型债券基金，以获取稳定的利息为主，因此，收益普遍呈现稳定成长。

(14) 货币基金

货币市场基金是指投资于货币市场上短期有价证券的一种基金。该基金的资产主要投资于短期货币工具如国库券、商业票据、银行定期存单、政府短期债券、企业债券等短期有价证券。

(15) 成长型基金

成长型基金是一种比较常见的基金，该基金以资本长期增值为投资目标，因此很少分红，而是经常将投资所得的股息、红利和盈利进行再投资，以实现资本长期增值。

(16) 货币基金

货币基金是聚集社会闲散资金，由基金管理人运作，基金托管人保管资金的一种开放式基金，专门投向无风险的货币市场工具，具有高安全性、高流动性、稳定收益性以及"准储蓄"的特征。

1.5 案例剖析

469秒，投入较少资金成本，进账134万！这不是梦哦！在股民张建雄身上就实现了。

在2008年7月3日，张建雄利用虚假申报手段操纵证券市场，致使"ST源药"(现改为"ST方源")股票从跌停板到涨停板，从中获利134.2万元。当然，这种违法行已经受到了相应的惩罚。

2008年7月1日，"ST源药"这只股票在之后的几天连续跌停，到了第三天(即2008

年7月3日)开盘到11点左右，股票一直处于跌停状态，而到了11点之后，股票就出现异动，由跌停上升到涨停，这只是张建雄上演的"疯狂大戏"的第一幕——建仓。

此情况一出，监管系统就自动报警，告诉工作人员该股票有问题。经过调查，这出"疯狂的大戏"也展现在了工作人员的视野中……。

随后，张建雄开始表演的"大戏"进入高潮——拉抬股价：在11时15分33秒以4.99元、申买挡位的第3挡挂单69万股，其时成交价为5.03元，尚未成交买单213万股。2分18秒后，张撤销委托申报。11时18分10秒，张建雄再次以5.1元、申买挡位第4挡挂单36万股，其时成交价5.13元，未成交买单225万股。4分35秒后撤销申报。11时19分16秒，他以5.14元、申买挡位第3挡挂单60万股，其时成交价5.17元，未成交买单270万股。3分23秒后撤单。

在短短的4分钟内，张建雄不断挂出大单，给人以买单汹涌的假象，吸引其他投资者跟进，造成股价的不断上涨，而根据不断上涨的股价，张建雄再继续挂出大单，如此往复。

下午开盘后，张建雄继续重复着上午"精彩的大戏"：在1时01分50秒、1时02分50秒和1时03分48秒，先后以5.34元、5.38元和5.43元的当日涨停价挂出60万股、90万股和99万股的大单。

至此，通过频繁申报和撤销"大戏"的表演，通过其他投资者的跟风买入，ST源药的股价被成功地推到涨停板。

张建雄所表演的"大戏"的第二幕相比第一幕，讽刺意味就更加浓烈了——为了做出巨量买单封死涨停的表象，张建雄还先后9次在涨停价上挂单共计798万股。当然，这9单他并没有撤销，因为事实上已不可能成交。

6分31秒后，即9日上午9时24分53秒，张建雄迅速将180万股ST源药股票以5.68元、略低于涨停价的价格全部卖出，获利1342008元。至此，张建雄表演的三幕"疯狂大戏"落下了帷幕。

"要想人不知，除非己莫为"，张建雄自导自演的这出"大戏"，终究没能逃过监管层敏锐的"法眼"。张建雄通过不以成交为目的的频繁虚假买入申报推高股价，诱导其他投资者跟进买入，随后以高价卖出自己持股的行为违反了《证券法》第七十七条第一款四项"以其他手段操纵证券市场"的规定，构成了操纵证券市场的行为。

对此，中国证监会依法查处了这起案件，主角张建雄被没收违法所得134.2万元，并处以罚款134.2万元。

1.6　金点子点拨

Q01.　巧用高级防火墙加强系统安全

Windows 高级防火墙也是一种基于规则状态的防火墙，结合了主机防火墙和 IPSec，远比应用层级的边界防火墙更为安全。使用它不仅可以监视、设置甚至屏蔽所有的入站连接请求(默认设置为禁止)，还可以对所有的出站连接请求进行更细致的设置(默认设置为允许)。下面以新建入站规则为例，介绍设置高级防火墙的方法，操作步骤如下。

Step 01 打开"管理工具"窗口。

在"控制面板"窗口中单击"管理工具"图标，打开"管理工具"窗口。

Step 02 选择要使用的系统工具。

在"管理工具"窗口中双击"高级安全Windows 防火墙"图标。

Step 03 打开"本地计算机上的高级安全Windows 防火墙"对话框。

① 在左侧窗格中右击"本地计算机上的高级安全 Windows 防火墙"选项。

② 在弹出的快捷菜单中选择"属性"命令。

Step 04 切换到"公用配置文件"选项卡。

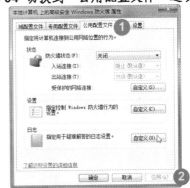

① 切换到"公用配置文件"选项卡。

② 在"日志"栏中单击"自定义"按钮。

Step 05　自定义公用配置文件。

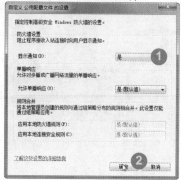

❶ 在弹出的"自定义公用配置文件的设置"对话框中设置防火墙阻止程序收入站连接时向用户显示通知模式。

❷ 单击"确定"按钮。

Step 06　切换到入站规则选项。

❶ 在左侧窗格中单击"入站规则"选项，切换到"入站规则"窗格。

❷ 右击"入站规则"选项，从弹出的快捷菜单中选择"新建规则"命令。

Step 07　"新建入站规则向导"对话框。

❶ 设置规则类型，此处选中"端口"单选按钮。

❷ 单击"下一步"按钮。

Step 08　进入"协议和端口"界面。

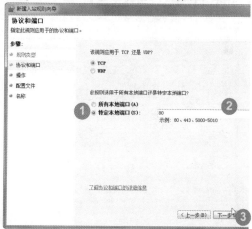

❶ 选中 TCP 和"特定本地端口"单选按钮。

❷ 在文本框中输入特定的端口。

❸ 单击"下一步"按钮。

Step 09 进入"操作"界面。

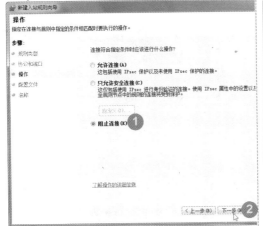

① 选中"阻止连接"单选按钮。

② 单击"下一步"按钮。

Step 11 进入"名称"界面。

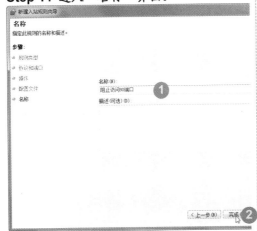

① 在"名称"文本框中输入规则名称。

② 单击"完成"按钮。

Step 10 进入"配置文件"界面。

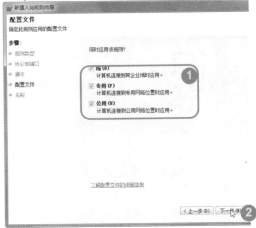

① 选中"域"、"专用"和"公用"三个复选框。

② 单击"下一步"按钮。

Step 12 管理新规则。

① 在"入站规则"窗格中可以看到新建的规则，右击该规则。

② 在弹出的快捷菜单中使用"禁用规则"、"剪切"、"复制"、"删除"、"属性"等命令来管理新规则。

Q02. 股票的命名原则

　　股票的命名有一定的原则，沪深两地的股票简称大多数是4个字。

　　一般情况下，上海证券交易所规定，前两个字反映上市公司所在地，后两个字反映公司名称。在不产生混淆的情况下，上海本地的上市公司不注明所在地。在容易与其他公司混淆的情况下，上海本地的上市公司也要注明所在地。在特殊情况下，上交所的股票也可以简化为三个字，如哈医药、二纺机等。

　　深圳证券交易所习惯于将地名简化一个字，公司名称简化为两个字，第四个字用来表明 A 股和 B 股，如深长城 A。有时深圳证券交易所的股票也不要地名，如飞亚达 A、沙隆达 A 等。

 小贴士

股票名称变更

需要注意的是，股票的名称有时会进行更改，如 1996 年汽油机改名为长春长铃。

Q03.　轻松查杀恶意软件

当计算机连接到 Internet 时，间谍软件可能会在用户不知道的情况下安装到用户的计算机上，通过反间谍软件可以阻止间谍软件和其他可能不需要的软件感染计算机。而 Windows Defender 是 Windows 附带的一种反间谍软件。

1. 扫描间谍软件

下面以使用 Windows Defender 工具扫描系统中的间谍软件为例，介绍 Windows Defender 的使用方法，具体操作步骤如下。

Step 01 打开 Windows Defender 窗口。

在 "控制面板" 窗口中单击 Windows Defender 图标。

Step 02 选择扫描方式。

① 单击 "扫描" 按钮右侧的下拉按钮。
② 选择 "自定义扫描" 命令。

 提示

Windows Defender 的扫描方式

　　在 Windows Defender 窗口中，用户可以选择运行 "快速扫描" 方式或 "完全扫描" 方式来扫描计算机。如果怀疑间谍软件已经感染了计算机的某些特定区域，则可以选择要检查的驱动器和文件夹进行自定义扫描。

Step 03 自定义扫描。

选中"扫描选定的驱动器和文件夹"单选按钮，然后单击"选择"按钮。

Step 04 选择要扫描的硬盘。

① 选择要扫描的驱动器和文件夹，这里选择"本地磁盘(E)"。

② 单击"确定"按钮。

Step 05 开始扫描计算机。

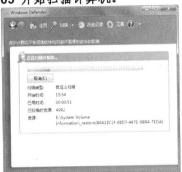

回到"扫描选项"界面，单击"立即扫描"按钮，开始扫描计算机。

Step 06 显示扫描结果。

扫描结束后，在窗口中列出了本次扫描结果。

 提示

处理间谍软件的方法

　　当间谍软件和其他可能不需要的软件试图在计算机上自行安装或运行时，实时间谍软件保护会发出警报。根据警报等级，用户可以选择不同的操作(如隔离、删除或者允许)应用软件。

2. 设置 Windows Defender

　　为了使 Windows Defender 工具可以更好地保护计算机，下面介绍如何设置 Windows Defender，具体操作方法如下。

Step 01 进入"工具"界面。

在 Windows Defender 窗口中单击"工具"按钮。

Step 02 进入"选项"界面。

在"设置"栏中单击"选项"链接。

Step 03 设置自动扫描。

❶ 单击"自动扫描"选项。

❷ 选中"自动扫描计算机(推荐)"复选框，并设置自动扫描的频率、时间和类型等参数。

Step 04 设置实时保护。

❶ 单击"实时保护"选项。

❷ 选中"使用实时保护(推荐)"、"扫描下载的文件和附件"、"扫描在我的计算机上运行的程序"3 个复选框。

Step 05 设置"高级"选项。

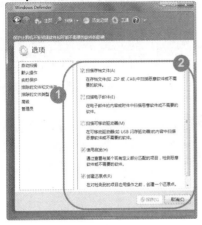

Step 06 设置管理员。

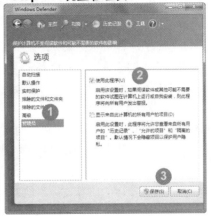

❶ 单击"高级"选项。
❷ 在右侧窗格中设置要扫描的内容。

❶ 单击"管理员"选项。
❷ 选中"使用此程序"复选框。
❸ 设置完毕后，单击"保存"按钮。

Q04. 正确认识自己的风险承受能力

投资于证券市场特别是股票市场，具有相当大的风险性。因为风险难以事先预测，因此投资人在买进股票之前，就应对自己是否具备从事股票交易的投资条件进行客观的分析。

从事股票交易总是有赚有赔的，所以要从以下几个方面分析自己的风险承受能力。首先，试问自己是否为输得起的投资者。

如果自己遇事经常患得患失，情绪化很重或者经常对自己过去的所作所为表示后悔等，那么，你还是不要因为看着亲朋好友买股票赚了，就去凑热闹。

其次，分析一下自己用于购进股票的资金够不够。在美国，证券市场的经纪人在接受顾客委托时，对客户是有所选择的。方式就是在客户开户前，先作一次问卷调查，其主要目的之一就是了解顾客用于投资的资金来源，用于投资股票的钱是客户的退休金、赡养费、生活费还是储蓄性的闲置资金？因为资金来源不同，经纪人在接受委托或提供咨询时，会提供不同的建议。经纪人不会接受顾客的委托，把退休金、赡养费、生活费用于购买投机性很强的股票。

Q05. 有价证券的种类

有价证券的票面金额是一种虚拟资本，按其广义概念包括商品证券、货币证券及资本证券；而狭义的有价证券则是指资本证券。

● 商品证券：是证明持券人对证券所代表的商品拥有所有权及使用权的凭证，持券人对商品的所有权受法律保护。这类证券主要有提货单、运货单、仓库栈单等。

● 货币证券：这种证券具有一定的价格，持有这种证券的人或第三者具有货币索取权。货币证券主要分为商业证券(如商业汇票、商业本票)和银行证券(如银行汇票、银行本票和支票等)两大类。

● 资本证券：它是有价证券的主要形式，是由金融投资或与金融投资有直接联系的活动产生的证券，包括股票、债券及其衍生品种(如基金证券、可转换证券)等。

下面来简单介绍有价证券的常用分类方法。

(1) 按证券发行主体分类

按照证券发行主体的不同，可以将有价证券分为政府证券、金融证券和公司证券。

● 政府证券：是指由中央政府或是地方政府发行的债券。其中，由中央政府发行的债券被称为中央政府债券，也就是大家所说的国债，通常由国家财政部发行；由地方政府发行的债券被称为地方政府债券，在我国目前尚不允许除特别行政区以外的各级地方政府发行债券。

- 金融证券：是指由银行及非银行金融机构发行的证券。金融证券是比较常见的债券。
- 公司证券：是指由公司发行的有价证券，包括股票、公司债券及商业票据等。公司证券是比较常用的公司融资方法。

(2) 按证券适销性分类

按照证券是否具有适销性，可以将有价证券分为适销证券和不适销证券。

- 适销证券：是指证券持有人在需要现金时能够迅速地在证券市场上出售的证券，包括公司股票、公司债券、金融债券、国库券、公债券、优先认股权证和认股证书等。
- 不适销证券：是指证券持有人在需要现金时，不能或不能迅速地在证券市场上出售的证券。这类证券具有投资风险较小、投资收益确定、在特定条件下也可以换成现金的优点，如定期存单。

(3) 按证券上市与否分类

按照证券是否在证券交易所挂牌交易，可以将有价证券分为上市证券和非上市证券。

- 上市证券：又称挂牌证券，是指经证券主管机关批准，并向证券交易所注册登记，获得在交易所内公开买卖资格的证券。
- 非上市证券：也称非挂牌证券、场外证券，指未申请上市或不符合在证券交易所挂牌交易条件的证券。

(4) 按证券收益是否固定分类

根据证券收益是否固定，可以将有价证券分为固定收益证券和变动收益证券。

- 固定收益证券：是指证券持有人可以在特定的时间内取得固定的收益并预先知道取得收益的数量和时间，如固定利率债券、优先股股票等。
- 变动收益证券：是指因客观条件的变化其收益也随之变化的证券，如普通股(其股利收益随公司税后利润的多少来确定)、浮动利率债券。

申请时，应填写真实情况，以增加信任度。

小贴士

固定收益证券与变动收益证券的收益比较

一般情况下，变动收益证券比固定收益证券的收益高，但其承担的风险比较大。而在通货膨胀的情况下，固定收益证券的风险要比变动收益证券大得多。

(5) 按证券性质分类

按照证券的经济性质，可以将有价证券分为基础证券和金融衍生证券两大类。

- 基础证券：这类证券包括股票、债券和投资基金等，是最活跃的投资工具，是证券市场的主要交易对象，也是证券理论和实务研究的重点。
- 金融衍生证券：是指由基础证券派生出来的证券交易品种，如金融期货与期权、可转换证券、存托凭证、认股权证等。

(6) 按证券发行的地域和国家分类

按照发行证券的地域或国家不同，可以将有价证券分为国内证券和国际证券(如国际债券、国际股票)。

(7) 按证券募集方式分类

按照证券募集方式的不同，可以将有价证券分为公募证券和私募证券。

(8) 按证券所设定的财产权利的性质分类

按照证券所设定财产权利的性质不同，可以将有价证券分为以下三类：

● 设定等额权利的有价证券，如股票。

● 设定一定物权的有价证券，如提单、仓单。

● 设定一定债权的有价证券，如债券、汇票、本票、支票等。

(9) 按证券转移的方式分类

按照证券转移的方式不同，可以将有价证券分为以下三类。

● 记名有价证券：是指在证券上记有证券权利人的姓名或名称的证券，如记名的票据和股票等。持有人可按债权让与方式转让记名有价证券上的权利。

● 无记名有价证券：是指证券上不记载权利人的姓名或名称的证券，如国库券和无记名股票等。持有人即享有无记名有价证券上的权利，还可以将权利自由转让。

● 指示有价证券：是指在证券上指明第一个权利人的姓名或名称的有价证券，如指示支票等。

第 2 章　鞭辟入里——分析股票行情

本章导读

如果真的要购买股票时，那么需要在购买之前对股票做进一步的分析。本章将介绍如何在线查看股票的相关信息，并介绍如何使用大智慧、同花顺、通达信等软件分析股票。

本章重点

- 通过财经信息网查看股票行情
- 使用大智慧软件分析股票行情
- 使用同花顺软件分析股票行情
- 使用通达信软件分析股票行情

 2.1　查看股票行情

现在，互联网资源已经渗透到人们生活的各个领域，投资者可以通过网络了解财经新闻、股市信息等。

2.1.1　打开财经信息网

股市行情和我国乃至世界的经济环境有着直接的关系，股民想要了解股市行情，就一定要时刻关注经济发展，而浏览网上的财经信息就是关注经济发展最方便、最有效的手段。

1. 打开第一财经网站搜索股票信息

第一财经的英文缩写是 CBN，它隶属于上海东方传媒集团(SMG)，可以通过打开第一财经网站来搜索股票信息。

Step 01 打开第一财经网站。

在 IE 浏览器的地址栏中输入第一财经网站的网址 http://www.yicai.com/stock，按 Enter 键进入网页。

Step 02 查看股票新闻。

单击导航栏上的"股票"，进入"股票"页面，可以查看自己感兴趣的股票信息。

2. 打开中国财经网搜索股票信息

Step 01　打开"中国财经网"。

打开 IE 浏览器，在地址栏中输入中国财经网的网址 http://www.fecn.net/，按 Enter 键进入其首页。

Step 02　查看股票新闻。

① 滑动页面右侧的滚动条。

② 单击"股票"标题。

③ 在展开的页面里可以看到股票的新闻，单击选择感兴趣的新闻。

2.1.2　浏览个股行情

除了可以在一些专门的财经网站上了解股市的信息还可以通过其他网站了解，下面介绍通过搜狐网站查看个股行情的步骤。

Step 01　打开"搜狐"首页。

① 在 IE 浏览器的地址栏中输入 http://www.sohu.com，按 Enter 键进入搜狐网页。

② 单击"财经"链接。

Step 02　打开"个股"页面。

单击导航链接中的"个股"链接。

Step 03 搜索个股信息。

① 在"个股风云"的搜索区域选中"行情"选项。

② 在右侧的文本框中输入要要查看的个股代码，如600000。

③ 单击"搜索"按钮。

Step 04 查看个股信息。

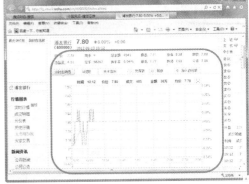

将弹出个股行情页面，在该页面可以查看个股名称、当前价格、分时走势、K线图和技术指标等。

2.1.3 查看个股基本信息

很多财经网站都设有个股专栏，这里以南方财富网为例，介绍如何查看个股信息。

Step 01 打开网易首页。

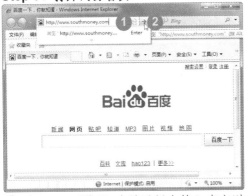

① 打开IE浏览器，在地址栏中输入南方财富网的网址 http://www.southmoney.com。

② 单击"转至"按钮。

Step 02 设置邮箱账号。

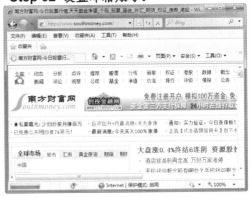

在"南方财富网"首页窗口中单击导航栏上的"个股"链接。

Step 03 进入"个股"页面。

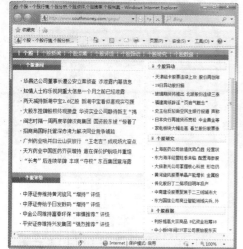

在"个股"页面中设有个股新闻、个股评级、个股数据、个股分析等栏目。

Step 04 打开"个股档案"。

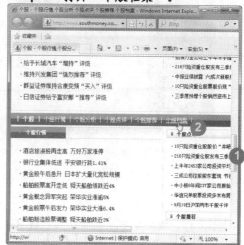

① 向下拖动浏览器右侧的滚动条。

② 单击"个股档案"链接。

Step 05 选择要查看的档案。

打开"个股档案"页面，在页面上可以看到个股信息，单击选择感兴趣的标题。

Step 06 查看具体信息。

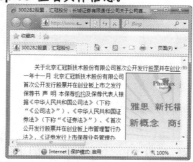

在弹出的网页中查看个股档案的具体内容。

2.2 使用大智慧软件分析股票行情

大智慧软件是一款用来接收证券行情和证券信息，并且可以进行基本分析和技术分析的行情分析软件。

2.2.1 下载安装大智慧软件

要使用大智慧行情分析系统，首先需要将其安装到电脑上。安装大智慧软件的具体操作步骤如下。

Step 01 安装大智慧的欢迎界面。

双击软件安装文件弹出"安装-大智慧"窗口，单击"下一步"按钮。

Step 02 "选择目标"位置窗口。

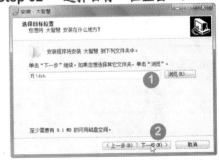

1 在"浏览"左侧文本框中输入目标要安装的位置。

2 单击"下一步"按钮。

Step 03 "选择开始菜单文件夹"窗口。

1 设置程序的安装位置。

2 单击"下一步"按钮。

Step 04 进入 "准备安装"窗口。

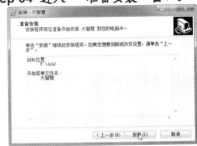

单击"安装"按钮。

Step 05 正在安装。

开始安装软件，稍等片刻。

Step 06 完成安装。

单击"完成"按钮，完成安装。

2.2.2 大智慧功能介绍

下面以大智慧7.0版本为例，介绍该软件。软件启动后会看到如下图所示的窗口。

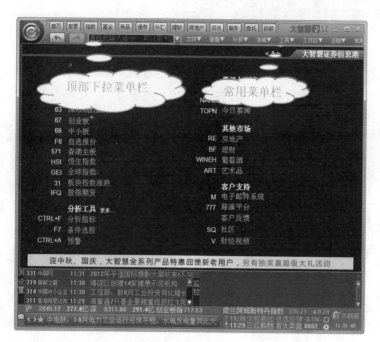

该软件在布局上主要包括动态显示牌、分时图窗口和 K 线图窗口，下面一起来了解一下吧。

1. 动态显示牌

动态显示牌用于同时显示多行股票行情的动态列表。列表纵向每一栏表示行情项目，横向每一行表示同一个股票的不同行情数据。用户可以通过单击市场栏中的"股票"按钮进入动态显示牌窗口，如下图所示。

(1) 市场类型栏

市场类型栏位于动态显示牌最上方，是一块包含深证A股、金期指、创业板、沪深A股等按钮的区域，用来快速切换当前市场。方法是右击某按钮或是单击按钮旁边的三角按钮，可从打开的菜单中选择需要的命令，即可进一步细分市场，如下图所示。

(2) 列表栏

市场类型栏下方是各种列表栏，包括代码、名称、最新、涨跌等列表栏目，当需要查看窗口中没有显示出来的栏目时，可以用鼠标右击要调整的栏目名称，在弹出的快捷菜单中选择其他栏目即可，如下图所示。

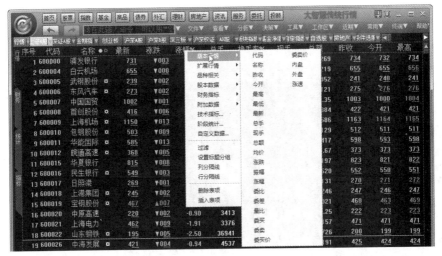

(3) 表项格式

列表栏目中的表项格式是开放的用户可编辑的，用户可以通过右击栏目名称，在弹出的快捷菜单中选择相应的命令，完成插入表项、删除表项、设置标题分组、设置显示名称、设置列行分割线等操作。

(4) 页面类型

动态显示牌默认显示的页面类型是行情页面，除此之外还包含财务、统计、指标等不同页面，单击即可进行切换。例如，单击"财务"选项卡，可以切换到财务页面，如下图所示。

(5) 查找股票

在命令栏中输入要查找的证券的拼音缩写或市场代码证券代码，按 Enter 键即可查看该股票的报价信息，如下图所示。

(6) 基本行情排版

通过单击最新、涨跌、涨幅等列表栏目，可以实现按此栏目数值进行从高到低排序，再次单击将实现从低到高排序，如下图所示是按涨幅栏目从高到低排序。

2. 分时图窗口

分时图显示即日内股票的动态分时走势(最小时间段为 1 分钟)，是股票分选窗口中的一种，如下图所示。

下面介绍分时图常用术语。

(1) 白色曲线：白色曲线表示此种股票的实时成交价格。

(2) 黄色曲线：黄色曲线表示股票即时成交的平均价格，也就是拿当天成交总金额除以成交总股数。

(3) 黄色柱线：黄色柱线表示每分钟的成交量，一般在红白曲线下方。

(4) 成交明细：成交明细用于动态显示每笔成交的价格和手数，是不停变化的。

(5) 量比：量比表示近期此时成交量的增减，计算时拿当天成交总手数除以近期成交手数的平均比值，即现在总手/((5 日平均总手/240)*开盘多少分钟)。若量比的数值大于 1，表示此时刻成交总手数已经放大；若量比的数值小于 1，则表示此时刻成交总手数萎缩。

(6) 卖盘和买盘。这些卖盘及买盘信息不但可以帮助股民分析盘面，还可以指导股民实际的买卖操作。

卖盘表示以比市价低的价格进行委托卖出，并且已主动成交；买盘表示以比市价高的价格进行委托买入，并且已主动成交。

(7) 成交和均价。

● 成交：是指买卖双方最新一笔交易的成交价。

● 均价：是指从开盘到现在买卖双方成交的平均价格，取值为成交总额除以成交股数。

(8) 开盘、最高和最低。

● 开盘：是指当日开盘价。

● 最高：是指从开盘到现在买卖双方成交的最高价格。

● 最低：是指从开盘到现在买卖双方成交的最低价格。

(9) 升跌和幅度。

● 升跌：是指当日开盘到即刻该股上涨和下跌的绝对值，绿色字体表示下跌，红色字体表示上涨。

● 幅度：是指当日开盘到即刻上涨或者下跌的幅度，用百分比表示。

(10) 总手和现手。

● 总手：是指从开盘到即刻总的成交手数。

● 现手：是指最新成交的手数。

(11) 每笔和总笔：每笔与总笔是深证个股特有的指标，其含义如下。

● 每笔：是指平均每笔交易的手数，取值公式为：每笔=成交总手(成交量)/总笔(交易次数)。

● 总笔：是指一天内成交笔数的总和。

(12) 内盘和外盘。

● 内盘：又称"主动性卖盘"，是指成交价在买入挂单价的累积成交量。内盘反映了卖方的意愿。

● 外盘：又称"主动性买盘"，是指成交价在卖出挂单价的累积成交量。外盘反映了买方的意愿。

(13) 换手率：换手率是指在单位时间内，某只股票累计成交量与可交易量之间的比率。

(14) 跌停：跌停是指股票跌到证券交易所给股票规定的跌幅极限-10%(或者-5%)以下。

证券交易所给股票规定的跌幅极限值

证券交易所规定 A 股市场的股票一天的涨跌幅度为±10%；规定 S 或者 ST 打头的股票一天涨跌幅限度为±5%。若某只股票某天涨到最高的限度10%，这个情况被称为"涨停板"。

新上市的股票在第一天没有涨跌幅极限值限制。

3. K 线图窗口

K 线图的另一个名字叫日本线、蜡烛线、阴阳线或棒线等，因为它最早起源于日本。从外观上面看，K 线是一条柱状的线条，由影线和实体组成，如下图所示。

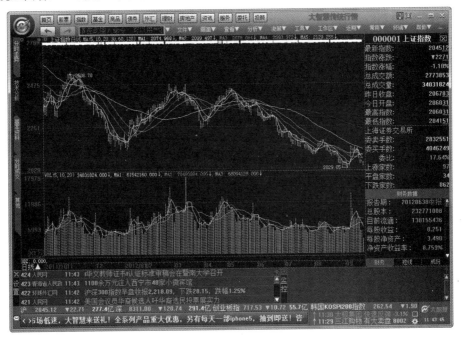

当用户找到需要的股票的 K 线图，要分析 K 线图中隐藏的股票信息时，请注意下面几点。

(1) K 线图与数据结合，分析股票的走势。

(2) K 线图的横坐标是交易时间，纵坐标是价格。

(3) K 线图中的柱体有阳线和阴线两种。一般用红色柱体表示阳线，黑色柱体表示阴线。

(4) 若在柱体表示的时间段内的收盘价高于开盘价，就表示股价上涨，则将柱体画为红色，相反画为黑色。如果开盘价正好等于收盘价，就是十字线。

(5) 单个 K 线图是以每个分析周期的开盘价、最高价、最低价和收盘价绘制而成。

2.2.3　使用大智慧看盘

熟悉了大智慧炒股软件的主界面后，下面将详细介绍如何使用其来进行股票看盘。

1. 从开始菜单进入

Step 01　开始菜单。

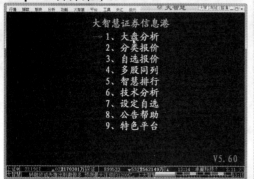

在开始菜单中单击"1、大盘分析"菜单项。

Step 02　大盘分析菜单。

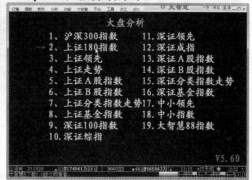

进入"大盘分析"菜单组，在这里单击"上证180 指数"菜单项。

Step 03　上证 180 指数。

随即可以看到"上证180 指数"的分时走势图，左上部分显示的白色曲线就是该指数的走势曲线，下边的黄色柱线则表示单位时间内的成交量。

2. 查看个股行情

查看个股行情具体方法如下。

Step 01 双击股票名称。

Step 02 查看个股行情。

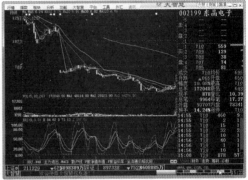

在上证 A 股窗口中，双击要查看股票的名称，如东晶电子。

进入该股票的分时走势窗口，查看它的涨幅、最新价位等行情。

2.3 使用同花顺软件分析股票行情

同花顺软件是一款用来接收证券行情和证券信息，并且可以对行情进行基本分析和技术分析的分析软件。

2.3.1 注册并登录同花顺软件

1. 安装同花顺炒股软件

安装同花顺炒股软件的操作步骤如下。

Step 01 打开安装软件向导。

Step 02 选择目标位置。

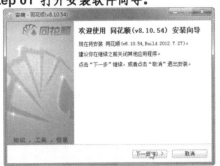

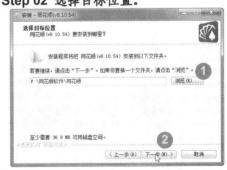

打开安装软件向导，单击"下一步"按钮，继续安装。

❶ 单击"浏览"按钮，设置安装后的存放位置。

❷ 单击"下一步"按钮。

Step 03　选择附加任务。

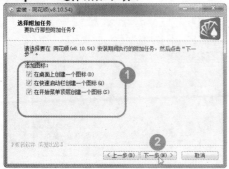

1 根据所需选择创建图标的方式。
2 单击"下一步"按钮。

Step 04　正在安装

开始安装软件，稍等片刻。

Step 05　选择网络运营商。

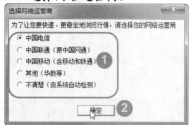

1 根据实际情况选择网络运营商。
2 单击"确定"按钮。

Step 06　完成安装。

打开"登录到中国电信行情主站"对话框，
单击右上角的关闭按钮，完成安装。

2. 注册并登录同花顺炒股软件

同花顺炒股软件安装完毕后，股票投资者可免费注册一个账号，并登录该软件进行实
战炒股。注册并登记"同花顺"炒股软件的具体方法如下。

Step 01　双击桌面上的图标。

双击桌面上的"同花顺"图标。

Step 02　单击"免费注册"按钮。

在打开的"登录到中国电信行情主站"对话
框中，单击"免费注册"按钮，开始注册一
个新账号。

Step 03 填写注册信息。

Step 04 激活邮箱。

① 进入"30秒快速注册"界面中输入相关内容。

② 输入完成后单击"下一步"按钮。

之后会跳出邮箱验证对话框，单击"去我的邮箱完成验证"按钮，打开验证邮件，单击链接验证，即可成功注册。

2.3.2 同花顺炒股软件功能介绍

登记成功后，同花顺炒股软件的主界面如下图所示，它主要由菜单栏、工具栏、行情区、资讯区、指数栏和信息栏几个部分组成。

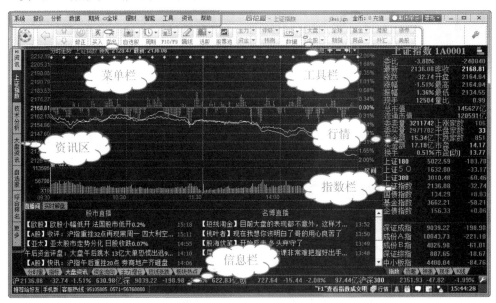

下面来介绍同花顺炒股软件主界面各部分的功能。

● 菜单栏：单击菜单项可弹出相应的下拉菜单，其中包括了软件的所有功能。

● 工具栏：列出了常用的功能按钮。

● 行情区：用于显示当前大盘或个股行情。

● 资讯区：单击其上方的 ▶ 按钮，会显示资讯和技术指标等树状选项。

- 指数栏：用于显示当前沪深指数、涨跌、成交金额等数据。
- 信息栏：用于显示"同花顺"官网滚动链接、连接状态、个股雷达预警和系统时间等信息。

2.3.3 使用同花顺软件看盘

了解并熟悉"同花顺"炒股软件的主界面后，下面详细介绍如何使用同花顺软件进行股票看盘。

1. 综合排名

综合排名可以同时显示某类股票的多项排名情况，具体操作如下。

Step 01 综合排名。

① 选择"报价"选项。

② 在展开的下拉菜单中选择"综合排名"选项。

③ 最后选择"上海 A 股综合排名"。

Step 02 上海 A 股综合排名情况。

打开上海 A 股综合排名页面，在其中可以看到今日涨幅、快速涨幅和即时委比等几个项目的前几名或者后几名的排名情况。

Step 03 查看股票分时走势。

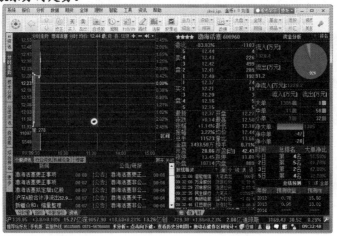

双击某股票还可以进入该股的分时走势。

2. 查看个股行情和特定行业股票

查看个股行情和特定行业股票的具体方法如下。

Step 01 双击股票名称。

在上海 A 股窗口中，双击要查看股票的名称，如浦发银行。

Step 02 查看个股行情。

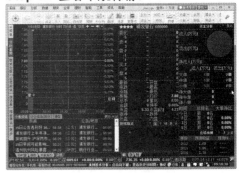

进入该股票的分时走势窗口，查看它的委比、涨幅、最新价位等行情。

Step 03 单击"行业"标签。

① 单击"后退"按钮。
② 单击"行业"标签。

Step 04 选择要查看的行业类别。

从弹出的菜单中选择要查看的行业，如：选择"有色冶炼加工"命令。

Step 05 查看特定行业行情。

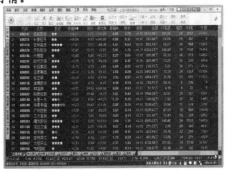

在窗口中显示出所有有色金属股票，股民可以快速查找和比较相关信息。单击窗口下方的滚动条，窗口中将显示出股票的更多信息，如：市净率、换手等。

3. 多窗看盘

多窗看盘可以简单快捷地查看所关注板块中的所有股票，并同时对当中感兴趣的个股进行对比分析。具体方法如下。

Step 01 选择"多窗看盘"命令。

Step 02 多窗看盘。

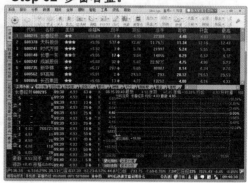

① 在上海A股窗口中，选中一个股票。

② 单击"报价"选项。

③ 选择"多窗看盘"命令。

在窗口下方显示出该股票的报价、分时走势等信息。

2.4 使用通达信软件分析股票行情

通达信软件是一款多功能的证券信息平台，与其他行情软件相比，有界面简洁和行情更新速度较快等优点。掌握通达信软件，能够更有效地帮助我们分析股票行情。

2.4.1 注册并登录通达信软件

如何注册并登记通达信软件呢？具体操作步骤如下。

Step 01 双击桌面上的图标。

双击桌面上的"通达信金融终端"图标，打开"通达信调整行情交易系统 金融终端"对话框。

Step 02 单击"注册与购买"按钮。

单击"注册与购买"按钮，开始注册一个新账号。

Step 03 创建新账号。

单击"否—创建属于您的新账号"按钮。

Step 04 输入注册内容。

❶ 在注册界面中按照要求输入相关的内容。
❷ 单击"下一步"按钮。

Step 05 添加更详细的注册信息。

❶ 输入更详细的注册信息。
❷ 单击"提交"按钮。

Step 06 完成注册。

成功注册后弹出"用户登录"界面，输入账号密码即可登录。

2.4.2 通达信软件功能介绍

登录成功后，"通达信"炒股软件的主界面如下图所示。

- 菜单栏：位于系统画面左上方，包括系统、功能、报价、分析、扩展市场行情、资讯、工具、帮助 7 个栏目。
- 状态栏：位于画面的下方，分为 5 个部分：Log 区、指数栏、红绿灯、系统显示区、预警(网络版、图文版)/数据显示区(盘后版)。
- 工具栏：系统默认显示在画面右端，可随意拖放到任何位置，分为主功能图标按钮(前 10 项)和动态图标按钮(第 10 项以后，不同窗口下对应不同的图标按钮)。
- 辅助区：在画面的下方，包括信息地雷、分类资料、个股备忘等。
- 窗口：显示在画面中间，供用户浏览和分析，分为主窗口和子窗口。
    - ◆ 主窗口：指系统默认的行情窗口。

◆ 子窗口：包括组合窗口(包括分析图、分时图和多种图形的组合)、报表分析窗口、个股资料窗口、公告信息窗口。

◆ 功能切换区：右边信息栏最下方，分为笔、价、分、盘、势、指、值、筹，对应不同的信息栏小窗口显示内容。

2.4.3　使用通达信软件看盘

了解并熟悉通达信炒股软件的主界面后，下面将介绍如何使用通达信软件看盘。

1. 按分类顺序和名称顺序显示

Step 01　选择排列顺序。

Step 02　查看"上证 A 股"信息。

1 在主界面窗口选择"报价"。

2 然后选择"深沪分类"。

3 最后单击"上证 A 股"命令。

打开"上证 A 股"窗口，在此可以查看上海 A 股所有股票的代码、名称、涨幅和现价等信息。

Step 03 单击"名称"选项。

行情窗口中，单击"名称"选项。

Step 04 按名称顺序显示。

所有股票将按名称降序顺序排列，并且"名称"选项后多出了一个新图标，若单击该图标，所有股票会按升序重新排列，并且图标变成了。

2. 查看个股行情

查看个股行情的具体方法如下。

Step 01 双击股票名称。

在上海 A 股窗口中，双击要查看股票的名称，如：上海机场。

Step 02 查看个股行情。

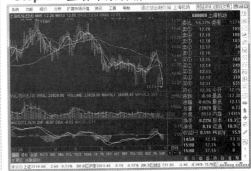

进入该股票的分时走势窗口，查看它的委比、涨幅、最新价位等行情。

2.5 案例剖析

　　张女士是一位入门不久的股票投资者，刚开始炒股时，她听取朋友的推荐，认为澳元理财产品收益能达到 8%以上，她了解了一下，发现一款由银行发行的收益率高达 8.7%的澳元理财产品，于是便投资 10 万元兑换成澳元购买该产品。在买入后不久，外汇市场的澳元走势急转直下，3 个月后，张女士收到银行提前结束理财产品的通知，将澳元换回人民币。仅仅 3 个月时间，张女士就因澳元下跌损失 2 万多，亏损超过 25%(3 个月前，1 澳元能兑换 6.5 元人民币；3 个月后，1 澳元仅能兑换 4.6 元左右，跌幅近 30%)。

通过了解，张女士对于各种货币的历史数据，如走势情况，最高点、最低点等都不了解，而盲目的投资股票，造成了损失。因此在投资股票的时候要了解各国的经济数据，清楚他们受哪些政策影响。

作为投资者应当吸取 4 点教训。

(1) 股票的投资是基于基本面的，当基本面变化时，要谨慎考虑要不要继续投资，若上半年企业的基本面发生了重大的变化，投资者应及时减轻仓位。

(2) 估值是股票里面很重要的部分，当估值比较高时，应当有所警惕。

(3) 要有合理的收益率预期，当过高时，就不要太贪心，否则会把赚的钱吐回去。

(4) 对于股票并不太懂的人，应该长期持有一些很好的股票，像张女士这样的应该多了解外汇方面的知识。

在做投资的时候，投资者要对自己的股票知识进行全面的了解，要清楚股市规律是有周期性的，还要看清大环境和小环境。大环境是指经济环境，需要参考指标的有利率、税收、汇率、银根松紧、经济周期、通货膨胀、政治环境、政府产业政策等的变化和影响；小环境是指了解上市公司的特点，参考的指标有企业的营业收入、盈利、固定资产、同行业情况以及品牌价值等。

2.6　金点子点拨

Q01.　利用社会宏观状况变化分析股市

宏观经济环境能影响市场中股票价格的因素，包括经济周期、国家的财政状况、金融环境、国际收支状况、行业经济地位的变化、国家汇率的调整，这些都将影响股份的沉浮。

可以从下面几个方面对一个国家的宏观经济环境进行分析。

1. 通货膨胀

通货膨胀最直接的表现就是物价上涨。严重的通货膨胀会引起投资者的恐慌，对股市产生不利的影响。政府通常会采取一定的宏观经济政策来抑制通货膨胀的发展，而这些政策必然会对股市的运行产生影响。

2. 经济周期

从经济学角度来讲一个国家的经济是存在周期性的，表现为萧条和繁荣的交替出现。经济周期是引起股市周期变动的基本原因。股份的变动通常会领先于经济周期的变动，即在经济高涨后期股价已先行下跌，在经济即将复苏之时股价已先行上涨。

在经济萧条时期，股价会处于历史的低位，所以一些有远见的投资者往往在这段时间内吸纳股票，待经济复苏，股价高涨后，再择机抛售股票。

3. 经济政策

国家常用的宏观经济调控手段有财政政策和货币政策两种。

(1) 财政政策

财政政策是由国家制定的一系列用于处理财政关系或指导财政工作的方针、措施的总称。

财政包括财政支出和政策收入两个方面。财政政策的主要手段包括国家预算、税收、政府补贴和国债等。

可以将财政政策分为宽松的财政政策、紧缩的财政政策和中性的财政政策等。宽松财政政策会刺激经济的增长，例如给予企业资金补贴，提高出口退税率，减免企业的税金，通过这些措施可以间接地促使证券市场走强。而紧缩的财政政策则会使股市走弱。

(2) 货币政策

货币政策是指国家的中央银行为实现宏观经济目标而采取的控制和调节货币供应量的方针政策。常用的货币政策工具有存款准备金率、再贴现率和公开市场业务等。存款准备金率是商业银行按规定向中央银行缴纳的存款准备金占其存款总额的比率。

货币政策对股价的影响比较直接，例如中央银行采取比较宽松的货币政策，降低存款准备金率、再贴现率或是买入政府债券，使流通资金增加，扩大股票市场的资金来源，促进股市繁荣，推动股价上涨；反之采取紧缩的货币政策则会导致股价下跌。

4. 汇率变动

汇率变动对国家经济影响是多方面的。总的来说，如果汇率调整对未来经济发展和外贸收支平衡利多弊少，人们对前景乐观，股价就会上升；反之，股价就会下跌。

5. GDP

国民生产总值(GDP)是国家经济状况的反映。从整体上看股票市场变化与 GDP 变化趋势是基本一致的。一般来说，股票市场的变化会先于 GDP 的变化。

Q02. 利用企业业绩分析股市

股票是股份企业发行的一种有价证券，企业的运营情况是影响股票价格长期波动的基本因素之一，所以对企业进行分析是投资者的一项重要工作。

企业分析主要是对企业的基本情况和财务情况进行分析考察，从而确定企业本身的"质量"。

1. 基本情况分析

(1) 行业分析

行业分析的目的是确定公司在整个行业中的地位，将目标公司与行业内的其他公司进行比较分析，以便查看该企业有没有竞争力，企业的获利能力，其盈利能力是高于还是低于行业平均水平等，从而判断该企业在行业内是否为龙头企业。

(2) 产品分析

可以从以下 3 个方面进行分析：市场占有率、品牌和产品竞争能力。公司的产品在同类市场上的占有率大小是公司实力大小的有效体现。品牌代表企业的综合能力，而产品的竞争能力则是企业创新能力的体现。

(3) 经营管理分析

企业的经营理念、企业文化在很大程度上会决定企业经营的成败，通过分析公司的经营理念可以了解该公司未来的发展战略，看其是否具有可持续发展的能力。好的企业离不开好的管理，对公司管理人员的素质和能力了解可以分析公司在经营管理上是否有人力的保障。

2. 财务分析

1) 股本结构

了解一个公司的股本结构将非常有助于制定投资决策。股本结构包括流通股比例、大股东持股情况等内容。

总股本(数)是指上市公司发行股票的总数量。一个公司的股本结构中可能包含多种股票类型，例如国家股、法人股、A 股、B 股、H 股和内部职工股等。流通股是指可以在国内证券交易所进行买卖交易的股票，在我国为实际流通 A 股。由于历史原因我国的股票分为流通股和非流通股，流通股比例就是流通股股数占股数的百分比，根据流通股数的大小还可以将股票分为大盘股和小盘股，一般将流通股数大于 1.5 亿的股票称为大盘股，流通股数小于 5000 万的称为小盘股，两者之间的为中盘股。

2) 财务比率

财务数据主要来源于各种财务报表，例如资产负债表、利润表和现金流量表等。根据基本的财务数据可以计算出很多财务指标(比率)，这些财务指标(比率)可以反映企业经营管理的各个方面。

(1) 市盈率

市盈率是指普通股每股市价为每股收益的倍数，其计算公式如下：

$$市盈率＝每股价格/每股收益$$

一般认为较高的市盈率表明市场对公司未来的看好，从而愿意对每元净利润支付更高的价格，但高市盈率的股票存在泡沫的风险也很大，所以投资低市盈率的股票风险较小。另外由其计算方法可以看出市盈率相当于一项投资的回报期，所以市盈率越低回本期越短。

不同的行业之间以及不同的市场状态下，市盈率的差别可能很大。一般来说缓慢增长型公司的股票市盈率较低，多数集中在夕阳行业；而快速增长型公司的股票市盈率会较高，所以个股出现较高的市盈率也是正常的，然而当多数股票的价格相对于其收益水平上涨到不合理的高度时，则是危险的信号。

在应用市盈率时，可以将其与周期银行的存款利率进行比较，例如市盈率为 25，那么

市盈率的倒数为 4%(相当于投资回报率)，假设银行同期的存款利率为 5.58%，由于 4%小于 5.58%，所以投资这只股票还不如将资金存入银行划算。

(2) 净资产收益率

净资产收益率(ROE)是净利润与平均净资产的百分比，其计算公式如下：

净资产收益率＝净利润/平均净资产

其中：平均净资产＝(年初净资产+年末净资产)/2。净资产是资产总额与负债总额之差，即所有者权益。净资产收益率值越大说明企业的成长性越强。

(3) 市净率

市净率侧重从资产的角度上评估上市公司的价值，其计算公式如下：

市净率(PB)＝每股价格/每股净资产

市净率太高或者太低都不好。市净率太高，说明股票被严重高估，投资风险大。市净率太低，说明人们普遍不看好，就像"处理品"一样。

(4) 资产负债率

资产负债率是负责总额除以资产总额的百分比。它反映了债权人所提供的资本占全部资本的比例。资产负债率用于衡量企业清算时保护债权人利益的程度。

Q03. 利用行业分析研究股市

行业分析主要分析行业所处的发展阶段，以及在国民经济中的地位，同时对不同的行业进行横向比较。

1. 行业的增长性

在具体分析时可以将某行业历年的销售额增长率与国民生产总值和国内生产总值增长率进行比较，还可以计算该行业的销售额占国民生产总值的比重。通过分析比较后确定行业的增长性。

2. 行业生命周期

每个行业一般都会经历由成长到衰退的过程。一般可以将行业的生命周期分为以下 3 个阶段：幼稚期、成长期和衰退期。例如目前通信行业基本处于成长期，而家电行业基本上已进入成熟期。

3. 行业的市场结构

市场结构可以分为以下几种：完全竞争市场和完全垄断市场、寡头垄断市场和完全垄断市场。例如现实生活中的公用事业和某些稀有金属矿的开采等行业属于完全垄断市场类型，资本密集、技术密集行业基本属于寡头垄断市场类型，而一些制成品市场则基本属于不完全竞争或者垄断竞争市场类型。

4. 行业前景分析

结合目前的经济社会环境也可以分析判断行业的未来前景，例如资源不可再生型、现代农业型、环保型和新能源型等行业的发展前景会比较好。

Q04. 使用牛博士软件分析股票行情

使用牛博士软件浏览大盘或个股的分析图以及行情报价表等，具体操作步骤如下。

1. 浏览分时走势

Step 01　打开程序。

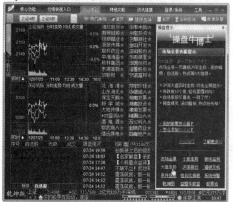

进入牛博士窗口后，会看到如上图所示的界面，在"操盘提示"窗格中单击"大盘走势"链接。

Step 02　进入"大盘走势"窗口。

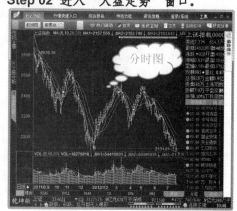

进入"大盘走势"窗口，即可看到"上证指数 000001"的大盘分析图。

Step 03　查看某一时刻的数据信息。

将鼠标光标移动要查看的某时刻数据位置，单击将会出现如上图所示的提示框，显示该时刻的数据信息。

Step 04　查看成交明细。

按 F1 键，打开"成交明细"窗格，查看当日从开盘到目前的成交记录。

小贴士

使用快捷键

按键盘上的←和→键，将会弹出"查价"窗格，同时在分时图中会出现两条十字交叉的线，"查价"窗格显示的即是两线交叉处时刻的数据信息，如下图所示。移动鼠标，可以查看其他时刻的数据信息。

Step 05 切换参数。

在"成交明细"窗格下方单击分笔、逐笔、财务、分价、盘口、累计、统计等按钮，可以查看各参数的分析结果。

Step 06 查看分价表。

按 F2 键，打开"分价表"窗格，用户也可以单击下方的分笔、逐笔、财务、分价、盘口、累计、统计等按钮切换窗格内容。

2. 技术分析

技术分析是对大盘指数或个股的 K 线图进行分析，包括主图线型、选择指标、除权处理、画面组合、画线工具和分析周期等，下面以分析大盘指数为例进行解释，具体操作步骤如下。

Step 01 打开"选择指标"对话框。

在"分时图"窗格中右击，从弹出的快捷菜单中选择"选择指标"命令。

Step 02 选择指标。

弹出"选择指标"对话框，在"公式组"选项卡下选择要使用的指标，再单击"确认"按钮即可。

Step 03 设置主图线型。

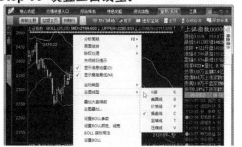

在大盘分析窗格中右击，从弹出的快捷菜单中选择"主图线型"子菜单中的命令，即可对大盘或个股的线型状态进行切换，包括 K 线、美国线、价格线、操盘线、宝塔线等。

Step 04 除权处理。

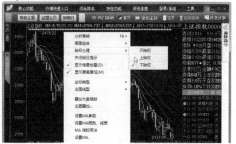

在大盘分析窗格中右击，从弹出的快捷菜单中选择"除权处理"子菜单中的任一项命令，即可对大盘或个股图中的曲线进行除权处理了。

Step 05 画面组合。

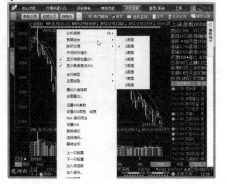

在大盘分析窗格中右击，从弹出的快捷菜单中选择"画面组合"子菜单中的命令，即可随意调整技术分析显示的画面组合。

Step 06 画线工具。

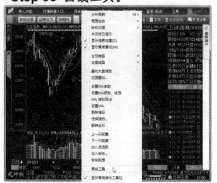

在大盘分析窗格中右击，从弹出的快捷菜单中选择"画线工具"命令。

Step 07 使用画线工具。

在弹出的"画线"窗格中单击要使用的线条样式，然后在大盘分析窗格或个股窗格中拖动鼠标，添加需要的线条线。

Step 08 调整分析周期。

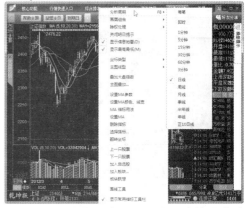

在大盘分析窗格中右击，从弹出的快捷菜单中选择"分析周期"子菜单中的命令，即可随意对大盘或个股的分析周期进行切换，包括日线、周线、月线、季线、年线等。

3. 查看资讯信息

在大智慧软件正常连接的状态下，用户可以轻松查看个股的资讯信息，具体操作步骤如下。

Step 01 切换到"资讯信息"窗格。

在菜单栏中选择"资讯信息"命令，进入"资讯信息"窗格，然后在工具栏中单击"操盘手点睛"按钮。

Step 02 进入"操盘手点睛"窗格。

在"操盘手点睛"窗格中双击要查看的信息选项。

Step 03 查询详细信息。

在弹出的对话框中查看详细信息。在对话框中单击列表框中的选项，可以切换信息内容。查看完毕后单击"关闭"按钮。

Step 04 新闻导读。

返回"资讯信息"窗格，单击工具栏中的"新闻导读"按钮，选择新闻类别，接着将会在窗格中显示相应的新闻列表，双击并在随后弹出的对话框中查看详细信息。

Step 05 查看数据信息。

在工具栏中单击 ▶ 按钮，然后单击显示出来的"数据汇总"按钮，并在打开的菜单中选择需要的命令，接着在窗格中双击显示的数据信息进行查看。

Step 06 查看市场观点。

在工具栏中单击"市场观点"按钮，并在打开的菜单中选择需要的命令，接着将会在窗格中列出相应的观点信息，双击要查看的信息选项进行查看。

Step 07 查看公告与提示。

在工具栏中单击 按钮，然后单击显示出来的"公告与提示"按钮，并在打开的菜单中选择需要的命令，接着在窗格中双击公告或提示信息进行查看。

Step 08 查看交易行情。

在工具栏中单击"交易行情"按钮，并在打开的菜单中选择需要的命令，接着将会在窗格中列出相应的交易行情信息，双击要查看的信息选项进行查看。

Step 09 使用"学习天地"功能。

在工具栏中单击 按钮，然后单击显示出来的"学习天地"按钮，在打开的菜单中选择"股民学堂"或"法律法规"命令，接着在窗格将会显示出相应的信息列表，双击需要的信息选项，即可在随后弹出的对话框学习股票知识及相应的法律法规知识了。若单击 按钮，可以向前切换其他功能按钮。

Q05. 了解股票的常用术语

股票术语常常让刚刚接触股票市场的投资者摸不到头脑，下面将为初学者选取出现率较高的一些股票术语进行介绍，方便大家今后学习。

1) 成交数量、成交笔数、成交额

- 成交数量指当天成交的股票数量。
- 成交笔数是指当天各种股票交易的次数。
- 成交额是指当天每种股票成交的价格总额。

2) 现手

现手是指当前某一股票的成交量。

3) 筹码

股票市场上，将投资人手中持有的一定数量的股票称为筹码。

4) 均价

均价是指当前时刻买卖股票的平均价格。若当前股价在均价之上，说明在此之前买的股票都处于盈利状态。

5) 场内交易和场外交易

场内交易是指在证券交易所内进行的证券买卖活动；场外交易是指在交易所以外的市场进行的交易。证券交易所以外的市场也称为"柜台市场"、"第三市场"或"第四市场"。

6) 热门股、冷门股、浮动股和稳定股

热门股、冷门股、浮动股和稳定股都是指股票所处的状态。交易量大、流通性强、价格变动幅度大的股票称为热门股；与之相反，交易量小，流通性差甚至没有交易，价格变动小的股票称为冷门股；浮动股是指在市场上不断流通的股票；稳定股是指长期被股东持有的股票。

7) 店头股

店头股是指不通过投资者订购，而是直接由证券公司将股票放在证券公司买卖的股票。

8) ST 股和 PT 股

ST 股和 PT 股同属 T 类股票。

(1) ST 股

1998 年 4 月 22 日，沪深证券交易所宣布将对财务状况和其他财务状况异常的上市公司的股票交易进行特别处理，英文为 Special Treatment，缩写为 ST。

这里的异常主要指以下两种情况：

- 上市公司经审计两个会计年度的净利润均为负值；
- 上市公司最近一个会计年度经审计的每股净资产低于股票面值。

被实行特别处理的股票交易应遵循下列规则：

- 股票报价日涨跌幅限制为 5%；
- 股票名称改为原股票名前加 ST，如"ST 钢管"；
- 上市公司的中期报告必须经过审计。

(2) PT 股

根据《公司法》及《证券法》的有关规定，上市公司连续三年出现亏损等情况，其股票将暂停上市。PT 是特别转让(Particular Transfer)的英文缩写，它是基于为暂停上市流通的股票提供流通渠道的特别转让服务所产生的股票品种。

沪深证券交易所从 1999 年 7 月 9 日起，对暂停上市的股票实施"特别转让服务"。PT 股的交易价格及竞价方式与正常交易股票的区别如下。

● 交易时间不同：PT 股只在每周五的开市时间内进行，一周只有一个交易日可以进行买卖。

● 涨跌幅限制不同：据最新规定，PT 股只有 5%的涨幅限制，没有跌幅限制，风险相应增大。

● 合方式不同：正常股票交易是在每交易日 9:15～9:25 之间进行集合竞价，集合竞价未成交的申报则进入后续的连续竞价。而 PT 股是交易所在周五 15:00 收市后一次性对当天所有有效申报委托以集合竞价方式进行撮合，产生唯一的成交价格，所有符合条件的委托申报均按此价格成交。

 **小贴士**

PT 股不计入指数计算

PT 股作为一种特别转让服务，其交易的股票不是真正意义上的上市交易股票，因此不计入指数计算，转让信息只能在当天收盘行情中看到。

9) 散户

散户通常是指投资额较少，资金数量达不到证券交易所要求的中户标准的投资者。目前进入中户的标准有所不同，为 30～50 万不等。

10) 买卖清算

证券公司购买大量的股票，再以一定的清算价格，卖给其他投资者的行为被称为买卖清算。

11) 溢价发行

将股票或债券发行时以高于其票面余额的价格发行的方式成为溢价发行。

12) 开盘和开盘价

开盘是指某种证券在证券交易所每个营业日的第一笔交易，第一笔交易的成交价即为当日开盘价。

上海证券交易所规定，如果开市后半小时内无成交，则以前一天的盘价为当日开盘价；如果连续几天无成交，则由证券交易所根据客户对该证券买卖委托的价格走势，提出指导价格，促使其成交后作为开盘价。首日上市买卖的证券经上市前一日柜台转让平均价或平均发售价为开盘价。

13) 收盘价

收盘价是指某种证券在证券交易所一天交易活动结束前最后一笔交易的成交价格。如果当日没有成交，则采用最近一次的成交价格作为收盘价。

收盘价是当日行情的标准，又是下一个交易日开盘价的依据，投资者可根据收盘价来对证券市场行情进行分析。

14) 最高盘价和最低盘价

最高盘价是指某种证券当日交易中最高成交价格，也称高值；最低盘价是指某种证券当日交易中的最低成交价格，也称为低值。

15) 卖压和买压

卖压是指在股市上大量抛出股票，使股价迅速下跌。

买压是指买股票的人很多，而卖股票的人却很少。

16) 多头和多头市场

多头是指投资者趁低价时买进预计会看涨的股价，待股票上涨至某一价位时卖出，以获取差额收益。

一般把股价长期保持上涨势头的股票市场称为多头市场，多头市场会呈现一连串的大涨小跌的特征，投资者可以根据此特征进行判断。

17) 空头和空头市场

空头是一种先卖出后买进、从中赚取差价的交易方式。当股价较高时，如果投资者认为股市前景看坏，股价将会下跌，他们把借来的股票在高价时卖出，等到股价跌至某一价位时再买进，以此方式获取差额收益，这就称为空头。

通常把股价长期呈下跌趋势的股票市场称为空头市场，空头市场的股价呈现一连串的大跌小涨的特征。

18) 死空头和死多头

"死空头"是指总是认为股市情况不好，不能买入股票，股票会大幅下跌的投资者；"死多头"是指总是看好股市，总拿着股票，即使是被套得很深，也对股市充满信心的投资者。

19) 多翻空和空翻多

多头确信股价已涨到顶峰，因而大批卖出手中股票成为空头，这种现象叫作多翻空；反之，空头确信股价已跌到尽头，于是大量买入股票而成为多头，这种现象叫作空翻多。

20) 实多和浮多

资金实力雄厚、持股时间长，不做见跌就买见涨就卖，只图眼前一点小利的投资者称为实多；浮多与实多相对，是指资金较弱、持股时间短、见涨就卖见跌就买、只图眼前利益的小投资者。

21) 买旺市场和卖旺市场

在股票市场中，投资者大致可分为多头、空头两种，二者处于对立位置，占上风的一方获利。在股价直线上涨时，多头处于优势，抢做短期投资的人会大量低价买进，待股价达到顶峰时顺势卖出，这时的市场一般称作"买旺市场"或"竞卖市场"。

相反，如果股市一直疲软不振，股价猛跌不停，做空头的投资者便会大量高价卖出股票，待股价跌到谷底时，再以低价将股票买回，这时的市场一般称作"卖旺市场"或"竞买市场"。

22) 开高、开平和开低
- 开高是指当日开盘价在前日收盘价之上。
- 开平是指当日开盘价与前日收盘价持平。
- 开低是指当日开盘价在前日收盘价之下。

23) 诱多和诱空

诱多是指股价盘旋已久，下跌可能性逐渐增大，"空头"大多已卖出股票后，"空方"突然将股票拉高，误导"多方"以为股价会向上突破，纷纷加码，结果"空头"高价惯压而下，使"多头"误入陷阱而套牢。

诱空是指"多头"买进股票后，故意将股价做软，使"空头"误以为股价将要大跌，误入"多头"的陷阱，纷纷抛出股票。

24) 建仓、平仓和斩仓

投资者开始买入看涨的股票称为建仓；投资者在股票市场上卖出股票的行为称为平仓；投资者在买入股票后，股价下跌，为避免损失扩大而低价甚至赔本卖出股票的行为称为斩仓。

25) 套牢

套牢是指股票交易时所遭遇的风险。与前面的多头和空头联系起来，可以这样解释：投资者买进预计将上涨的股价，但股价却一直呈下跌趋势，这种现象称为多头套牢；投资者预计股价将下跌，将借来的股票卖出，但股价却一直上涨，这种现象称为空头套牢。

26) 短多

短多是指短线多头交易，这种交易长则两三天，短则一两天，以预期股价短期看好为操作依据。

27) 对敲

对敲是庄家或大的机构投资者交易手法，他们在多家营业部同时开户，以拉锯方式在各营业部之间报价交易，操纵股价。

28) 涨势和跌势

股价在一段时间内朝同一方向运动，称为趋势。股价在一段时间内不断朝新高价方向移动称为涨势；相反，股价在一段时间内不断朝新低价方向移动称为跌势。

29) 跳水和阴跌

股价急速下滑且幅度很大，超过前一交易日的最低价很多的现象称为跳水。

股价上升少，下降多，缓慢下滑的现象称为阴跌，阴来源于"阴雨连绵，长期不止"。

30) 线

通常为了判断行情，将股市的各项同类数据表现在图表上，如K线，移动平均线等。

31) 压力点和压力线

股价在涨升过程中，碰到某一高点后停止涨升或回落，称该点为压力点；同理，股价在涨升过程中，碰到某一高线后停止涨升或回落，称该线为压力线。

32) 关卡、阻力线和支撑线

股市上一般将遇到阻力时的价位称为关卡。关卡的出现有以下两种情况：股市受利多信息的影响，股价上涨至某一价格时，做多头的认为有利可图，便大量卖出，使股价至此停止上升，甚至出现回跌；股市受利空信息的影响，股价跌至某一价位时，做空头的认为有利可图，大量买进股票，使股价不再下跌，甚至出现回升趋势。

将股价上升时的关卡称为阻力线；相反，将股价下跌时的关卡称为支撑线。

33) 停板

当股票价格波动超过一定限度时的交易停止称为停板，停板分为涨停板和跌停板。因股票价格上涨超过一定限度而停做交易叫涨停板；因股票价格下跌超过一定限度而停做交易叫跌停板。

34) 突破和跌破

股价冲过上升关卡或阻力线的情况称为突破；股价跌到支撑线以下的情况称为跌破。

跌破对买入、卖出时机的选择具有重要的指导意义，但是跌破有假跌破和有效跌破之分，搞清楚跌破有效与否对投资者而言是至关重要的。

收市价跌破支撑线，才是有效的跌破，可以将其看成卖出的信号。如果价格曾经跌破支撑位，但收市价仍然高于支撑位，这说明市场的确曾经想打压汇价，但是卖盘不继，买盘涌至，致使价格终于在收市时回升，这样的跌破并非有效的跌破。有效跌破时易逢高卖出，非有效跌破时，易逢低买入。

遇到跌破时的注意事项

- 发现跌破后，多观察一天。
- 注意跌破后两天的高低价。
- 盘整是指股价在有限幅度内波动。
- 盘档是指投资者大多采取观望态度，不积极买卖，致使当天股价的变动幅度很小。
- 盘坚是指股价缓慢上涨；盘软是指股价缓慢下跌。

35) 护盘和洗盘

机构投资大户为防止股市继续下滑，在股市低落、人气不足时大量购进股票的行为称为护盘。

洗盘是指投机者先把股价大幅度杀低，使大批散户(小额股票投资者)产生恐慌，相继抛售股票，这时投机者再抬高股价，乘机渔利。

洗盘是主力故意压低股价，操纵股市的一种手段，具体做法是：为了拉高股价获利出货，先有意制造卖压，迫使低价买进者卖出股票，以减轻拉升压力，通过这种方法可以使股价拉高。

36) 反转、回档和反弹

股价朝原来趋势的相反方向移动的现象称为反转，反转有向上反转和向下反转之分。

回档是指股价呈不断上涨趋势，但因为股价上涨速度过快而反转回跌到某一价位。回档是股市的一种调整现象，一般来说，股票的回档幅度要小于上涨幅度，通常反转回跌到前一次上涨幅度的 1/3 左右，而后又会恢复原来上涨趋势。

反弹是指股价呈不断下跌趋势，但因为股价下跌速度过快而反转回升到某一价位。一般来说，股票的反弹幅度要比下跌幅度小，通常反弹到前一次下跌幅度的 1/3 左右，就会恢复原来的下跌趋势。

37) 底部和头部

底部是指股价长期趋势线的最低部分；头部是指股价长期趋势线的最高部分。

38) 高价区和低价区

高价区和低价区分别是指多头市场的末期和初期，高价区被认为是中短期投资的最佳卖点，相应的，低价区被认为是中短期投资的最佳买点。

39) 买盘强劲和卖压沉重

买盘强劲是指股市交易中买方的欲望强烈，造成股价上涨的现象；卖压沉重是指股市交易中持股者争相抛售股票，造成股价下跌的现象。

40) 惯压

惯压是指为了低成本大量买进，先用大量股票将股价大幅度压低的行为。

41) 超买和超卖

超买是指股价持续呈上升趋势，当上升到一定高度时，买方力量基本用尽，股价即将下跌；超卖是指股价持续呈下跌趋势，当下跌到一定低点时，卖方力量基本用尽，股价即将回升。

42) 踏空

踏空是指投资者预计不足，以为股市会下跌，卖出股票后，股价却一路上扬；或指未能及时买入，因而未能赚得利润。

43) 牛市和熊市

牛市是指股票市场上买入者多于卖出者，股市行情看涨的现象；熊市与牛市相反，是指股票市场上卖出者多于买入者，股市行情看跌的现象。

引发牛市原因主要包括以下几个方面：

- 经济影响：股份企业盈利增多、经济繁荣、利率下降、新兴产业发展、通货膨胀温和等；
- 政治影响：政府颁发政策、法令，发生突变的政治事件等；
- 股票市场本身作用：发行抢购风潮、投机者的卖空交易、大户大量购进股票等。

引发熊市的因素与引发牛市的原因差不多，方向相反。

44) 骗线

主力或大户在趋势线上做手脚，利用市场心理使散户做出错误决定的行为称为骗线。

45）抢帽子

抢帽子是一种投机性行为，投机者低价购进预计要上涨的股票，当股价上涨到某一价位时，当天卖出之前买进的股票，从中获取差额利润；另一种情况，投资者预计股价将要下跌，先卖出手中持有的股票，当股价下跌至某一价位时，再以低价买进之前卖出的股票，从中获取差额利润。

46）利多和利空

利多是指能够引起股价上涨的信息，比如经济方面的上市公司经营业绩好转、银行利率降低、社会资金充足、银行信贷资金放宽、市场繁荣等，另外，政治、军事、外交等方面信息也会成为促进股价上涨的利多信息。

利空是指能够促使股价下跌的信息，比如上市公司经营业绩恶化、银行利率调高、经济衰退、通货膨胀、天灾人祸等，同样，政治、军事、外交等方面信息也会成为促使股价下跌的利空信息。

47）跳空

跳空通常在股价大变动的开始或结束前出现，是由于利多或利空消息刺激产生的股价大幅度跳动。

48）坐轿子和抬轿子

坐轿子是指在股市上哄抬操纵股价的行为，是一种的投机交易行为。具体来说，投机者通过分析，预计会有利多或利空信息公布，股价会出现大涨大落，于是立即买进或卖出股票。利多或利空信息公布后，股民大量抢买或抢卖，股价大涨大落的局面出现，投机者在此时卖出或买进股票，从中获取厚利。

先买后卖为坐多头轿子，先卖后买称为坐空头轿子。

抬轿子是指利多或利空信息公布后，股价还未出现大起大落时，根据预测立刻抢买或抢卖股票的行为。

抢利多信息买进股票的行为称为抬多头轿子，抢利空信息卖出股票的行为称为抬空头轿子。

49）轧空和多杀多

轧空又称为空头倾轧空头，是指股票持有者一致认为当天股价会大跌，多数人抢卖空头帽子卖出股票，但是事与愿违，当天股价并没有大幅度下跌，无法低价买进股票，在股市结束前，做空头的只好竞相补进，从而出现收盘价大幅度上升的局面。

多杀多又称为多头杀多头，是指股市上的投资者一致认为当天股价会上涨，多数人抢多头帽子买进股票，然而股价并没有大幅度上涨，无法高价卖出股票，在股市结束前，持股票者竞相卖出，造成股市收盘价大幅度下跌的局面。

50）整理

股价经过大幅度迅速上涨或下跌后，遭遇到阻力线或支撑线，上涨或下跌趋势明显放慢，开始以 15% 左右的幅度上下跳动，且持续一段时间，这种现象称为整理。

整理现象是股价大变动的前奏

通常整理现象的出现表示多头和空头激烈互斗而产生了跳动价位，也是下一次股价大变动的前奏。

51）填权

股票除权后的除权价不一定等同于除权日的理论开盘价，填权就是股票实际开盘价交易高于这一理论价格。

52）换手率

某股票成交的股数与其上市流通股总数之比称为换手率。

换手率表示股票活跃程度

换手率反映了股票交易的活跃程度，尤其当新股上市时，更应注意这个指标。

53）佣金和股票交易印花税

佣金是证券商为投资者代理买卖证券时收取的费用，它按照成交金额计算。我国证券商收取佣金的标准是经物价管理部门批准，由上海、深圳两证券交易所分别制定的。A股、证券投资基金每笔交易佣金不足 5 元的，按 5 元收取；B 股每笔交易佣金不足 1 美元或 5 港元的，按 1 美元或 5 港元收取。

股票交易印花税是从普通印花税发展而来的，我国税法规定，对证券市场上买卖、继承、赠予所书立的股权转让书据，按书立时实际市场价格计算的金额征收印花税。

54）委比

委比是衡量一段时间内场内买、卖盘强弱的技术指标，它的取值范围从-100%～100%，其计算公式为：

$$委比＝(委买手数－委卖手数)/(委买手数＋委卖手数)×100\%。$$

若委比为正，说明股票市场内买盘较强，数值越大，买盘就越强劲；反之，委比为负，说明股票市场内卖盘较强，数值越大，卖盘就越强劲。

什么是委买手数

委比公式中的"委买手数"是指即时向下三档的委托买入的总手数，"委卖手数"是指即时向上三档的委托卖出总手数。

下面以一个例子说明委比如何反应买卖盘强弱：若某股即时最高买入委托报价及委托量为 15.00 元、130 手，向下两档分别为 14.99 元、150 手，14.98 元、205 手；最低卖出委托报价及委托量分别为 15.01 元、270 手，向上两档分别为 15.02 元、475 手，15.03 元、655 手，则此时的即时委比为-48.54%。显然，此时场内抛压很大，卖盘强劲。

第 3 章 如获至宝——模拟炒股

本章导读

在掌握了股票分析方法后，想不想试试手呢？本章就将带领大家熟悉模拟炒股软件，并使用该软件进行炒股练习，让大家更直观、更真实地感受炒股气氛。

本章重点

● 下载安装模拟炒股软件

● 使用模拟炒股软件进行炒股

● 使用模拟炒股软件查看交易情况

3.1 认识模拟炒股软件

模拟炒股一般有使用模拟炒股软件和模拟炒股网页两种形式，但模拟炒股网页的界面和操作性远不及模拟炒股软件真实。本节将介绍使用模拟炒股软件的准备工作。

3.1.1 下载安装模拟炒股软件

模拟炒股软件很多，其中，"股城模拟炒股软件"是目前唯一一个多功能、真实的模拟炒股平台，其交易数据全部来自真实股市。本章将以股城模拟炒股软件为例，介绍如何使用模拟炒股软件实现电脑模拟炒股。在学习该软件之前，需要到网上下载股城模拟炒股软件并安装，具体方法如下(股城网官方网站的网址是 http://www.gucheng.com)。

Step 01 打开"股城网"官方网站。

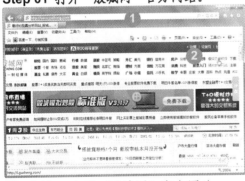

① 使用 IE 打开"股城网"官方网站。

② 单击"模拟炒股软件"链接。

Step 02 下载股城模拟炒股软件。

单击"免费下载"按钮。

Step 03 双击安装图标。

下载完毕后，双击 setup 安装文件。

Step 04 进入安装界面。

单击"下一步"按钮，开始安装。

Step 05 选择安装位置。

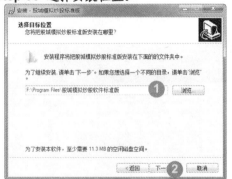

❶ 进入"选择目标位置"界面，单击"浏览"按钮，在弹出的对话框中设置安装保存路径。

❷ 单击"下一步"按钮。

Step 06 设置文件位置。

❶ 进入"选择开始菜单文件夹"界面，单击"浏览"按钮，选择在开始菜单中的文件位置。

❷ 单击"下一步"按钮。

Step 07 准备开始安装。

进入"准备开始安装"界面，显示出以上所有操作的信息内容，单击"安装"按钮。

Step 08 完成安装。

单击"完成"按钮，安装完毕。

3.1.2 注册模拟炒股账户

在使用股城模拟炒股软件时，用户必须先注册模拟炒股账户，才能获取虚拟资金模拟炒股。注册模拟炒股账户的具体方法如下。

Step 01 打开股城模拟炒股软件。

在桌面上双击股城模拟炒股软件的启动图标。

Step 02 准备注册账户。

单击"免费注册"按钮。

Step 03 填写模拟炒股账户注册资料并注册成功。

① 选择站点。

② 在该页面分别输入"登录账户"、"账户密码"等信息。

③ 完成后单击"我接受条款 注册账号"按钮完成注册。

3.1.3 认识模拟炒股平台

创建账户后，在登录界面输入信息即可登录股城模拟炒股平台，下面我们来认识股城模拟炒股平台。

Step 01　输入登录信息。

1 输入登录账号和密码。

2 选择注册时所选择的站点。

3 单击"登录"按钮。

Step 02　进入模拟平台。

通过上一步操作，进入股城模拟炒股软件界面，可直接看到行情数据界面和操作面板。

Step 03　查看账户信息。

在界面的左下侧的选项栏单击"信息账户"选项，则显示账户资金、盈亏等信息。

Step 04　查看持股信息。

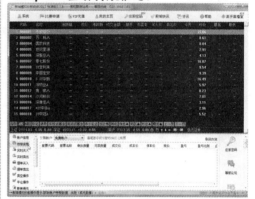

单击"持股信息"选项，则显示账户所持股票的信息。

Step 05　查看其他高手情况。

单击"收益排行"选项查看其他用户的模拟情况，如右图所示。

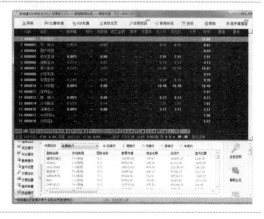

Step 06 选择"设置"命令。

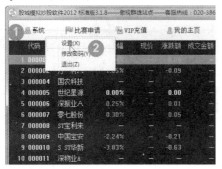

① 单击菜单栏中的"系统"图标。

② 选择"设置"命令。

Step 07 进行系统设置。

在打开的"系统设置"对话框中进行设置，设置完成后单击"确定保存"按钮。

3.2 使用模拟炒股软件进行炒股

股城模拟炒股软件的交易数据全部来自真实股市，与真实股市买卖盈亏数据同步，让你在模拟炒股的同时又能结合实际行情操盘，快速增加自己的炒股经验。本节将介绍使用模拟炒股软件模拟买卖股票的操作。

3.2.1 实时买卖股票

进入股城模拟炒股平台后，用户就可以模拟买卖股票了，下面就以模拟买入和卖出"武钢股份"股票为例，介绍模拟买卖股票的操作。

1. 实时买入股票

实时买入股票的具体操作步骤如下。

Step 01 准备买入股票。

① 单击选项栏的"实时买入"按钮。

② 输入股票代码，按下 Enter 键后显示股票名称、股价等信息。

Step 02 模拟买入股票。

① 输入买入的数量。

② 单击"确定买入"按钮。

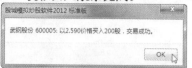
Step 03　模拟买入股票完成。

执行上面的步骤后弹出对话框，提示模拟买入股票成功，单击 OK 按钮。

Step 04　查看持股信息。

单击"持股信息"按钮，查看买入股票信息。

2. 实时卖出股票

实时卖出股票的具体操作步骤如下。

Step 01　准备卖出股票。

单击选项栏中的"实时卖出"按钮，选择要卖出的股票，系统会显示股票名称、股票现价等信息。

Step 02　模拟卖出股票。

①　输入要卖出的股票数量。

②　单击"确定卖出"按钮。

Step 03　模拟卖出股票完成。

执行上面的步骤后弹出对话框，提示卖出股票成功，单击 OK 按钮。

Step 04　查看持股信息。

单击"持股信息"按钮，查看买入股票信息。

3.2.2　埋单买卖股票

埋单买卖股票就是按照自己理想的价格委托买卖股票，如果股票涨或跌到与你的报价相同的价格就成交，反之则不成交，下面介绍如何模拟埋单买卖股票。

1. 埋单买入股票

埋单买入股票的具体操作步骤如下。

Step 01 选择埋单买入股票。

① 单击"埋单买入"按钮。

② 输入股票代码，按下 Enter 键后显示股票名称、股票现价。

Step 02 设置埋单价格。

设置埋单价格。

Step 03 设置埋单买入股票的数量。

① 输入埋单买入的数量。

② 单击"确定买入"按钮。

Step 04 埋单买入股票完成。

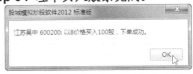

弹出对话框，提示埋单买入股票下单成功，单击 OK 按钮。

2. 埋单卖出股票

埋单卖出股票的具体操作步骤如下。

Step 01 选择埋单卖出的股票。

单击"埋单卖出"按钮，选择要埋单卖出的股票，在右侧会显示股票名称、股票现价等信息。

Step 02 设置埋单卖出股票的价格。

设置埋单卖出的价格。

Step 03 设置埋单卖出股票的数量。

① 输入埋单卖出的数量。

② 单击"确定卖出"按钮。

Step 04 埋单卖出股票完成。

弹出对话框，提示埋单卖出股票下单成功，单击 OK 按钮。

3.2.3　撤单

由于用户填写的股票价格不合适等原因，用户提交的买卖委托不一定会立即成交，对未成交的买卖委托可以进行撤单操作，下面介绍如何进行撤单。

Step 01　选择要撤单的股票。

❶ 单击"撤单操作"按钮。

❷ 选择要进行撤单操作的股票，系统会显示相应股票的代码、价格等信息。

Step 02　撤单操作。

选择好要撤单的股票后单击"确定撤单"按钮。

Step 03　撤单成功。

弹出"撤单成功"对话框，单击 OK 按钮。

Step 04　查看撤单结果。

返回撤单操作界面，被撤单的股票记录显示消失了，撤单成功。

3.2.4　换股

换股是指在收购活动中，收购公司按一定比例将目标公司的股权换成本公司的股权，目标公司被终止经营权或成为并购公司的子公司，视具体情况可分为增资换股、库存股换股、母子公司交叉换股等。换股对并购方而言，可以减少付现金的压力，也不会挤占营运资金，比现金支付成本要小许多。对于目标公司股东而言，可以推迟收益时间，达到合理避税或延迟交税的目的，亦可分享并购公司价值增值的好处。

1. 换股原则

换股是一种主动性的解套策略，使用时要遵循以下原则。

(1) 留小换大

小盘股是跑赢大盘和手中滞涨股的首选品种。这是因为小盘股具有资金重组成本低、股性较活等特点，因此很容易被更多的庄家选中控盘，从而使小盘股的走势往往强于大盘股。

(2) 留低换高

低价股往往容易被市场所忽视，投资的价值常常被市场所低估，而且低价股由于绝对位低，因此进一步下跌空间有限，风险较低。如果是从高位深跌下来的低价股，因为离上档套牢密集区比较远，是具有一定涨升潜力的。而越高价位的股票本身的价格就意味着有高的风险，使高价股面临较大调整的压力，所以，换股时要换出价格高的高价股，留住价位低的低价股。

(3) 留新换老

新股和次新股由于没有经过扩容，流通盘比较偏，很容易被主力控盘。而且上市的时间不是很长、又是没有被疯炒过的次新股，上档套牢盘轻。加上次新股才上市就募集了大量的现金，常常具有新的利润增长点。这些因素很容易就会引起主流资金的炒作热情。

(4) 留强换弱

弱势股的特征：如果大盘调，弱势股就会随着大盘回落，幅度一般超过大盘；如果大盘反弹，弱势股即便是跟随大盘反弹，其力度也比大盘弱。所以，股票投资者只要发现自己手中持有的是这种类型的弱势股，无论是被套还是获利都要及时清仓，另选强势股。这样才能更有效地保证资金的利用率。

(5) 留有庄股换无庄股

有庄股是指有主力介入的股票，介入的主力凭借厚实的资金优势一般不会出现大盘的起落，通过不断推高价格，股价会呈现出强者恒强的走势。无庄股由于缺乏主力资金关照，大多是一些小散户股民在里面苦苦支撑，如果持有这种股，就只能和其他散户一起苦撑了。

(6) 留新庄股换老庄股

因为不管老庄股以前是否有过很大幅度的拉升，或者是否有获利的时间和空间，只要在长期的时间成本的压制下，老庄股常常容易考虑如何择路而逃，所以，老庄股的上升空间与上升力度都值得怀疑。新庄股指的是主力介入时间还没有超过一年的个股。由于新的资金刚刚介入，其爆发力一般要超过老庄股。

(7) 留底部放量股换底部无量股

这里要求投资者留意股票底部的放量，如果是有庄的股票并且在底部不放量，说明其主力早已吸了一肚子货，正想着怎么派发，将来的上升空间会很难。而换底部无量股则是指换成在底部放量，上涨空间大、涨势快的股票。

(8) 留主流板块股换冷门股

有些冷门股，每天也就在几分钱里浮动，全天成交量也很少，如果手中有这样的个股，应该尽快抛出，换入现在属于主流板块上涨空间大但目前的涨幅还不是很大的个股。

(9) 留有潜在题材股换题材明朗股

股票的市场中往往会传一些朦胧题材，而消息的内容是否具有真实性并不重要，只要能得到广大投资大众的认同，股价常常会有很好的表现。可是题材一旦明朗，炒作便无疾而终。所以，在换股的时候，需要注意选择一些具有潜在朦胧题材的个股。

2. 换股方法

下面为大家介绍几种切实可行的换股方法，分别如下。

（1）以"强"换"弱"

主力资金操作一只股票，大致上可以分为吸筹、洗筹、拉升、出货、离场等几个阶段。当一只股票已完成主升浪，主力基本出完货，其上攻能量就会散尽。即使高位横盘，也只是强弩之末，上涨的空间较小。这时，投资者就不如选择正处于主力吸筹期的相对"弱势"股。

（2）以"弱"换"弱"

将手中被主力彻底抛弃的弱势股，调换成新主力资金进场的弱势股。因为前者在弱市中就像自由落体，底不可测。即使大盘走强，也往往反弹乏力，在整个行情中不会有出色的表现。后者由于有新的主力资金进场，尽管暂时表现一般，但最终会有见底转强的时候。

（3）以"强"换"强"

有些股票经过快速拉升后，即将或者已经进入高位盘整，个别的也可能仅靠惯性再上涨，投资者追涨的热情明显不高，盘面出现放量滞涨的迹象。这时，投资者应该及时将其换成刚启动，即将进入快速拉升期的股票。

 小贴士

高位盘整的含义

股价在一个比较长的时间内趋势不明显，看不出股价是要上升还是要下跌，而是停在某个小区间内上下波动，多空双方暂时力量均衡，股民交易不活跃，人们管这种时候叫作盘整(或盘局)。

高位盘整是指股价经过一段时间上涨后，涨势停滞，股价盘旋波动，多方已耗尽能量，股价很高，上涨空间有限，庄家在头部逐步出货，一旦主力撤退，由多转空，股价便会一举向下突破。此种盘整一般以矩形、圆弧顶形态出现。

 3.3   使用模拟炒股软件查看交易情况

股城模拟软件的股票分析系统可帮助用户查看股票交易情况。

3.3.1   查看股票涨跌情况

在股城模拟软件中还可以查看持有股票的涨跌情况，具体操作步骤如下。

Step 01 进入股票行情界面。

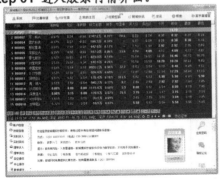

在桌面上双击股城模拟炒股软件的启动图标，进入股城模拟炒股软件界面。

Step 03 股票的涨跌情况。

在打开的页面中显示了该股票的涨跌情况，如右图所示。

Step 02 选择要查看的股票。

① 单击"持股信息"选项。

② 信息窗口会显示用户所持有的股票，这里双击"航天机电"股票。

日期	净流入	价格	涨跌
10-12	-1856	14.34	-2.05%
10-15	39825	13.68	-0.55%
10-21	47702	14.69	+5.46%
10-22	20372	14.47	-1.50%
10-26	8333	15.35	+2.68%
10-27	-22588	14.66	-4.50%
10-28	25766	14.84	+1.23%
10-29	31124	15.39	+3.71%

3.3.2 查看用户资金账户

在股城模拟炒股软件中，一个登录名可以拥有免费账户、比赛账户和 VIP 账户，并可查看这些账户的资金。

Step 01 进入股票行情界面。

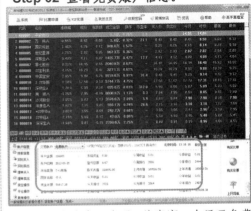

在桌面上双击股城模拟炒股软件的启动图标，进入股城模拟炒股软件界面。

Step 02 查看免费账户信息。

单击"账户信息"选项，信息窗口会显示免费账户的信息，如现金、股票市场、盈亏总额等。

Step 03　查看比赛账户信息。

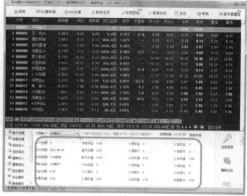

单击"交易账户"右侧的下拉按钮，选择"比赛账户"选项，显示比赛账户的信息。

Step 04　查看 VIP 账户信息。

单击"交易账户"右侧的下拉按钮，选择"VIP 账户"选项，显示 VIP 账户的信息。

3.3.3　查看历史交易

在股城模拟炒股软件中可查看当前或某段时间内账户的交易情况，下面介绍具体的操作步骤。

Step 01　进入软件界面。

在桌面上双击股城模拟炒股软件的启动图标，进入股城模拟炒股软件界面。

Step 02　查看盈亏状况。

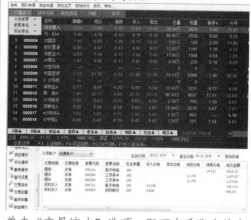

单击"交易流水"选项，即可查看账户的交易情况。

Step 03 查看更多细节。

Step 04 查看某时段内历史记录。

向右拖曳窗口下面的滚动条，可以查看更多的操作细节。

选择起始日期和截止日期，可查看某段时间的交易情况。

3.4 案例剖析

案例背景

阿伟出生在江西的农家，上大学后，读书也非常用功，课后还积极参加勤工俭学，参加校内手机销售，尽自己所能给家里减轻经济负担。

阿伟大学选的是工商管理专业，一个学期后，他觉得书上的东西理论性太强，而且覆盖面广。与班主任交流后，才知道工商管理专业毕业后会分三个方向就业，分别是管理、市场和财务。这使得阿伟极度沮丧：管理，没有工作经验，毕业很难找到管理工作；市场，自己不会抽烟喝酒，性格又内向，不适合跑市场；财务，需要细心谨慎，他自己也没有完全的把握可以胜任。加上现在大学生就业率越来越低，阿伟家里也只能帮他付学费，以后工作只能靠自己，这使得阿伟突然觉得未来前途很渺茫。

后来在一次经济课上，讲师建议学生去炒点儿股票，因为股票是市场经济的晴雨表，对于学经济的人来说，是非常有必要的，因为炒股会逼着大家去了解国家的经济形势。阿伟当时听到这话，眼前一亮，对啊，如果自己有能力全职炒股的话，做成自己的看家本领，不仅专业不会白学，而且自己的交际能力较差的劣势也能够避免。就这样，阿伟的学习重点转到了股市。

和很多刚入门的股票新手一样，一开始炒股，总是以胜利开局，阿伟开始投入的5000元钱很顺利地变成了8000元，兴奋过后，阿伟又将这些钱全部投入进去，但这次却被套，不仅挣的3000元利润被吃光，同时本金也损失了2000元，阿伟赶紧割肉解套。对于这么多天辛苦看盘，没有挣钱反而亏损了2000元，确实让人很泄气。后来阿伟采取确定止盈和止损点进行频繁的短线操作，这样盈利虽然少了，但是亏损也少了，感觉还是挣钱了。过了一个学期后，虽然感觉自己经常盈利，但几个月下来，不仅没有盈利，反而略有亏损。

随后阿伟开始调整炒股技巧，开始只专注于农产品行业。因为阿伟深信，随着工业化和城市化的进展，农产品行业一定会有潜力。农业板块中最好的，当然是新希望，就这样，阿伟从关注很多只股票，变成了只钻研这一只股票。果然这只股票表现不俗，从 2009 年 1 月 23 日 6.84 元吃进，到现在的 19.7 元，几经进出，两年共挣了 10 万左右。

凭借钻研精神，经过两年的炒股经历，不仅让阿伟在股市中掘得了人生中的第一桶金，也获得了丰富的炒股经验。

经验分享

通过阿伟的炒股经验，可总结出以下几点。

(1) 明确炒股目的，是挣钱，不是抄底，更不是研究透股市。要花心思研究怎样在股市挣钱。很多散户忘记了这一点，总是研究怎么去抄底。

(2) 定位，选择自己最感兴趣的股票，然后要仔细研究其是否有价值钻研。

(3) 坚持学习，无论是书本、论坛、还是视频，要找到适合自己的学习方法。

3.5　金点子点拨

Q01.　登录上市公司网站查看股票的相关信息

登录专门的上市公司网站(如中国上市公司资讯网、金融界网等)，也可以查看股票的相关信息、上市公司信息等，如个股资深信息、上市公司要闻等，具体操作步骤如下。

Step 01 打开上市公司网站主页。	**Step 02 打开"股票频道"网页。**

❶ 打开 IE 浏览器，在地址栏中输入网址 http://www.zgjrjw.com。 ❷ 单击"转至"按钮打开网页。	在"中国金融界网"首页的导航栏中单击"股票"链接。

Step 03 打开"股市资讯"网页。

在"股票频道"网页中单击"股市资讯"链接。

Step 04 选中要查看的资讯信息。

在打开的"股市资讯"网页中单击要查看的信息。

Step 05 查看资讯详细信息。

在弹出的网页中查看信息的详细内容。

Step 06 打开"股改信息"网页。

返回"股票频道"网页,在导航栏中单击"股改信息"链接。

Step 07 选中要查看的股改信息。

在弹出的网页中单击要查看的股改信息,即可在打开的网页中查看相应的内容。

Step 08 查看上市公司信息。

返回"股票频道"网页,在导航栏中单击"上市公司"链接,接着在弹出的网页中单击某个链接,查看上市公司信息。

Step 09　查看市场研究信息。

返回"股票频道"网页，在导航栏中单击"市场研究"链接，接着在弹出的网页中单击某个链接，查看最新的市场研究信息。

Step 10　查看每日必读信息。

返回"股票频道"网页，在导航栏中单击"每日必读"链接，接着在弹出的网页中单击某个链接，查看每日的必读信息。

Step 11　查看权证聚集信息。

返回"股票频道"网页，在导航栏中单击"权证聚集"链接，接着在弹出的网页中单击某个链接，查看权证聚集信息。

Step 12　查看券商动态信息。

返回"股票频道"网页，在导航栏中单击"券商动态"链接，接着在弹出的网页中单击某个链接，查看券商动态信息。

Step 13　查看专业股评。

Step 14　查看国际股市信息。

返回"股票频道"网页,在导航栏中单击"专业股评"链接,接着在弹出的网页中单击某个链接,查看专业股评。

返回"股票频道"网页,在导航栏中单击"股市"链接,接着在弹出的网页中单击某个链接,查看国际股市信息。

Step 15 查看港台股市信息。

返回"股票频道"网页,在导航栏中单击"港台股市"链接,接着在弹出的网页中单击某个链接,查看港台股市信息。

Step 16 查看个股·大盘信息。

返回"股票频道"网页,在导航栏中单击"个股·大盘"链接,接着在弹出的网页中单击某个链接,查看"个股·大盘"信息。

Step 17 查看深市·沪市信息。

返回"股票频道"网页,在导航栏中单击"深市·沪市"链接,接着在弹出的网页中单击某个链接,查看"深市·沪市"信息。

Step 18 查看港股·B股·美股信息。

返回"股票频道"网页,在导航栏中单击"港股·B股·美股"链接,接着在弹出的网页中单击某个链接,查看"港股·B股·美股"信息。

Step 19　在"基金频道"网页查看基金信息。

返回"中国金融界网"首页，在导航栏中单击"基金"链接，打开"基金频道"网页，在这里选择要查看的链接，即可查看基金的相关信息。

Step 20　在"债券频道"网页查看债券信息。

返回"中国金融界网"首页，在导航栏中单击"债券"链接，打开"债券频道"网页，在这里选择要查看的链接，即可查看债券的相关信息。

Step 21　在"外汇频道"网页查看外汇信息。

返回"中国金融界网"首页，在导航栏中单击"外汇"链接，打开"外汇频道"网页，在这里选择要查看的链接，即可查看外汇的相关信息。

Step 22　在"期货频道"网页查看期货信息。

返回"中国金融界网"首页，在导航栏中单击"期货"链接，打开"期货频道"网页，在这里选择要查看的链接，即可查看期货的相关信息。

Q02.　分析收盘前的异动

　　尾市异动的第一个市场信号就是有主力存在，不管出于什么原因，这种异动均是主力主动推动的结果，相当于主动地暴露了自己，所以据此可以在一定程度上探究主力不同动作阶段的战略意图。并且异动的幅度和成交量越大，市场信号就越强，价值就越大。下面来了解后市股价的运行特征。

● 股价已完成比较大型的洗盘过程，正处于大幅拉升途中或即将展开拉升阶段。
● 中长期 K 线图一般走得较完美，至少中期走势呈多头上攻态势。
● 当日走势较稳健，大部分交易时间在均价上方运行。
● 尾市股价被快速打低，以阴线报收或留下极长的线影线，短线 K 线组合难看。
● 多数情况下，报收 5PMA 之上，如走势缓慢，则应收在 10PMA 上方。

尾市异动中，向下跳水的情形占八成以上。尾市向上扫盘的异动也时有发生，但以这种方式启动行情的概率较小，实战中研判难度更大，需要应用盘口语言方面的技巧进行分析。

Q03. 看盘三部曲

可以将每个交易日的看盘时间分为早盘、中盘和尾盘，称为看盘三部曲，在每个时间段内看盘的重点和意义不同，这一节就来介绍早盘、中盘和尾盘。

1. 早盘

开盘既是前一个交易日的延续，也是当日交易走向的预示。通常可以将开盘后 30 分钟内大盘或者个股的分时图走势作为全日运行趋势的演进依据，因此，把握早盘是非常重要的。

1) 开盘的三种状态

● 平开：是指今日开盘价与昨日收盘价持平，如下图所示。平开表示今日市场与上一交易日收盘结果一致，暂时认同上一收盘价，此时多方和空方处于平衡状态，没有特别明显的上攻和下跌趋势，主力机构的真实意图在中盘交易时才能看出来。

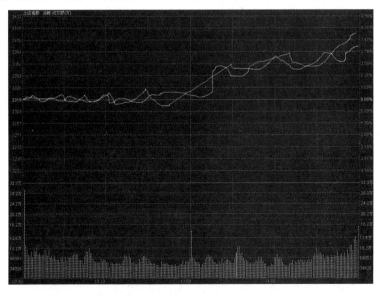

● 低开：是指今日开盘价在昨日收盘价之下，如下图所示。低开表示目前空方在市场中占据主动地位，后面的走势要根据具体情况分析，看是主力机构出货，还是多方建仓或洗盘。股价在顶部时的大幅跳空低开，表明人气不旺，可以将其看成是多方力量衰竭、空方力量增长的前兆。主力机构为了获利，以出货为主，股票走势有下落的可能，其后虽可能反弹，但仍然摆脱不了下落的局面。此时是股民出货获利的好时机。股价在底部的跳空低开，表示市场开始回暖，这时可能是主力机构在建仓或洗盘。

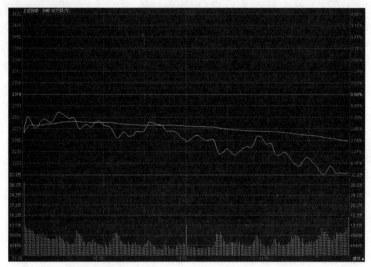

● 高开：是指今日开盘价在昨日收盘价之上，如下图所示。高开表明人气旺盛。但是否决定买入，还要看股价在中长期的发展。股价处于底部的跳空高开，幅度较大，则表示有人抢筹码，此时多空双方的力量很可能在发生根本性逆转，这时应果断做多。股价处在高位的高开，可能是主力在有意拉高派发，以便自己逃脱。

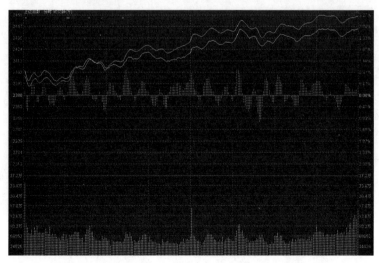

大市上升或下降意味什么

在大市上升途中或下降途中的高开或低开，一般有维持原趋势的意味，即上升时高开看好，下跌时低开看空。

2) 开盘三线

开盘后以 10 分钟为一个单位，以开盘价为原始起点，以开盘后的第 10 分钟、第 20 分钟和第 30 分钟指数移动点连成的三条线段称为开盘三线。开盘后的这 30 分钟的大盘走势，往往可以预示这一交易日的股市走势。对于投资者，特别是短线炒作的投资者具有重要意义，可以据此判断市场走向。

(1) 开盘三线的形态

开盘三线在 9:40、9:50 和 10:00 时，若始终在开盘平行线上方游动，且一波高一波，则此盘面为涨势盘面；若始终在平行线下方游动，且一路走低，则此盘面为跌势盘面。

若三线都高于开盘价，称为开盘三线连三上，这种态势表明多头势头正猛，当天的行情趋好的可能性较大，日 K 线收出阳线的概率大于 80%；如果三线都低于开盘价，称为开盘三线连三下，这是典型的空头特征，表明空方力量强大，当天收出阴线的概率大于 80%。

若在 9:40、9:50 两条线比开盘价高，而在 10:00 的线比开盘价低，称为开盘三线二上一下，表明当日买卖双方力量相当，行情表现为震荡，最后多方占据优势并向上爬行；若 9:40、9:50 两条线比开盘价低，而 10:00 线比开盘价高，称为开盘三线二下一上，表明空方力量比多方强，但多方并未放弃，积极反击，底部支撑有力，收盘一般为有支撑的探底反弹阴线。

若 9:40 这条线比开盘价低，而 9:50 和 10:00 线比开盘价高，称为开盘三线一下二上，多方将反弹成功且将呈现震荡中向上的趋势。

(2) 开盘后第一个 10 分钟

股民应多留心开盘后第一个 10 分钟，此时参与交易的人数少，盘中买卖量都不大，用很少的资金量即可达到获利的目的，花钱少，效益大。

开盘第一个 10 分钟的市场表现一般都能够正确反映市场走势的强弱，这是因为：在强势市场中，多方为了达到吸筹的目的，开盘后急于买进；而空方为了实现派发，也会故意拉高，造成开盘后的急速冲高。在弱势市场中，多方为了吃到便宜货，会在一开盘就向下打压，而空方也会急于抛售，造成开盘后的急速下跌。

(3) 开盘后第二个 10 分钟

开盘后第二个 10 分钟一般是多空双方的休整阶段，原有趋势极有可能在此期间修正，这段时间是买入或卖出的一个转折点。若空方攻势太猛，多方就会反抗，抄底盘会大举介入；如果多方攻得太猛，空方也会奋力反击，获利盘会积极回吐。

(4) 开盘后第三个 10 分钟

开盘后第三个 10 分钟的买卖盘变得较实在，可信度较大，这段时间的走势基本上可成为全天走向的基础。股民应充分关注这段时价量价的变化，为自己的决策做好准备。

2. 中盘

中盘是指去除开盘后半小时和收盘前半小时的其余交易时间，在这段时间内，多空双方进行搏杀，短线操作可以在中盘寻找相对高低点，确定买卖。下面介绍如何在中盘看盘。

(1) 中盘三阶段

中盘可分为多空搏斗、多空决胜和多空强化三个阶段。

- 多空搏斗。开盘时多空之间只是相互试探，并不会正面交锋，中盘则是多空双方正面交锋的开始，同时也是对全天的大盘走势作进一步判断的时刻，此时需重点关注启动个股。指数、股价波动越剧烈，说明多空双方的搏斗越激烈；指数、股价长时间平行，说明多空双方仍在观望，无意恋战，此时，股民不必急于出手。
- 多空决胜。多空双方经过激烈搏杀，胜负已趋于明朗，此时的大盘走势会出现明显的倾斜。若多方占据优势，股价会不断推高；若空方占据优势，股价会持续跌落。占据优势的一方乘胜追击，而另一方的抵抗力会明显减弱。此时，股民可选择进出的最佳时机。
- 多空强化。多空强化是占据优势的一方乘胜追击，劣势的一方大势已去且无时间扭转残局，盘中出现一面倒的局面，胜负结果明显。强者更强，弱者更弱。

(2) 休盘和复盘时的短线机会

在中盘的看盘过程中，应重点关注临近休盘和午后复盘的时间段。上午休市前的走势一般具有指导意义，如大市处于升势，上午收于高点，表明人气旺盛，行情向好；反之，如大市处于跌势，上午收于低点，表明人气低迷，行情向淡。多空双方通常会争夺临近休盘的走势，投资者在中午休盘时段会有充裕的时间考虑前市的走向和判断后市的发展，之后做出投资决策。

 小贴士

散户要警惕休市前主力庄家的造势

主力庄家会利用休市前的机会制造利于自己的走势，如升势中上午收于低点，跌势中上午收于高点，引诱广大中小散户跟风上套。

下午复盘后，如果有冲动性买盘进场，大势又能快速冲高，即使回落后也有向好机会，股民可以借机买入。如果指数稳定或轻微上扬，很可能是主力为掩护出货而故意拉高。

把休盘前和复盘后的走势作为研判下午走势的一个整体是十分重要的。如果大市不断下跌，反弹在即，主力常常会做出跌势未尽的假象，这时的下跌是最佳的短线建仓良机。

小贴士

股市的顶部和底部具有极为重要的意义

判断一天股市的顶部和底部对股民来说具有极为重要的意义，有利于确定短线进出股市的时机。虽然比较困难，但如果认真注意盘中变化，做出上升趋势或下跌趋势的研判是非常有可能的。

3. 尾盘

尾盘是指收市前的半个小时，多空双方的较量在尾盘逐渐分晓。另外，尾盘的走势也预示次日的开盘，如尾盘价涨量增，则次日可能高开。下面介绍一些尾盘看盘的技巧。

(1) 尾盘预示后市走势

在股市中，收市前半小时甚至15分钟的变化往往在一定程度上会影响第二个交易日开盘及前一个小时的走势。收盘指数和收盘价具有承前启后的特殊意义，既能对前市进行回顾，又能对后市进行预测。

(2) 尾盘量价的变动

如果某一股票当天的成交平淡，说明此时市场已忽视该股，除了原先持有该股者，很少有人注意它，此时主力做收盘价的目的是护盘。

若盘中出现比较大买单后立刻有主动性的卖单抛出，股价不断走低，但尾盘却有小幅拉升，则有两种可能，一是主力筹码还没有出完，在尾市中做收盘价；或者是主力不得不在尾市拉升以护盘。

(3) 做收盘价

有些庄家或主力往往通过收盘前瞬间拉高或收盘前瞬间下砸来做收盘价。

Q04. 盈亏设定

股城模拟炒股软件的设定盈亏功能可以帮助用户设置止盈和止损价格，从而方便用户进行股票交易。

Step 01 进入股票行情界面。

在桌面上双击股城模拟炒股软件的启动图标，进入股城模拟炒股软件界面。

Step 02 选择要设置盈亏的股票。

① 单击"盈亏设置"选项。

② 选择要设置的股票。

Step 03　设置止盈和止损价格。

① 分别在"止盈价格"和"止损价格"数据框中输入具体数值。

② 单击"确定设置"按钮。

Step 04　查看盈亏参数。

单击选择"持股信息"选项，即可查看所有股票的盈亏参数。

Q05.　查看高手信息

　　模拟炒股软件具有每天、每周、每月、每季、每年的收益排行，你可以在其中优选出真正的高手，通过添加收藏，学习高手的操作手法，使自己实战能力大大加强。

Step 01　进入股票行情界面。

在桌面上双击股城模拟炒股软件的启动图标，进入股城模拟炒股软件界面。

Step 02　查看收益排行。

单击"收益排行"选项，信息窗口会显示排行榜。

Step 03 收藏高手。

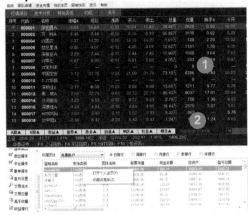

选择某个用户,右击并在快捷菜单中选择 "收藏该高手"命令,该用户即被收藏。

Step 04 查看高手信息。

单击"高手收藏"选项,即可查看所收藏高 手的信息。

第 4 章　言传身教——实战炒股

 **本章导读**

在获取了股票信息、分析选择好股票，并进行电脑模拟炒股后，现在就一显身手，真正实现网上实战炒股。

本章重点

- 申请股票账户
- 沪深炒股
- 申购新股
- 跟庄
- 追涨杀跌

4.1 申请股票账户

要想进行实战炒股，股民首先需要拥有自己的炒股账户，开通自己的股票账户(这里指A股账户)主要分为3部分内容，即开立证券账户卡、证券营业部开启以及银证通开户。

4.1.1 开通证券账户卡

由于内地的证券交易所包括深圳证券交易所和上海证券交易所，所以在开立证券账户卡时就需要分别开立深圳证券账户卡和上海证券账户卡。

1. 开立深圳证券账户卡

开立深圳证券账户卡时，根据投资者不同，开立深圳证券账户卡时所需要的手续是不同的。

(1) 个人投资者开立深圳证券账户卡

个人投资者可以通过其所在地的证券营业部或者证券登记机构办理深圳证券账户卡。开立账户卡时需要提供投资者本人的有效身份证及其复印件，同时，每个个人账户需要交纳50元的开户费用。

如果是委托他人代办，还需要提供代办人的有效身份证及其复印件。

(2) 以法人身份开立深圳证券账户卡

若是以法人身份开立深圳证券账户卡，需要提供以下资料。

- 企业的营业执照及复印件。
- 法定代表人授权委托书。
- 法人代表证明书。
- 经办人的身份证。
- 每个账户需交纳500元的开户费用。

2. 开立上海证券账户卡

(1) 个人投资者开立上海证券账户卡

个人投资者需要携带自己的有效身份证及其复印件到上海证券中央登记结算公司在各地的开户代理机构处办理申请开立证券账户卡的相关手续。个人开户费用纸卡为 40 元，本地磁卡每个账户为 40 元，异地磁卡每个账户为 70 元。

(2) 以法人身份开立上海证券账户卡

以法人身份开立上海证券账户卡，需要出具以下资料。

- 法人的营业执照副本原件和复印件，或是民政部门、其他主管部门颁发的法人注册登记证书的原件和复印件。
- 法定代表人授权委托书。
- 经办人的有效身份证和复印件。
- 若是委托他人代办，还需要提供代办人的有效身份证原件及复印件和委托人的授权委托书。
- 每个账户需交纳 400 元的开户费用。

4.1.2　证券营业部开户

投资者办理完深圳证券账户卡和上海证券账户卡之后，还需要在证券公司营业部的营业柜台或证券交易所指定的银行代开启网点开立账户。

到证券营业部柜台开户时的步骤如下。

Step 01　准备开户所需资料。

个人投资者开户时需要提供自己的身份证原件、身份证复印件、深圳证券账户卡和上海证券账户卡的原件及其复印件。若是代理人代为办理，则需要代理人与委托人同时到证券营业部柜台签署《授权委托书》，同时要出具代理人的身份证原件和复印件。如果是法人机构开户，则需要提供法人营业执照及复印件、法定代表人证明书、沪深证券账户卡原件和复印件、法人授权委托书、被授权人的身份证原件及复印件、单位预留印鉴。

Step 02　填写开户资料。

开户资料准备齐全后，到证券营业部柜台填写开户资料，并与证券营业部签订《证券买卖委托合同》或者《证券委托交易协议书》，同时还需要签订有关沪市的《指定交易协议书》。

Step 03　开设资金账户。

开户资料填写完毕后，证券营业部还要求投资者开设专门的资金账户。

Step 04　开通银证转账业务。

为了以后交易方便，投资者还需要开通证券营业部银证转账业务。

Step 05　指定交易手段和资金存取方式。

在证券营业部开户时，还需要投资者选择今后的交易手段(如电话委托、网上交易、手机炒股等)和资金存取方式(如银证转账)，同时还需要与证券营业部签订相应的开通手续和协议。

开通炒股账户注意事项

每位公民的身份证只能开通一个账号。如果用户觉得原来使用的炒股账号有问题或者是账户限制太多，使用不方便，希望能够重新开设一个炒股账号，则用户需要先将之前使用的那个账号注销，然后才能重新开设新炒股新账号。另外，在开通账户时还需要注意以下事项。

- 正确设置交易密码。
- 谨慎操作。
- 及时查询、确认买卖指令。
- 莫忘退出交易系统。
- 同时开通电话委托。
- 不过分依赖系统数据。
- 关注网上炒股的优惠举措。
- 注意做好防黑防毒。

证券从业人员的身份证是不能用来开设炒股账户的，因为中国的证券法律法规规定证券从业人员不能进行股票交易，否则是违法行为。

4.1.3 银证通开户

本着银行管钱，证券公司管理证券的目的，在银行系统与证券公司(以下简称券商)交易系统联网的基础上，由券商端或银行端发起使用券商交易系统进行证券交易等相关业务，同时需要投资者到联网的银行开通结算账户，这个账户被称为"银证通"。

目前，各银行已经停止银证通开户，原有用户转换为银证转账，即在银行账户下另立证券账户，两个账户性质不同，但是在两个账户之间可以进行资金转移。

银证转账开户的流程如下。

(1) 准备资料

投资者在到银行申请银证转账开户之前，需要准备以下有效资料。

- 申请人身份证原件及复印件。
- 申请人的股东账户代码卡原件及复印件、资金账号卡的原件及复印件。
- 申请人在银行开立的活期通存通兑账户存折原件及复印件(存折账户名必须与股东账户代码卡户名一致)。

(2) 填写《保证金电话转账申请表》

投资者携带准备好的文件到银行申请开户，并填写《保证金电话转账申请表》。

(3) 签章确认

投资者、银行、券商分别在《保证金电话转账协议书》上签名、盖章，并将确认后的文件人手一份。

(4) 开户完毕

投资者在办妥申请手续后，在规定的工作日后即可使用了。

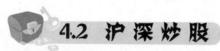

4.2　沪深炒股

开通自己的股票账户后，股民还不可以贸然进行股票买卖，还需要了解沪深两市的基本交易规则。

4.2.1　了解沪深交易规则

深圳证券交易所和上海证券交易所都遵循公开、公平、公正的原则。

1. 交易场所

证券交易所为证券交易提供交易场所及设施。交易场所及设施由交易主机、交易大厅、交易席位、报盘系统及相关的通信系统等组成。

2. 交易品种

普通股股票(A 股和 B 股)、债券(含企业债券、公司债券、可转换公司债券、金融债券及政府债券等)、债券回购、基金、权证和经证监会批准的其他交易品种。

3. 委托

(1) 委托方式

- 投资者可以通过书面或电话、自助终端、互联网等自助委托方式委托会员买卖证券并签订自助委托协议。
- 投资者通常的委托指令有：证券账户号码、买卖方向、委托数量和委托价格等。
- 投资者可以采用限价委托或市价委托的方式委托券商买卖证券。
- 限价委托是指投资者委托券商按其限定的价格买卖证券，券商必须按限定的价格或者低于限定的价格申报买入证券，按限定的价格或高于限定的价格卖出证券。
- 市价委托是指投资者委托券商按市场价格买卖证券。

投资者可以撤销委托的未成交部分。被撤销和失效的委托，券商会在确认后及时向投资者返回相应的资金或证券。

(2) 申报时间

股票的交易申报时间为：每周一至周五，法定公众假期除外。交易申报时间又分为集合竞价时间和正常交易时间。

上海证券交易所的交易申报时间为 9:15～9:25 为集合竞价时间，并且 9:20～9:25 不接受撤单申报。正常交易时间为 9:15～11:30、13:00～15:00。

深圳证券交易所的交易申报时间为 9:15～9:25 是集合竞价时间，9:20～9:25 与 14:57～15:00 不接受撤单申报，9:30～11:30、13:00～15:00 为正常交易时间。

其中，两个证券交易所在 9:25～9:30 只接受申报，不做其他处理。

(3) 委托买卖单位

在委托买卖时，A 股和 B 股的委托买卖单位为"股"，基金的委托买卖单位为"基金单位"，债券和可转换债券的委托买卖单位为 1000 元面值。但是为了提高股票交易系统的工作效率，在买卖股票时必须以 100 股及其整数倍进行委托买卖。

4. 价格变化挡位

- 深市：A 股、债券和债券质押式回购交易的申报价格最小变动单位为 0.01 元人民币，基金交易为 0.001 元人民币，B 股交易为 0.01 港元。
- 沪市：A 股、债券和债券买断式回购交易的申报价格最小变动单位为 0.01 元人民币，基金、权证交易为 0.001 元人民币，B 股交易为 0.001 美元，债券质押式回购交易为 0.005 元。

5. 交易原则

证券竞价交易按价格优先、时间优先的原则撮合成交。

- 价格优先：较高价格买进申报优先于较低价格买进申报，较低价格卖出申报优先于较高价格卖出申报。
- 时间优先：买卖方向、价格相同的，先申报优先于后申报者；先后顺序按交易主机接受申报的时间确定。

4.2.2 大宗交易

大宗交易指单笔交易规模远大于市场平均单笔交易规模的交易；针对大宗交易建立的不同于正常规模交易的交易制度称为大宗交易制度。大宗交易制度一般是针对机构投资者占据主要位置的投资者结构做出的适应性安排，也是海外交易所针对机构投资者常用的交易制度。

1. 有关规定

- A 股交易数量在 50 万股(含)以上，或交易金额在 300 万元(含)人民币以上；B 股(上海)交易数量在 50 万股(含)以上，或交易金额在 30 万美元(含)以上；B 股(深圳)交易数量不低于 5 万股，或者交易金额不低于 30 万元港币。
- 基金交易数量在 300 万份(含)以上，或交易金额在 300 万元(含)人民币以上。
- 债券交易数量在 1 万手(含)以上，或交易金额在 1000 万元(含)人民币以上。
- 其他债券单笔买卖申报数量在 1000 手(含)以上，或交易金额在 100 万元(含)人民币以上。(企业债、公司债的现券和回购大宗交易单笔最低限额在原来基础上降低至：交易数量在 1000 手(含)以上，或交易金额在 100 万元(含)人民币以上。

- 其他债券单笔买卖申报数量应当不低于 1000 手，或者交易金额不低于 100 万元人民币。

证券交易所接受大宗交易的时间为每个交易日 9:30～11:30、13:00～15:30，但如果在交易日 15:00 前处于停牌状态的证券，上海证券交易所不受理其大宗交易的申报。每个交易日 15:00～15:30，证券交易所交易主机对买卖双方的成交申报进行成交确认。

2. 注意事项

大宗交易的交易时间为交易日的 15:00～15:30。大宗交易的成交价格，由买方在当日最高和最低成交价格之间确定。该证券当日无成交的，以收盘价为成交价。买卖双方达成一致后，并由证券交易所确认后方可成交。

有涨幅限制的证券的大宗交易须在当日涨跌幅价格限制范围内；无涨跌幅限制证券的大宗交易须在收盘价的上下 30%或当日竞价时间内成交的最高和最低成交价格之间，并经证券交易所确认后成交。

大宗交易的成交价不作为该证券当日的收盘价。大宗交易的成交量在收盘后计入该证券的成交总量。并且每笔大宗交易的成交量、成交价及买卖双方在收盘后单独公布。大宗交易是不纳入指数计算的，因此对于当天的指数无影响。

3. 大宗交易的特点

- 折价交易为主。目前的大宗交易市场主要是套利交易，除少数机构投资者之间换仓外，大部分交易属于套利交易，一般买方要求的折价率都在 95 折以下，且交易价格具有一定的不确定性。
- 以大型蓝筹股及中小企业板股票为主要交易标的。主要因为大型蓝筹股流动性较好，比较容易得到市场的认同，而中小企业股票则估值偏高，首发股东具有较强套现冲动。
- 在合理估值的前提下，所持股份数量较大，难以通过二级市场实现快速抛售时，通过大宗交易实现一次性减持，是一种较好的战略性减持方案，往往能取得更佳的收益效果。

4. 大宗交易定价方式

- 直接按前一日或当日收盘价给予一定比例的价格折扣。
  - ◆ 优点：该模式较为简单、直接、易于操作。
  - ◆ 缺点：对于交易时机有一定要求，完成整个减持过程需要一定的时间。
- 以财务顾问费的方式代替价格折让。
  - ◆ 优点：在签订财务顾问合同后，可适当忽略股价波动的影响，较易寻找到合适的交易时机，完成交易的过程往往较快，同时该方式也有利于向市场传导正面信息，维护股价的稳定。

◆ 缺点：对接盘方交易技能要求高，一般资金不敢进场。

● 按照前日均价和当日收盘价确定交易价格，大型国企承担资产的保值责任，需要群体决策时，一般采用这种定价方式。

5. 大宗交易的申报

大宗交易的申报包括意向申报和成交申报。

● 意向申报包括：证券代码、证券账号、买卖方向、证券交易所规定的其他内容。

● 成交申报包括：证券代码、证券账号、成交价格、成交数量、买卖方向、交易所规定的其他内容。

当意向申报被其他参与者接受时，申报方应当至少与一个接受意向申报的参与者进行成交申报。

买卖双方输入交易系统的每笔大宗交易成交申报，其证券代码、成交价格和成交数量必须一致。大宗交易的成交申报须经过证券交易所确认。交易所确认后，买方和卖方不得撤销或变更成交申报，并必须承认交易结果，履行相关的清算交收义务。大宗交易不纳入证券交易所即时行情和指数的计算，成交量在大宗交易结束后计入当日该证券成交总量。

4.2.3 指定交易和转托管

1．指定交易

指定交易制度，是指投资者必须指定某一证券营业部作为自己委托证券买卖、交易清算的唯一代理机构，并将其所属的证券账户指定于该机构席位号方能进行交易的制度。

(1) 办理指定交易

投资者要进行证券买卖，应当首先选择一家证券营业部为指定交易的代理机构，由该证券营业部审核投资者提供的文件资料并签订《指定交易协议书》，然后该证券营业部向本所交易系统申报，指定交易申报一经本所交易系统确认即生效。

(2) 指定交易的优点

指定交易有以下几大好处。

● 有助于防止投资者的股票被盗卖，加强股票的安全性。

● 自动领取红利，由证券交易系统直接将现金记入投资者的账户内。

● 可按月按季收到证券经营机构提供的对账服务。

目前沪市实行的就是指定交易制度，使沪市投资者的投资相对过去更为安全、便利。

(3) 指定交易的撤销

若要变更指定交易，必须先在原指定营业部办理撤销指定交易手续，该营业部审核其无交易交收责任后，由该营业部办理指定交易的撤销，指定交易撤销后，投资者即可到新的营业部重新办理指定交易手续。

2．转托管

转托管，又称为证券转托管，是专门针对深圳证券交易所上市证券托管转移的一项业务，是指投资者将其托管在某一证券商那里的深圳证券交易所上市证券转到另一个证券商处托管，是投资者的一种自愿行为。投资者在哪个证券商处买进证券就只能在该证券商处卖出，投资者如需将股份转到其他证券商处委托卖出，则要到原托管证券商处办理转托管手续。

投资者可携带相关合法有效证件，到原证券营业部办理转托管。

(1) 个人投资者

● 本人有效身份证件原件及复印件。

● 深圳证券账户卡原件及复印件。

● 若要他人代办，须同时出示代理人的身份证件原件及复印件和经公证的授权委托书。

(2) 机构投资者

● 深圳证券账户卡。

● 有效营业执照副本及复印件(加盖公章)。

● 法定代表人证明书。

● 法定代表人身份证件原件及复印件。

4.2.4　股票交易的费用

证券投资者在委托买卖证券时所支付的手续费包括各种费用和税收，这些费用按收取机构又可分为证券商费用、交易场所费用和国家税收等。目前，投资者在券商交易上海证券交易所和深圳证券交易所挂牌的 A 股、基金时，需缴纳的各项费用主要有委托费、佣金、印花税、过户费等。

(1) 委托费

主要用于支付通信方面的费用。委托费一般按每笔进行计算。上海证券交易所在收费规定上海本地券商收取投资者每笔 1 元的委托费，异地券商则可收取每笔 5 元的委托费。在实际运作过程中，一些券商为了吸引投资者，有可能降低甚至免收投资者的委托费，而另一些券商则可能因为当地证券营业网点少、投资者众多而收取委托费。

(2) 印花税

印花税是根据国家税法规定，投资者在股票(包括 A 股和 B 股)买卖成效后按照规定的税率支付给财税部门的税金。印花税的缴纳是由证券经营机构在与投资者交割中代为扣收的，然后证券经营机构同证券交易所或登记结算机构的清算交割中集中结算，最后由登记结算机构统一向征税机关缴纳。其收费标准是 A 股按成交金额的 0.1%计收，基金、债券等均无此项费用。

(3) 佣金

佣金是指投资者在委托买卖证券成交之后按成交金额的一定比例支付给券商的费用。佣金的收费标准如下:

- 上海证券交易所:A 股的佣金为成交金额的 3‰,起点为 5 元;债券的佣金为成交金额的 2‰(上际,可浮动),起点为 5 元;基金的佣金为成交金额的 3‰,起点 5 元;证券投资基金佣金为成交金额 2.5‰,起点为 5 元;回购业务佣金标准为 3 天、7 天、14 天、28 天和 28 天以上回购品种,分别按成交额 0.15‰、0.25‰、0.5‰、1‰和 1.5‰以下浮动。

- 深圳证券交易所:A 股的佣金为成交金额的 3‰,起点为 5 元;债券的佣金为成交金额的 2‰(上限),起点为 5 元;基金佣金为成交金额 3‰,起点为 5 元;证券投资基金的佣金为成交金额的 2.5‰,起点为 5 元;回购业务的佣金标准为 3 天、4 天、7 天、14 天、28 天、63 天、91 天、182 天、273 天回购品种,分别按成交金额 0.1‰、0.12‰、0.2‰、0.4‰、0.8‰、1‰、1.2‰、1.4‰、1.4‰以下浮动。

获取佣金的优惠

一般情况下,券商对大资金量、大交易量的投资者会给予降低佣金率的优惠,因此,资金量大,交易频繁的投资者可自己去和证券部申请。

另外,券商还会根据投资者采取的交易方式不同(电话交易、网上交易等)提供不同的佣金率。通常,网上交易收取的佣金较低。

(4) 过户费

过户费是指投资者委托买卖的股票、基金成交后买卖双方为变更股权登记所支付的费用,这笔收入属于证券登记清算机构的收入,由证券经营机构代为扣收。

- 上海证券交易所 A 股的过户费为成交票面金额的 0.1%,起点为 1 元。
- 深圳证券交易所免收 A 股、基金和债券的交易过户费。

4.2.5 申购新股

有时为了发行的顺利,吸引更多的投资者,新股的发行价格一般会定得比较低。这样的新股上市后的上涨空间也会比较大,所以申购新股可以赚取新股发行时与新股上市后的价格差,是无风险套利的投资。

沪深两个交易公布的资金申购上网定价发行的新股流程基本相同,申购步骤大致如下:

(1) 投资者要申购新股须在新股发行日之前办好上海证交所或深圳证交所证券账户。

(2) T 日投资者申购:投资者在申购时间内缴足申购款,进行申购委托。

(3) T+1 日资金冻结:由中国结算公司将申购资金冻结。

(4)　T+2 日验资、配号：交易所将根据最终的有效申购总量，按每 1000 股(深圳 500 股，下同)配一个号的规则，由交易主机自动对有效申购进行统一连续配号。如果申购数量大于本次上网行量，则通过摇号抽签，确定有效申购中签号码，每一中签号认购一个申购单位新股。

(5)　T+3 日摇号抽签：公布中签率，并根据总配号量和中签率进行摇号抽签，并于 T+4 日公布中签结果。

(6)　T+4 日资金解冻：对未中签部分的申购款予以解冻。

新股申购有以下几点技巧。

- 全仓出击。选准一只股票用全部资金进行申购，以提高中签率。
- 申购冷门股。若多只新股同时上网发行，可以优先考虑比较冷门的新股，但是要确保其基本面不是欠佳的，即具有一定的投资价值，可获取较高的中签率。
- 适时下单。选择中间时间段来申购，中签的概率会增加，例如选择上午 10:00～11:00 和下午 1:30～2:30 之间下单。
- 选择申购时间靠后的新股。如果几只新股接连发行，选择申购时间靠后的新股，那么中签的概率会较大。

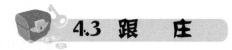

4.3　跟　　庄

跟庄有很大的学问，跟对了庄，等于找到了发财的机会。但是，有了发财机会不等于一定能发财，得看投资者如何利用这个机会。对于散户来说，想与庄家实现双赢，不但要选好庄，而且得学会跟庄，踏好庄家坐庄的节拍。

4.3.1　散户和庄家

庄家指的是持有大量流通股的股东，具有操作该股的技术能力。与之对应的是散户，指的是进行小额买卖的投资者。由于股市本身不能创造财富，有人赚钱，就得有人赔钱，所以这两者的利益是相对的。庄家由于本身的优势，能主动调整所持股票的走势，可从散户手中赚钱；有些散户也会与庄家随行，以追求更高的收益，这就是所谓的跟庄。

1. 散户的优势和劣势

散户的劣势在于资金少，没有控股能力，容易掉入庄家设计的陷阱中，同时在技术上也比庄家缺乏；其优势在于进退股市方便，可以很方便地顺风倒。

2. 庄家的优势和劣势

庄家的优势有三个方面：资金雄厚，具有控股能力；技术精湛，拥有专门的金融人才为其服务；容易获得第一手上市股市的资料，从而可早于散户做出投资调整。其劣势在于庄家操作不当容易被套牢，且一旦被套牢不容易解套，后果比较严重。

3. 庄家的类型

(1) 根据操作主体分类

根据操作主体不同，分为政府救市庄、券商庄、基金庄和上市公司庄。

政府救市庄是当指股市暴跌时，可能引发金融危机或股市低迷时，为了维护国家金融秩序，政府亲自采取的救市行动。券商庄是指证券公司做自营的庄家。基金庄是目前我国最重要 的庄家之一，包括大成、华安、国泰等基金管理公司旗下的多家封闭基金和开放式基金。上市公司庄是操纵和炒作本公司上市股票或其他公司上市股票的庄家。

(2) 根据运作时间分类

根据运作时间长短，分为长线庄和短线庄。长线庄运行周期一般都在半年以上，其资金势力大，操作时间长，个股容易发展为牛股。短线庄是指炒作时间较短的庄家，炒作周期一般为 3 个月，最短的可能几天就离场，其特点是拉升速度快，达到目标后迅速出局。

(3) 根据资金实力分类

根据资金实力，分为强庄和弱庄。强庄一般持仓量大，持仓成本低，控盘能力大。弱庄一般指资金实力较弱的庄家。

(4) 根据炒作方式分类

根据炒作方式，分为独庄、混庄和帮庄。独庄是指一个庄家把持某一只股票；混庄一般发生在大盘股上，由于盘子太大，单个庄家没有实力控制，只能由几个庄家联手坐庄；帮庄指一个或几个小庄帮主力完成控盘和炒作计划。

庄家的分类还有很多，散户在跟庄前，必须要了解自己所跟庄家到底是什么类型，才能和庄家保持节拍，从而获利。

4.3.2 识别庄股

对于投资者来说，要正确的跟庄，需要先识别庄股，可以通过以下的方法来捕捉庄股的踪迹。

1. 成交量变化情况

庄家无论是建仓还是出货，都需要有成交量配合。有的庄家会采取底部放量拉高建仓的方式，而庄股派发时则会造成放量突破的假象，借以吸引跟风盘介入，从而达到出货目的，这会造成成交量的急剧放大；同时由于庄股的筹码主要集中在少数人手里，其日常成交量会呈现极度萎缩的状况，所以成交量忽大忽小是庄股的一个特点。

2. 与大盘做比较

有庄股运作的个股，其走势受庄家的控制，往往与大盘的走势不一致，其抗跌性明显好于大盘，吸引跟风操作全体，因此可以通过与大盘作比较来追踪庄股。

3. 交易行为表现异常

庄股走势经常出现的几种情况是，股价莫名的低开或高开，尾盘拉高收盘价或偶尔出现较大的买单或抛单，人为做盘迹象非常明显。还有盘中走势时而出现强劲的单边上扬，突然又大幅下跌，起伏剧烈，这种现象在行情末期尤其明显，说明庄家控盘程度已经非常高。

4. 股东人数的变化

根据上市公司的年报或中报中披露的股东数量可以看出庄股的股价完成一个从低到高，再从高到低的过程，实际也是股东人数从多到少，再从少到多的过程。因为庄家要想达到控盘目的的同时又避免出现一个机构或个人持有的流通股超过总股本 5% 的情况就必须利用多个非关联账户同时买进。

4.3.3　庄家操作

散户跟庄在一定程度是为自己提供一层保护伞，但同时也面临着跟庄错误而被套牢的风险，所以投资者要了解庄股运作的过程，以免被套牢。

庄股运作过程中一般有建仓、洗盘、拉升和派发等几个阶段，下面分别介绍。

1. 建仓

建仓在股票市场上就是买入股票的意思。庄家在"兴风作浪"之前，必须买入大量的股票份额，才能控制个股的走势。通常庄家建仓的主要方法有以下几种。

- 隐蔽吸货，不露声色：此类股票走势大多为当前冷门股，成交量很小，所以要想不让人察觉有大资金介入，在操作上不能大手笔买入，而必须将大资金拆小，小批量多次买进。这种吸货方式需要的时间较长。
- 震荡吸货，上打下拉：大资金不可能全在股价最低点吸到筹码，而建仓过程中又难免将股价抬高，所以庄家会以少量的筹码将股价打低，引起跟风操作群的恐慌，再用低价吸货。这种分批吸货的方式会使股价在低价位呈现反复震荡或长期横盘的现象。
- 拉高吸货，哄抢筹码：当突发性的利好消息公布或者股价已经极度超值时，并某只个股尚无主力入驻，大的资金团体会先下手为强，短期买入大量低价位筹码，不惜拉高股价。此种吸货方式可以快速完成建仓任务。
- 打压吸货：如果某只个股的当前股价高于庄家的目标价位，其会采取手段打压股价，引起散户恐慌抛出，庄家可低位大量吸入筹码，完成建仓。

2. 洗盘

洗盘也叫作震仓，就是甩掉不坚定的短线跟风盘，清理市场多余的浮动筹码，从而提高散户持仓的成本，减少主力拉升的压力。洗盘主要有以下几种方式。

- 打压洗盘：打压洗盘是指庄家想拉升某个股票之前看到这个股票的散户很多，但是他自己的成本很便宜而且资金充足，故而有意地通过对倒的方法拉低股价，使散户恐惧而卖出该股票，庄家则会把这些散户抛售的股票都买入，当他看到散户的股票被自己买的差不多时，再放心地拉升股价，从而把该股票中的散户都"洗"掉了。
- 横盘整理：这种洗盘方式适用于大盘绩优先类个股。此类个股的发展前景看好，散户投资者心态稳定。如果采用打压洗盘的方式，散户投资者非但不会抛售所有筹码，反而会逢低买进，减少持仓成本。这时采用横盘整理，使股价长期处于平台整理现象，从而迫使没有耐心的投资者出局。
- 震荡洗盘：震荡洗盘综合利用拉伸、横盘、打压等方法，利用散户投资者追涨买入的心态，适当拉伸股票价格，促使散户投资者买入，然后立即横盘或者打压股价，这时他们买入的理由消失，股价稍有波动就会有割肉卖出的冲动；在低位割肉卖出时，主力已初步达到洗盘的目的。这时再次提升股价，散户投资者看到股价上涨会懊恼不已，又会产生买入的冲动，通过几次震荡，就可以达到洗盘的目的。

3. 拉升

当庄家的持仓量达到预定目标时，就可以准备启动拉升了。

(1) 拉升时机选择

庄家启动拉升需要等待时机，首先要看大盘的走势，还要观察同一板块其他股票的动静。庄家启动拉升时，以下 4 个方面是较好的时机。

- 外部经济良好，大盘即将开始反弹或者已经处于上升趋势的状态中。
- 板块升温。若某一行业成为市场的热点，那么该行业的股票也会成为股票市场的宠儿，此时是该板块内其他庄股启动的好时机。
- 大盘处于弱势时，是中低价小盘庄股的好时机。小盘由于盘子小，若股价也低，则很容易实现控盘操作。
- 各种题材或消息发布的前后通常是庄股启动的好时机。

(2) 试盘

主力吸货完毕后，并不是马上进入拉升，要先进行试盘。试盘就是主力要在展开操盘前进行的试验，其目的是测试盘内大户和其他庄家的情况、浮筹情况、追涨杀跌情况等，利用这些信息来指导其操盘。

(3) 拉升方式

- 台阶式拉升。庄家利用利好消息或者良好的市场氛围，将股价抬高一个台阶，然后横盘整理一段时间，再拉高一个台阶。这种拉升方式可以迫使一些没有耐心的持股者出局。
- 波段式拉升。庄家在拉升的过程中，每拉一定幅度，就洗一下盘，股价走势呈现波浪上升态势。采用这种拉升方式的庄家要么实力较强，要么所持股票盘子较小。

- 火箭式拉升。庄家在短期内，快速大幅拉升股价，股价走势很陡，就像火箭升空一样往上升。短线庄家多喜欢采用一鼓作气地火箭式拉升。

(4) 识别拉升启动点

对于跟庄的散户投资者来说，最佳的介入点就是庄家拉升股价的时候。那么，通过哪些外在的表现，可以得知拉升的信号呢？

- 较大的卖单被打掉。交易中总会有一些较大的卖单出现，一旦这些卖单的价位离成交价较近就会被主动性的买单打掉，这可能是庄家拉升的前兆。
- 盘中出现一些非市场性的大单子。挂单的价位通常据成交价较远，有时候还会撤单，给人若即若离的感觉。这种数量较大的单子由于远离成交价，成交的可能性很小，可能是庄家故意挂出来的单子，预示着股价上涨或下跌，还需其他细节来确认。
- 盘中多次出现脉冲式上冲行情。这种走势的出现有两种原因：①由于庄家拉升股价前通常要进行试盘，看看市场反应；②庄家希望卖单在拉升前尽可能地抛出来，以减轻拉升的压力。
- 出现大盘稳定，个盘压迫式下探走势但尾市回稳的现象。庄家通过诱空将场内不坚定的筹码吸引出来，买到更多的低价筹码。在股价回升的过程中，专家可能将前面买进的筹码在售出，以达到控制与哪有仓位数量的同时摊薄持仓成本的目的。

4. 出货

出货指在高价时，不动声色地卖出。这步是庄股操作最重要的一步，关系着坐庄的成败。

(1) 出货的方式

出货的方式有震荡出货、横盘出货、打压出货等。

- 震荡出货。是指庄家在高位区反复制造震荡，让人误以为是暂时整理或者洗盘，用以掩护派发手中的筹码。
- 横盘出货。最适合于绩优大盘股。庄家在横盘形态演变中，常常做出各种突破姿态，引诱跟风盘，但随着庄家不断出货，盘面浮码日趋沉重，股价走势也日趋疲软。横盘出货表现在成交量上就是，成交量活跃，始终不能萎缩。
- 打压出货。打通常适用于小盘绩差类个股。先抬升股价，诱使散户投资者跟风操作，当跟风正旺时，抢先一步，采用抛售的策略，首先套住上档后进的跟风盘，再一路抛售，将敢于反弹者一网打尽。

(2) 出货与洗盘的区别

从上面出货的方式可以看出，其外在表现与洗盘的手法很像，那么我们应该如何判断庄家到底是在洗盘还是出货呢？

- 区别洗盘和出货最简单的方法就是看盘面浮动筹码的增减。如果在整理过程中，成交量能够快速地大幅萎缩，并且股价走势很快被控盘，这就表明是洗盘。如果在整理过程中，成交量始终保持较为活跃的状态，成交量不能在短期内快速地大幅萎缩，盘面浮动筹码越来越多，这种现象就表明是出货。

- 均线发散趋势。洗盘时仍然呈向上发散趋势，多头排列不变；出货时已被破坏，或者开始向下。

- 看庄家是否护盘。洗盘一般在中低价区不有效破 10 日均线，在中高价区不有效破 20 日均线(或者 30)日均线；出货一般会迅速下破 5，10 等短期均线，且在高位出现死叉。

- 均线上攻的斜率和喇叭口发散程度。洗盘时上攻的斜率不是很陡，喇叭口刚发散；出货时上攻斜率大于 45°，喇叭口发散程度放大。

- 当天外盘和内盘的成交量比。洗盘时内外盘成交量差不多；出货时一般内盘大于外盘，却常有大卖单出现。

4.4 追涨杀跌

追涨杀跌是股市操作的重要技巧，虽然带有一定投机的色彩。如何追涨和杀跌是有讲究的，使用不当就会掉入庄家利用投资者设置的陷阱中，但在个股操作中不可回避这种策略，应当用理性的眼光看待。在追涨杀跌的操作中，必须遵循一定的原则和遵守一定的操作策略，否则会导致经济损失。

- 判明大势，顺势而为。如果整个大盘走势向淡，那么个股或整个板块中个股的短期涨势将不能持续，追涨将失去意义；如果大盘向好，那么个股或整个板块中个股的短期跌势将不能持续，杀跌将失去意义。

- 追涨杀跌前应设置好止损位，确定大致的盈利目标，防止因为贪心造成操作失误。

- 追涨讲究时机的把握，决定追涨时，一定要果断，不能延误时机。

- 追涨杀跌属于短线操作，正所谓"常在河边走，哪能不湿鞋"，频繁的操作可能会带来失误，所以操作前要做好充分的准备。

- 最重要的一点就是投资者的心理素质，在同样的技术水平下，良好的心理素质也就成了短期投资的决定性因素。

4.4.1 追涨

当价格上涨时买进股票，称为追涨。这是符合投资者心理的行为，在追涨时需要注意以下几个方面。

(1) 当某只股票筑平台已久，成交量突然放大上攻时，尤其在分时走势图上，15 分钟走势图上出现量增大 5～7 倍，说明庄家吸货坚决，适合追涨。

(2) 当个股出现次放量上攻，接近涨停板时，买盘仍踊跃，适合追涨。

(3) 当某种股票有你好消息传闻，跳空高开，且当日末不缺口，适合追涨。

(4) 市场形成鲜明的可持续的热点时，可追涨这个热点行业的股票。

(5) 当个股在较低区徘徊已久，逐渐量增价升，恢复上扬趋势时，适合追涨。

4.4.2　杀跌

与追涨对应的就是杀跌，指在大盘走低时，顺势而为，不管当初股票买入的价格是多少，都立刻卖出，以求避免更大的损失的操作。同样杀跌也要注意技巧，防止庄家震仓等操作放出来的假象导致错误的杀跌，造成不必要的损失。出现下面现象应该提高警惕，尽快杀跌出局。

(1) 如果一只股票涨幅很高，一旦有下跌迹象，立即杀跌出局。

(2) 如果一只股票升幅已大，一旦这只股票某天换手率增大，且放量滞涨，说明这只股票出局的人意愿强烈，如果出现下跌现象，为出局信号。

(3) 一旦均线出现死叉或者均线呈空头排列时，意味着下跌趋势已经形成，立即杀跌出局。

4.5　案例剖析

已经淡出人们视线数年的步步高董事长段永平，在数年前曾以 1.59 亿元人民币在中央电视台广告竞投中夺冠，成为一届标王而闻名国内；2006 年 6 月 30 日，他以 62 万美元(约 500 万人民币)竞得与"股神"巴菲特共进午餐的机会，再次成为公众关注焦点。如今，重回焦点的身份已经不是实业家，而是投资家。

2001 年，段永平和妻子一起移居美国。从那时起，他的投资生涯才真正揭幕。段永平坦言，过去五年他在美国炒股赚到的钱，比此前在国内做十多年企业赚的钱还多得多。

段永平最早的投资是搜狐、新浪、网易等中国 IT 概念股。随后它们的股价一路飙升，段永平的身家也随之水涨船高，2003 年他以 10 亿元财富在胡润《中国百富榜》中排名第 83 位。

段永平深得巴菲特长线持有、价值投资理念的要领，因而也被誉为"段菲特"。2001 年底，他以 1 美元左右的价格买进网易股票，2003 年 10 月网易的股价已飙升到 70 美元，段永平的股票市值在一年多时间里就翻了 50 倍。

四五年前投资的搜狐、新浪、网易等公司股票，段永平现在仍然大部分持有。最新的年报显示段永平通过他个人以及旗下 ENHIGHT 基金会还持有九成 12.06%的股份。他持有的网易股本一度还超过 5%，为了不引起外界过度关注，后来才卖掉一部分股票，降到 5%以下。

投资其实很简单，但简单不等于容易。买一只股票，就是买一个企业的现在与未来。你必须看破懂企业，看中好企业，然后等它价值被低估时买入。

4.6 金点子点拨

Q01. 正确对待内盘和外盘

1. 分析内盘和外盘

内盘是指以买入价成交的交易，买入成交数量统计加入内盘，将成交价为买入价的一笔交易称为主动性卖盘。

外盘是指以卖出价成交的交易。卖出量统计加入外盘，将成交价为卖出价的一笔交易称为主动性买盘。

外盘是主动性买盘，是股民用资金直接攻击卖一、卖二、卖三、卖四等的主动性买入。内盘是主动性卖盘，是股民用手中所拥有的股票筹码，直接攻击买一、买二、买三、买四等的主动性卖出。

● 外盘大于内盘：当外盘大于内盘数量，股价将可能上涨，此种情况较可靠。

● 内盘大于外盘：当内盘大于外盘数量，股价一般都成下跌趋势，此时要注意观察，不要 盲目买卖股票。

技术分析系统中经常有"外盘"、"内盘"出现。以买方委托成交的纳入"外盘"，是主动性买入，显示买势强劲，用红色显示，是人们常说的抢盘；以卖方委托成交的纳入"内盘"是主动性卖出，显示卖方力量强劲，用绿色显示，是人们常说的抛盘。

"外盘"和"内盘"相加为成交量。人们常用"外盘"和"内盘"来分析买卖力量那方占优势，来判断市势。但有时主力利用对冲盘来放烟幕。

内盘和外盘这两个统计指标是由软件自己计算的，并不是交易所计算后传出来的。当软 件收到一笔新数据时就会将成交价与上一次显示的买①和卖①进行比较，如果成交价小于或收到一笔新数据时就会将成交价与上一次显示的买①和卖①进行比较，如果成交价小于或等于买①，那么相应的成交量就被加到内盘指标上去，如果大于或等于卖①，那么对应的成交量就被加到外盘指标上去。如果在两者之间则内外盘各分一半，这样内盘加上外盘就等于总的成交量。由于各个通讯站点接受讯号有差异，所以不同的软件所计算出来的内盘和外盘是不一样的。

根据计算方法我们似乎应该相信，内盘大股价要跌而外盘大则股价要涨。不过这样理解 还是比较片面，对于一个成交量较小的小盘股来说下面的案例很能说明问题。

假设①：当天大盘跌幅超过一个百分点。

假设②：当天股价上涨超过一个百分点。

假设③：内盘明显大于外盘。 满足这些假设的场景经常会在盘中出现。

满足这些假设的场景经常会在盘中出现。由于内盘明显大于外盘，所以我们往往会以为主动性抛盘很多，股价将下跌。很多情况下确实是这样，但我们还是应该再仔细观察一下挂单的变化情况，这是我们看盘的重点。

由于盘小量小，所以挂单的价差比较大。值得关注的是尽管内盘在不断增加但股价却并没有明显下跌，我们必须对此给出一个合理的解释。

比如某股现在买①和卖①的价位是 10.46 元和 10.50 元。有抛盘陆续砸出，买①变成 10.43 元而卖①没有变，这些抛盘自然被计入内盘中。接着有一笔较大的买单挂在 10.44 元，买①变为 10.44 元。接着又是几笔抛盘砸出，买①成为 10.43 元，这些量自然继续被加到内盘上。后来再出现一笔大买单挂在 10.45 元上面，买①和卖①恢复为 10.45 元和 10.50 元。

以上的挂单变化在当天的交易中经常出现，它已经给出了合理的解释，那就是有大单在吸纳随大盘下跌而抛出来的散单，而且是以相对较高的价格。所以本案例的结论正好相反，股价很有可能在最近上涨，尽管内盘明显大于外盘。

对于成交量较小的小盘股来说只要满足以上三个假设，那么大单吸筹的结论可以成立，不过据此还不能断定是否立刻上涨。

如果我们把上面的三个假设全部颠倒过来则结论正好相反。

2. 研判内盘和外盘

三级叫买叫卖是在钱龙动态分时图的右上方显示买盘和卖盘的一个指标，显示三个价位的买盘数量和 3 个价位的卖盘数量。

如有投资者卖股票 100 手并希望马上成交，可以按买 1 的价格卖出股票 100 手，便可以尽快成交。这种以低价位叫买价成交的股票成交量计为内盘，也就是主动性的抛盘，反映了投资者卖出股票的决心。如投资者对后市不看好，为保证卖出股票一定成交，抢在别人前面卖出股票，可以按买 2、买 3 的价格或者更低的价格报单卖出股票。买这些报单都应计入内盘，因此内盘的积累数越大(和外盘相比)，说明主动性抛盘越多，投资者不看好后市，所以股票继续下跌的可能性越大。

如有投资者想买入股票 100 手并保证成交，可以按卖 1 的价格报单买入股票 100 手，即可以马上成交。这种以高价位叫卖价成交的股票成交量计为外盘，也就是主动性买单。如投资者对后市看好，买不着股票，可以卖 2、卖 3，甚至以更高的价格报单买入股票，这种主动出高价以叫卖价成交的成交量，反映了投资者主动买入股票的决心。

因此，通常外盘的积累数量越大(和内盘相比)，说明主动性买盘越多，投资者看好后市，所以股票继续上涨的可能性越大。

通过外盘、内盘数量的大小和比例，投资者通常可能发现主动性的买盘多还是主动性的抛盘多，并在很多时候可以发现庄家动向，是一个较有效的短线指标。但投资者在使用外盘和内盘时，要注意结合股价在低位、中位和高位的成交情况以及该股总成交量的情况。

因为外盘、内盘的数量并不是在所有时间都有效，在许多时候外盘大，股价并不一定上涨；内盘大，股价也并不一定下跌。庄家可以利用外盘、内盘的数量来进行欺骗。在大量的实践中，在股神之路网站发现了如下情况。

(1) 股价经过了较长时间的数浪下跌，股价处于较低价位，成交量极度萎缩。此后，成交量温和放量，当日外盘数量增加，大于内盘数量，股价将可能上涨，此种情况较可靠。

(2) 在股价经过了较长时间的数浪上涨，股价处于较高价位，成交量巨大，并不能再继续增加，当日内盘数量放大，大于外盘数量，股价将可能继续下跌。

(3) 在股价阴跌过程中，时常会发现外盘大、内盘小的现象，此种情况并不表明股价一定会上涨。因为有些时候庄家用几笔抛单将股价打至较低位置，然后在卖 1、卖 2 挂卖单，并自己买自己的卖单，造成股价暂时横盘或小幅上升。此时的外盘将明显大于内盘，使投资者认为庄家在吃货，而纷纷买入，结果次日股价还会继续下跌。

(4) 在股价上涨过程中，时常会发现内盘大、外盘小，此种情况并不表示股价一定会下跌。因为有些时候庄家用几笔买单将股价拉至一个相对的高位，然后在股价小跌后，在买 1、买 2 挂买单，一些投资者认为股价会下跌，纷纷以叫买价卖出股票，但庄家分步挂单，将抛单通通接走。这种先拉高后低位挂买单的手法，常会显示内盘大、外盘小，达到欺骗投资者的目的，待接足筹码后再迅速继续推高股价。

(5) 股价已上涨了较大的涨幅，如某日外盘大量增加，但股价却不涨，投资者要警惕庄家制造假象，准备出货。

(6) 当股价已下跌了较大的幅度，如某日内盘大量增加，但股价却不跌，投资者要警惕庄家制造假象，假打压真吃货。

3. 应用误区

内盘、外盘这两个数据大体可以用来判断买卖力量的强弱。若外盘数量大于内盘，则表现买方力量较强，若内盘数量大于外盘则说明卖方力量较强。通过外盘、内盘数量的大小和比例，投资者通常能发现主动性的买盘多还是主动性的抛盘多，并在很多时候可以发现庄家动向，是一个较有效的短线指标。但投资者在使用外盘和内盘时，要注意结合股价在低位、中位和高位的成交情况以及该股的总成交量情况。

因为外盘、内盘的数量并不是在所有时间都有效，在许多时候外盘大，股价并不一定上涨；内盘大，股价也并不一定下跌。庄家利用叫买叫卖常用的欺骗手法还有：

(1) 在股价已被打压到较低价位在卖 1、卖 2、卖 3、卖 4、卖 5 挂有巨量抛单，使投资者认为抛压很大，因此在买 1 的价位提前卖出股票，实际庄家在暗中吸货待筹码接足后，突然撤掉巨量抛单，股价大幅上涨。

(2) 在股价上升至较高位置，在买 1、买 2、买 3、买 4、买 5 挂有巨量买单，使投资者认为行情还要继续发展，纷纷以卖 1 价格买入股票，实际庄家在悄悄出货，待筹码出得差不多时，突然撤掉巨量买单，并开始全线抛空，股价迅速下跌。

Q02. 巧用成交量剖析股票走势

在这一章里面学习了一些股票走势图的知识，学会如何看大盘走势对股民来说是很重要的，所以成交量作为一个很重要的考察标准，股民应该学着利用成交量来分析股票的走势。

看大盘走势，应该看三点：趋势、成交量和均线。这三点是相辅相成的，缺一不可。

开盘时要看是高开还是低开，表示的是当天股价是上涨还是下跌。然后再开始半小时内就可以看股价变动的方向，如果股价开得过高，半小时内就会有可能回落，如果股价开得过低，半小时内就会回升。其次就看成交量的大小，若高开又不回落，成交量有所放大，说明这只股票可能要上涨。第四看股价，不仅要看现时的价格，还要看昨天收盘价和今天的开盘价、今天最高价和最低价、涨跌幅度等，这样才能看出现在的股价是处在什么位置，看它是在上升还是在下降之中，是否存在买入价值。

一般下跌中的股票不要急于去购买，要等到它停跌的时候在选择购买，要知道"心急出不了热豆腐"。上升的股票可以选择购买，但一定要小心被套住。如果卖方的力量大于买方，最好不要买。

还要看股票大盘的现手数和现手累计数。现手数说明刚刚自动成交的那次成交量的大小，如果连续出现大量成交，则说明有很多人在买卖该股，就得需要注意了。要是半天也没有人购买，就说明此股票不大有可能成为一只好股票。现手累计数就是总手数，也叫作成交量，有的时候它是比股价更重要的指标。如果不是刚上市的新股，却出现特大换手率(超过百分之五十)，其股价则常常会在第二天就下跌，所以最好不要买入。

在个股上涨的初期，常会有大买单突然出现，将几个卖盘挂单全部吃掉，这种现象称为扫盘。扫盘就是见货通吃，可能主力吸筹的表现，也可能是其他机构或基金在进行买入的工作。扫盘往往是有计划的吸筹行为，所以它不会使股价快速上涨太多，往往使胫股价呈现出"进三退二"的前进势态。分时图出现小型小尖角，而量峰也是出现间歇的小量峰。

Q03. 现手和总手

现手：某一股票即时的成交量。

股市最小交易量是1手。为100股，对于一只股票最近的一笔成交量叫现手，从开盘到即时的成交量叫总手。现手数是说明电脑刚刚自动成交的那次成交量的大小。一天内现手累计起来就是总手数，即成交量。

现手就是指当前一笔的成交量。

举例来说：如果甲下单5元买100股，乙下单5.01元卖300股，当然不会成交。5元就是买入价，5.01就是卖出价。

这时，有丙下单5.01元买200股，于是乙的股票中就有200股卖给丙了(还有100股没有卖出去)，这时候，成交价是5.01元，现手就是2手即200股，显示2，显示的颜色是红的。

因此，主动去适应卖方的价格而成交的，就是红色，叫外盘。主动迎合买方的价格而成交的，就是绿色，叫内盘。

现手：已经成交的最新一笔买卖的手数。在盘面的右下方为即时的每笔成交明细，红色向上的箭头表示以卖出价成交的每笔手数，绿色箭头表示以买入价成交的每笔手数。

总手：即当日开始成交一直到现在为止总成交股数。收盘时"总手"，则表示当日成交的总股数。如："总手250243"出现在收盘时，这就说明当日该股一共成交了250243手，即25024300股。

Q04. 股票过户时的注意事项

(1) 一切费用都应该由发行公司负责。

(2) 股东如果使用邮寄方式申请过户，则应该用挂号邮寄的方式到过户机构，要是用平信的邮寄方式，若有遗失的情况，发行公司不负责任。

(3) 如果股东股票遗失，并且无法出具充足的证明，那么发行公司可以拒绝补发新的发票。

(4)若捡到的是遗失股票，那么可以不用归还，但是如果原持有人在遗失的股票背面签字盖章了，则发行公司拒绝办理过户手续。

(5)发行公司一般在宣布股息时，会公告一个停止过户期，在停止期期间，发行公司会停止办理过户手续，会将股息发给股东，也可以直接划到股东的银行账号上。如果旧股东在这期间转让股份，则新股东不能领取股息。

Q05. 股票的竞价成交

目前，我国的上海、深圳证券交易所采用的竞价方式有两种，即集合竞价和相连续竞价。股票投资者只有了解股票的竞价成交，才能在股票市场顺利交易。

1. 集合竞价

在每个交易日的固定时间段内，投资者根据前一天的收盘价和对当日股市的预测将股票价格输入到计算机中，此时所有价格是平等的，按最大成交量的原则来定出股票的价位，而不是按照时间优先和价格优先的原则交易，这个价位被称为集合竞价价位，这个过程被称为集合竞价。

集合竞价的时间如下。

上海证券交易所的集合竞价时间为每个交易日的19:15～9:25，深圳证券交易所的集合竞价的时间为每个交易日的 9:15～9:25(开盘集合竞价时间)和 14:57～15:00(收盘集合竞价时间)。

一般来说，集合竞价分为4步完成。

(1) 确定有效委托：根据上一交易日的收盘价以及确定的涨跌幅度，计算出当日的最高限价和最低限价，最高限价和最低限价之内的所有价位为有效价格范围，此类委托为有效委托，超出该范围的委托为无效委托，系统作自动撤单处理。

(2) 选取成交价位：在有效价格范围内选出使所有委托产生最大成交量的价位。若有两个以上最大成交量的价位，就需要依次按照下面的规则选取成交价位。

- 保证高于选取价格的所有买委托和低于选取价格的所有卖委托能够全部成交；
- 与选取价格相同的委托一方必须全部成交；
- 若满足前两条的价位仍有多个，则选取离昨市价最近的价位。

（3）按照"价格优先，同等价格下时间优先"的原则集中撮合处理委托，即：买委托按照委托限价由高到低的顺序排列，限价相同者按照进入系统的时间先后排列；卖委托按限价由低到高的顺序排列，限价相同者按照进入系统的时间先后排列。依序将排在前面的买委托与卖委托配对成交，直至成交条件不满足为止，所有成交都以同一成交价成交。

（4）行情揭示：若成交量为零，将成交价位揭示为开盘价、最近成交价、最高价、最低价，并揭示出成交量、成交金额；剩余有效委托中，实际的最高叫买价揭示为叫买揭示价，最高叫买价不存在时，叫买揭示价揭示为空；实际的最低叫卖价提示为叫卖揭示价，最低叫卖价不存在时，叫卖揭示价揭示为空。

2. 连续竞价

集合竞价中未能成交的委托，自动进入连续竞价。连续竞价的时间为上午 9:30～11:30，下午 13:00～15:00。连续竞价由电脑交易系统按照下面的原则产生成交价：

- 最高买进申报与最低卖出申报相同，则该价格即为成交价格。
- 买入申报价格高于即时揭示的最低卖出申报价格时，以即时揭示的最低卖出申报价格为成交价。
- 卖出申报价格高于即时提示的最高买入申报价格时，以即时最高买入申报价格为成交价。

第 5 章 终南捷径——网上炒股

本章导读

在获取了股票信息、分析选择好股票，并进行电脑模拟炒股后，现在我们就来一显身手，真正实现网上炒股。本章将详细介绍网上炒股的操作方法。

本章重点

- 下载安装炒股软件
- 登录网上炒股系统
- 进行银证转账
- 买入股票
- 卖出股票
- 撤单
- 查询

5.1 开始准备网上炒股

在网上进行炒股前，用户必须下载安装证券交易所为股民提供的客户端程序，然后登录网上炒股系统，再清楚了解股票交易的手续费之后，就可以进行炒股操作了。

5.1.1 下载安装炒股软件

在登录网上炒股系统之前，用户要下载并安装网上交易客户端软件，一般证券公司的网站上都会提供相应的炒股交易客户端软件，下面以下载并安装南京证券的鑫易通网上交易系统为例进行介绍。

Step 01 打开南京证券网页。

❶ 在 IE 地址栏中输入南京证券网页地址 http://www.njzq.com.cn。

❷ 单击"转至"按钮。

Step 02 选择服务。

在弹出的网页中单击软件下载下方的"点击进入"按钮。

Step 03　登录网站并下载文件。

在弹出的网页中单击"免费软件下载"选项
卡，然后单击"鑫易通网上交易综合服务平
台"软件右侧的"电信下载"按钮。

Step 04　双击安装软件。

下载完毕后，找到下载的网上交易客户端软
件的存入位置，然后双击该文件。

Step 05　打开安装软件向导。

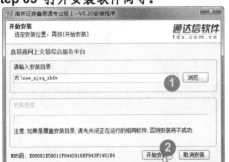

❶ 打开安装软件向导，单击"浏览"按钮，
设置交易系统的安装位置。

❷ 单击"开始安装"按钮。

Step 06　新建安装目录。

弹出询问是否新建安装目录对话框，单击
"确定"按钮。

Step 07　开始安装。

开始安装软件，稍等片刻。

Step 08　确定安装完毕。

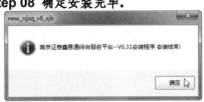

安装完毕，单击"确定"按钮。

5.1.2 登录网上炒股系统

安装完网上交易系统后，下面就来介绍如何使用自己的股票账户登录交易系统。

Step 01 双击桌面上的图标。

双击桌面上的"鑫易通网上交易综合服务平台"图标，打开"南京证券鑫易通专业版 I"登录对话框。

Step 02 设置个人登录信息。

❶ 设置"登录方式"为"客户号"；然后输入客户号、交易密码、验证码等信息。
❷ 单击"登录"按钮。

下次快速登录交易系统

在步骤 2 的登录对话框中，若选中"记住账号"复选框，用户下次登录时就无须再输入账号；若选中"保护账号"复选框，则输入的账号数字会变成符号"*"。

Step 03 关闭"南京证券"窗口。

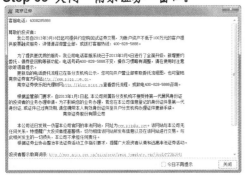

弹出"南京证券"窗口，单击"关闭"按钮。

Step 04 进入"沪深行情"窗口。

单击"沪深行情"按钮。

Step 05　打开"委托交易"窗格。

系统开始连线载入当前沪深股票交易信息，单击"委托交易"按钮。

Step 06　了解"委托交易"窗格功能。

这时将在股票信息窗格下方打开委托交易管理窗格，在这里可以买卖股票和基金。

5.1.3　查看股票信息

使用南京证券鑫易通软件查看股票信息的操作步骤如下。

Step 01　查看 A 股信息。

在股票信息窗格底部单击"A 股"选项，即可在股票信息窗格中查看 A 股行情。

Step 02　查看中小企业板股票行情。

在股票信息窗格底部单击"中小"选项，即可在股票信息窗格中查看中小企业板股票行情。

Step 03　查看创业板股票行情。

Step 04　展开"分类"菜单。

在股票信息窗格底部单击"创业"选项，即可在股票信息窗格中查看创业板股票行情。

在股票信息窗格底部单击"分类"选项，展开"分类"菜单。

Step 05 选择股票类别。

在展开的"分类"菜单中选择要查看的股票的类别，例如单击"上证 A 股"命令。

Step 06 查看上证 A 股行情。

在"分类"菜单中选择"上证 A 股"，即可在股票信息窗格中查看上证 A 股行情。

Step 07 选择指数板块。

在股票信息窗格底部单击"板块"选项，在展开的菜单中选择指数板块，即可选择不同股票查看。

5.2 网上炒股

下面就可以利用证券交易系统进行网上炒股，本节介绍如何使用证券公司交易系统进行网上炒股，例如，查询、买入、卖出与撤单等。

5.2.1 银证转账

银证转账是一种资金划转的方式，指的是股票投资者将资金从银行的储蓄账户转到证券公司的证券账户，或者将资金从证券账户转到银行的储蓄账户。下面以从银行向证券账户转账为例进行介绍，具体方法如下。

Step 01　选择银证业务。

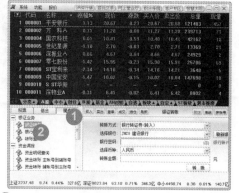

① 在委托交易窗格中单击"现金"选项。

② 在"银证业务"选项下单击"银证转账"选项。

Step 02　设置转账信息。

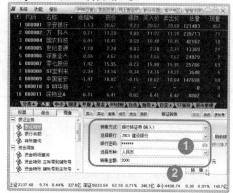

① 设置转账方式、银行、银行密码、币种和转账金额等信息。

② 单击"转账"按钮。

Step 03　确定转账。

弹出"确认提示"对话框，单击"确认"按钮，确定向证券账户转入资金。

Step 04　提示转账成功、可查询。

弹出"提示"对话框，单击"确认"按钮。

Step 05　转账查询。

① 在"银证业务"选项下单击"转账查询"选项。

② 在窗口右下角查看刚刚转账的信息。

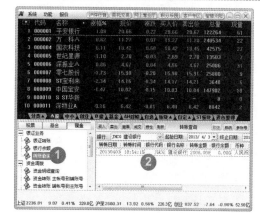

5.2.2　买入股票

当证券账户中成功转入炒股资金后，就可以真正进行股票买卖操作了。下面先来买入股票，具体操作步骤如下。

Step 01 单击"买入"按钮。

① 在委托交易窗格中单击"股票"选项。

② 单击"买入"选项。

Step 02 设置买入股票信息。

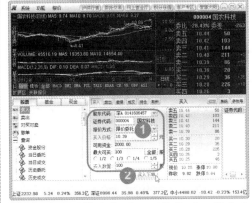

① 依次设置股东代码、证券代码、报价方式、买入价格和买入数量等信息。

② 单击"买入下单"按钮。

Step 03 确认买入。

弹出"买入交易确认"对话框，单击"买入确定"按钮。

Step 04 提示已成交。

弹出"提示"对话框，单击"确认"按钮。

Step 05 查看买入的股票。

① 在"查询"选项下单击"资金股份"选项。

② 在右侧窗格中查看买入的股票情况。

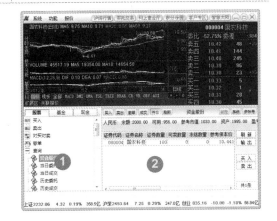

5.2.3 卖出股票

卖出股票的具体方法如下。

Step 01 单击"卖出"按钮。

1 在委托交易窗格中单击"股票"选项。

2 单击"卖出"选项。

Step 02 设置卖出股票信息。

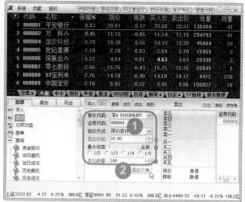

1 依次设置股东代码、证券代码、报价方式、卖出价格和卖出数量等信息。

2 单击"卖出下单"按钮。

小贴士

无法卖出当天买进的股票

如果要卖出的股票是今天刚买进的，在 Step2 中将无法设置卖出数量，这表示无法进行此次卖出股票操作。

5.2.4　撤单

未成交的买卖，可以对其进行"撤单"操作。具体方法如下。

Step 01 单击"撤单"按钮。

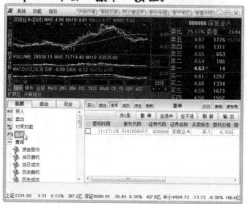

在主窗口左侧单击"撤单"选项。

Step 02 设置撤单。

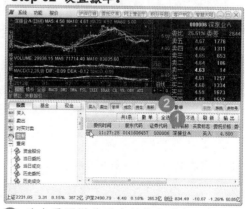

1 选中需要撤单买卖前的复选框。

2 单击"撤单"按钮。

Step 03 确认撤单。

弹出"提示"对话框,单击"确认"按钮。

Step 04 提示已撤单。

弹出"提示"对话框,单击"确认"按钮。

Step 05 撤单成功。

这时即可发现"撤单"选项下已没有买卖交易了。

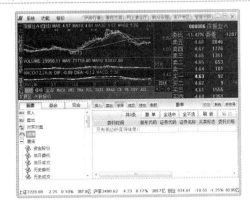

5.2.5 查询

在交易委托软件中,用户可以很方便地查询账户当日或者以前的各种交易信息。

Step 01 查看资金股份。

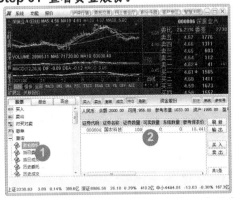

❶ 在"股票"选项卡下的"查询"选项中单击"资金股份"选项。

❷ 在右侧窗格中查看账户持股信息。

Step 02 查看当日委托。

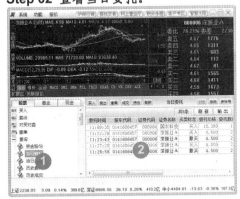

❶ 单击"当日委托"选项。

❷ 在右侧窗格中查看当日关于委托买卖的信息。

Step 03　查看当日成交情况。

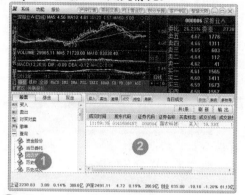

① 单击"当日成交"选项。

② 在右侧窗格中查看股票当日买卖成交情况。

Step 04　查看历史委托。

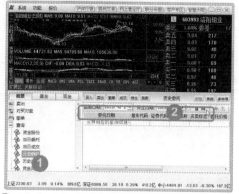

① 单击"历史委托"选项。

② 设置"起始日期"和"终止日期"参数，再单击"查询"按钮，查看股票买卖委托历史记录。

Step 05　查看历史成交。

① 单击"历史成交"选项。

② 设置"起始日期"和"终止日期"参数，再单击"查询"按钮，查看股票买卖历史成交记录。

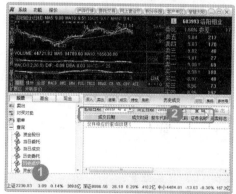

5.3　数据维护

　　前面介绍的查询信息、买卖股票等信息都保留在程序中，用户可以通过数据维护工具备份和恢复这些数据信息，或是将其清理掉，具体操作步骤如下。

Step 01　打开"数据维护工具"窗口。

1 选择"系统"命令。

2 选择"数据维护工具"命令。

Step 02　数据备份。

1 单击"数据备份"选项。

2 设置用于存放备份数据的目标目录。

3 设置想要备份的个性化数据。

4 单击"执行操作"按钮，备份数据。

Step 03　数据恢复。

1 单击"数据恢复"选项。

2 设置已备份数据的目录。

3 设置想要恢复的个性化数据。

4 单击"执行操作"按钮，恢复数据。

Step 04　数据清理。

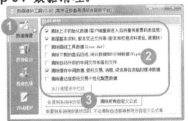

1 单击"数据清理"选项。

2 选中要清理的选项。

3 单击"执行清理选中栏目"按钮，清理数据。

Step 05　日线维护。

1 单击"日线维护"选项。

2 设置其他地方的历史数据目录。

3 单击"拷贝历史数据"按钮，复制其他地方的历史数据。

4 设置要删除日线数据的日期。

5 单击"删除这个日期的日线数据"按钮。

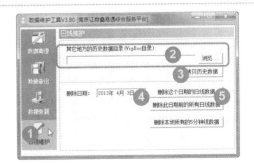

5.4　案例剖析

网上股票交易失败，谁来"埋单"

证券市场瞬息万变，对股民而言，有时在网上发出一个无效委托指令，那可能损失的不是一笔小钱。股民韩女士就遇到了这样的尴尬。

韩女士通过招商证券的网上海证券交易所易系统抛出 926 手"西藏药业"股票后，却又反悔了，于是立即发出了撤单委托。可惜的是，她的撤单指令是在无效撤单时段发出的，但是她没有收到错误报告，因此误认为操作已经成功。

在此之后一两天时间内，该股票一路爬升，一度达到涨停价。把股票全部抛出的韩女士一怒之下，把证券公司告上法庭，要求对方赔偿该股抛出价和次日最高价之间的差额损失 74080 元。这是市第二中级人民法院首次受理因网上股票交易而引发的股民状告证券公司赔偿纠纷案。

本案中，韩女士认为对方凭借电脑技术清除了她多次撤单的网上委托记录，但没有向法庭出示相关证据证明。记者发现，在网上股票交易中，此类尴尬具有一定的典型性，不少股民在操作过程中一旦发生类似纠纷，在取证与保留证据上存在着一定的难度。

无撤单记录丢补救机会

韩女士与招商证券股份有限公司上海宁夏路证券营业部是证券交易委托代理关系。去年 5 月 13 日 9 时 24 分 08 秒，她通过该营业部的网上证券交易所易系统软件，以 11.40 元的价格，委托抛出"西藏药业"股票 926 手。

但是，韩女士在做出上述操作后，又担心成交后无法买回，即于 9 时 24 分 36 秒通过营业部的网上证券交易所易系统软件发出了申报撤单的委托。

不过，韩女士申报撤单的委托发生在证券交易所不接受撤单申报的集合竞价时段，也就是在 9 时 20 分至 25 分期间，因此被作为无效委托处理。

熟悉证券业务的人都知道，集合竞价是将数笔委托报价或一时段内的全部委托报价集中在一起，根据不高于申买价和不低于申卖价的原则产生一个成交价格，且在这个价格下成交的股票数量最大，并将这个价格作为全部成交委托的交易价格。

上述两笔委托在宁夏路营业部的电脑上显示的时间分别是 9 时 24 分 12 秒和 9 时 24 分 40 秒。

据韩女士回忆，该股当日以 11.47 元的涨停价收盘，次日摸高 12.20 元。她认为，她在 9 时 25 分后又多次通过网上证券交易所易系统撤单，但经向证券交易所查询，却没有委托撤单记录。

"是招商证券通过电脑技术清除了自己的撤单委托；同时，招商证券的网上证券交易所易系统未将证券交易所回报的撤单出错代码及时告知我，而是在查询栏显示撤单已发的信息，客观上误导了我，剥夺了我采取补救措施的机会。"韩女士说。

在发生纠纷后，发誓要讨一个说法的韩女士将招商证券宁夏路营业部告进了普陀区法院，要求判令该营业部赔偿股票差价损失 74080 元。

在韩女士看来，这笔差价损失的计算方式是，她所持有的 926 手"西藏药业"股票被以每股 11.40 元的价格全部卖出；次日，"西藏药业"股票停止交易一天；第三天，即"西藏药业"股票恢复交易后的当天，股票价格最高曾升至 12.20 元。该股价格与韩女士之前所持有的"西藏药业"股票被卖出的成交价格 11.40 元之间，每股存在 0.80 元的差价损失。以该差价乘以 926 手"西藏药业"股票数额后，损失金额总计为 74080 元。

缺乏证据被判驳回

普陀区法院对这起罕见的网上股票交易纠纷进行了开庭审理。韩女士在法庭上说，她长期从事股票交易，因此清楚地知道网上证券交易所做出的在交易当天 9 时 20 分至 9 时 25 分期间撤单为无效的交易规则。

"我如要想撤销集合竞价的报单都会在 9 时 25 分以后反复几次下达撤单指令，以确保撤单成功。"韩女士说。

据韩女士称，事发后，她发现宁夏路营业部曾调整过撤单界面，而该调整行为会导致在每个交易日 9 时 25 分前客户正在使用的撤单界面随即消失，进而产生误导性。但此撤单界面已于 2008 年 7 月下旬恢复原状。

不过，对于上述的主张，韩女士未向法庭提供相关证据予以证实，也没有证据证明营业部凭借电脑技术清除了她在 9 时 25 分以后多次撤单的网上委托记录。

相反，根据营业部提供的韩女士股东账户在去年 5 月 13 日的交易对账单记录及证券交易所的查询反馈函显示，当日 9 时 25 分之后，韩女士就其之前申报的卖出 926 手"西藏药业"股票的交易指令未再发出过任何撤单委托。法院据此对韩女士的主张不予采信。

在这次诉讼中，韩女士认为营业部未将网上证券交易所回报的出错代码及时告知她，而是在撤单委托查询栏显示撤单已发的信息，客观上误导了她。

对此，普陀法院认为，根据韩女士在营业部开户时所签订的"风险提示书"第四条的约定，她自愿承担因通信技术、电脑技术和相关软件可能存在的缺陷导致的风险。

法院还认为，韩女士清楚网上证券交易所关于 9 时 20 分至 25 分期间撤单无效的规则，因此她在 9 时 25 分以后多次撤单，以确保撤单成功。由此，在韩女士已明知其之前的撤单无效的情况下，无论该信息是否反馈都不会影响她的判断和操作。韩女士所称宁夏路营业部未将撤单委托无效信息及时告知韩女士、误导她，应承担损害赔偿责任的主张，既无事实依据也无法律依据。法院据此驳回了韩女士的诉请。

营业部不承担反馈义务

一审判决后，韩女士不服，上诉至市二中院。在二审法庭上，双方展开了激烈的争论。

宁夏路营业部认为，韩女士所陈述的损失计算方式明显不具有合理性，"西藏药业"股票在 2008 年 5 月 15 日的交易当日股价只在瞬间上升至每股 12.20 元，对应的股票成交量实际也仅为 3 万股左右，当日该股的最低卖出价格仅为 10.53 元，收盘价格则为 11.39 元。而在此后的股票交易日直至本案一、二审审理期间，"西藏药业"股票的价格则一直处于下行趋势中，未再达到过当初韩女士所持每股 11.40 元的卖出成交价格。基于此，韩女士所主张的损失计算方式明显缺乏合理性，更不具有事实依据。

市二中院认为，韩女士在进行委托前应避免发出无效委托指令，否则由此导致的一切后果由韩女士自行承担。再则，在上述协议的"网上委托"部分，双方亦未约定宁夏路营业部对于韩女士通过网上委托的方式而下达的股票交易指令负有监管及应将有关出错交易信息随时反馈给韩女士的合同义务。因此，韩女士以宁夏路营业部没有如实、及时地将证券交易所给出的出错代码信息传达给其本人为由，主张宁夏路营业部应承担相应的过错责任，缺乏事实依据。

法院就此案做出终审判决，驳回上诉，维持原判。

尽管本案已判决了，但留给了人们许多思考。目前，通过网上证券交易所易系统进行股票交易的方式，以其便捷性而逐渐普及，但业内人士认为，证券市场固有风险与网络特性结合后，已成为相关纠纷的争议所在：一方面，取证与保留证据较为困难；另一方面，网上证券交易所交易的各式合同，其条款内容对股民权益的保障显然不利。

5.5　金点子点拨

Q01.　定额定投的操作技巧

现在越来越多的基金公司和银行推出定期定额认购基金的服务。其实作为一种入市策略，定期定额投资有诸多重要的诀窍和操作技巧。

定期定额投资优势有两点。

- 进入门槛低。这样可以给愿意尝试购买基金的投资者一个逐渐熟悉的过程。同时由于是定期定额投资，有利于培养长期投资的理财习惯。
- 降低风险，摊薄成本。基金份额净值的波动是正常的，如果没有比较好的择时能力，那么定期定额投资不失为一种有效降低成本的投资方法。

定期定额投资应妥善规划，像累积退休基金这种长期资金，在退休年龄将届的前三年就应该开始注意赎回时机。而且即使只在投资期间的一半，还是要注意市场的成长状况来调整。例如原本计划投资五年，扣款三年后市场已在高档，且行情将进入另一个空头循环，则最好先获利了结，以免面临资金需求时，正好碰到市场空头的谷底期。

在购买基金前，应该先挑选好适合自己的基金品种，由于基金的品种很多，可以先计划好投资目标，如：是打算长期投资还是短期投资，投资者的风险承受能力、预期收益等。根据设定的目标，再选择适合的基金或者投资组合。以华夏旗下的基金为例，按风险的大小排序依次是：华夏成长基金、华夏大盘精选基金、华夏回报基金、华夏债券基金和华夏现金增利基金。此外选择一家有一定历史的、管理水平高、信誉好的基金公司也很重要。下面是对于初投基金的投资者的建议。

(1) 根据自己的经济情况，量力而行，不要把急用的钱投入基金，投资资金至少要两年以上不用的钱。

(2) 选购基金，可根据各人承受力不同进行选择。风险较小的可选债券基金。风险中等可选混合基金，风险较高收益也高，可选股票基金。但应记住投资有风险，基金同样有。

(3) 不要把基金投资都放在一个篮子里，可选择几种基金如博时、嘉实、华夏、大成、景顺长城等。

(4) 不要因为暂时的各种情况而赎回基金，会造成较大的损失。如果不急用钱，一般选择红利后，再投资方式为好。因享受较优惠政策。

(5) 如果收入稳定，节余定量，可采用定期定额申购基金，也不失为一种好方式。

(6) 可考虑追加投资业绩较优的基金，不但因它的净值高低，主要看它整体运作水平如何。

Q02. 设立止损点降低风险的技巧

通过设置止损点和止盈点的方式可以减小股票投资风险，保持收益。止损点就是当股价跌破百分之几或跌到某个价位时，就砍仓出货。运用这种方式可以把风险或亏损控制到一定限度。比如，投资者在 10 元时买入某只股票，可以用以下三种方式设置止损点。

- 定跌幅比例。当股价跌幅达到一定比例时。比如，跌幅达到 10%或 15%即砍仓出货，比例大小需要根据市场状况及自身心理承受能力而定。
- 定跌破价位。当股价跌破某一价位时，就砍仓出货。比如，该股止损点设置为 8 元，当股价跌破 8 元时就果断地止损出仓。
- 定时止损。比如，当股票到达某个时间点时，无论价格在何处，都出仓。设置止损点可以避免因为一次错误的投资决策而全军覆没。

止盈点与止损点并非十分工整的对应关系，但是也有着一定的对应关联。比如前面介绍的 10 元买进某只股票，而后它上涨到 12 元，有 20%的盈利，这个时候如果卖出再涨会后悔，不卖，又怕利润再丢掉甚至变成亏损。通过设置止盈点可以解决这个问题。如果股票买后就上涨了，可以通过三种方式设置止盈点。

- 定涨幅比例。假设 10 元买的股票，而后它上涨到 12 元，可以设定股票在回调 10%时出仓。即，假如股票从 12 元回调到 10.8 元，就出来。如果没有回调到位，就一直拿着，然后稳步修正止盈点，使自身利润接近最大化。
- 定涨幅价位。比如，10 元买的股票，而后它上涨到 12 元，设定如果跌破 11 元就出仓，如果它没有跌到此价位而是继续上涨到了 13 元，那么，就设定如果跌破 12 元就出仓，这样逐级抬高标准，锁住自己的利润，也不至于因提前出仓而后悔。
- 定关键时间。根据时间设置止盈点，即当时间走到某一关键点，疑似一个上涨周期完成的情况下及时地出仓。

Q03. 买卖同一只股票

在南京证券鑫易通软件中，使用对买对卖功能可以买卖同一只股票，其操作步骤如下。

Step 01 单击"买入"按钮。

① 在委托交易窗格中单击"股票"选项。
② 单击"对买对卖"选项。

Step 02 设置买入股票信息。

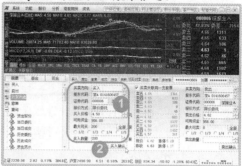

① 依次设置买卖方向、股东代码、证券代码、报价方式、买入价格和买入数量等信息。
② 单击"买入下单"按钮。

Step 03 确认买入。

弹出"交易确认"对话框，单击"确定"按钮。

Step 04 提示已成交。

弹出"提示"对话框，单击"确认"按钮。

Step 05 设置卖出股票信息。

① 若要卖出同一只股票，可以在"买卖关联同一只股票"复选框右侧设置卖出股票信息。
② 单击"卖出确认"按钮即可。

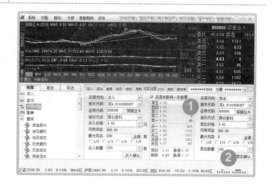

Q04. 如何进行长期投资

　　投资是一件非常复杂而且很困难的事，如果股民能够长期持有一家优质公司的股票，并不为期间的股价波动而影响情绪，几十年如一日地坚持，才能被称为真正的长期价值投资。按照公认的一些规律和方法，股票大致上可以分为垃圾股、普通股、成长股、优质股。垃圾股是指那些资不抵债的或者股价远远超过其自身价值的股票；普通股是指占有市场相当大比例的"大众"股票；成长股则可分为很多类型，市场中最受青睐的就是这种类型的股票；优质股是指永远都不会抛出的伟大公司的股票，但是这类股票非常少。所以，能够在一生的时间里捕捉到一只真正具有长期投资的优质公司，这样的投资就可以认为是非常成功的。

下面了解一下具备长期投资价值的优质公司至少要具备的条件有哪些。

- 一定是行业龙头。真正是行业垄断寡头的公司已越来越少，众所周知，唯有垄断才能创造出超出平均水平的高利润，这也是所有的投资者希望看到的。

- 一定是非周期性的公司。一家真正伟大的公司绝不能是一家周期性行业(指和国内或国际经济波动相关性较强的行业，如钢铁、船舶等)非常强的公司，例如可口可乐和吉列这两家公司就属于消费型的公司，茅台和苏宁这样的优质公司同样不属于周期性公司。

- 净资产增长率一定要超出行业平均水平。很多投资者只喜欢看每一财年的每股净利润增长率，而忽视了更为重要的净资产增长率。其实，衡量一家公司是否真正在稳定地增长，最重要的指标就是净资产增长率。净资产增长率发生的变化可直接成为判断一家公司是否健康的标准，也是投资者能否继续持有这家公司股票的重要依据。

- 分红率一定不能低于三年期国债的水平。一名真正的长期价值投资者绝不会因为市场的趋势变化或者外界因素影响自己持有股票的信心，这就需要获得优质公司持续不断的分红回报，每股分红率是一个能体现公司素质的非常重要的标准。分红率的提高是证券市场不断走向成熟的表现。

- 充足的现金流。现金流是一家公司的血液，充足的现金流能为公司的价值提供很多想象的空间。

- 投资者关系。无论是商场的店员或是老板都明白"顾客就是上帝"，上市公司也应明白"投资者就是上帝"这个道理。一家优质公司在投资者关系方面应该做得更多，如及时更新公司的网站信息、亲切回答打电话来咨询的投资者、不定期地与长期持有自己公司股票的投资者进行沟通等。

第6章 看家本领——长短线炒股

本章导读

本章将为大家介绍长短线炒股。那么什么是长短线炒股呢？长线炒股是基于对所买股票长期效益有信心，买了之后，着眼于未来企业发展，股票升值，所以会时间长一点。短线炒股则是在股市中经常会有各种题材炒作，借题炒作，短线炒股的网民持股时间一般不会太长，短的二三天，甚至是当天买当天卖或今天买明天卖，做点差价，及时收兵，赢钱就走。

本章重点

- 短线分析
- 长线分析
- 短线选股
- 长线选股

6.1 短线分析

是指购买股票后，在一周内将股票卖出的炒股行为。短线炒股的网民主要靠技术分析，敏锐的市场洞察力和充足的看盘时间选择市场的强势股、龙头股，学会捕捉目标，一旦选好了短线个股，就会按预定计划去做。

6.1.1 分时图

分时图包括大盘和个股的动态实时分时走势图，它在实战的研究判决中的地位极其重要，是即时把握多空力量转化即市场变化直接的根本所在。

1. 查看个股分时图

个股分时走势图是股市现场交易的即时资料，是把股票市场的交易信息以个股实时地用曲线在坐标图上加以显示的技术图形。坐标的横轴是开市时间，纵轴的上半部分是股价或指数，下半部分显示的是成交量。

下面以大智慧软件的个股分时走势图为例进行介绍。

Step 01 打开大智慧软件。

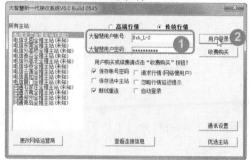

① 启动"大智慧"程序，在弹出的对话框中输入用户账号和用户密码。

② 单击"用户登录"按钮。

Step 02 搜索个股。

在"搜索"文本框中输入要查看的个股的代码，这里输入个股代码"600000(浦发银行)"，并按 Enter 键确认。

Step 03 显示个股分时走势图。

① 查看浦发银行的分时走势图。

② 查看个股的买盘和卖盘情况。

③ 查看个股的指标数据。

④ 查看个股的分时成交情况。

Step 04 查看 K 线图。

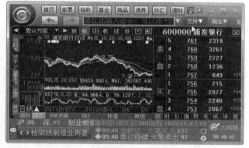

单击"技术分析"选项，切换到"技术分析"界面，查看浦发银行的 K 线图。

下面对个股(浦发银行)的分时走势图(见下图)进行解说，帮助大家理解各指数的含义。

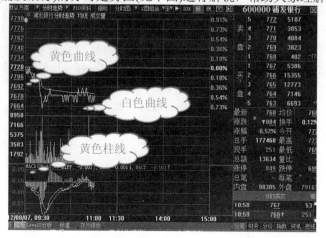

- 白色曲线：白线是分时走势线，它由每分钟内最后一笔交易的价格绘制而成，是该种股票的即时实时成交的价格。
- 黄色曲线：黄线表示该种股票即时成交的平均价格，它是由该时刻之前成交总金额除以成交总股数得出的均价。
- 黄色柱线：黄色柱线表示每一分钟的成交量，单位为手，一手为100股。

2. 查看大盘分时图

下图所示为大盘指数(简称大盘，反映整个股市的走势)的分时走势图，同样含有白色曲线和黄色曲线，同时还出现了红绿柱线，其含义如下。

- 白色曲线：代表大盘加权指数，也就是证券交易所每日公布的大盘实际指数。
- 黄色曲线：代表大盘不含加权的指标，即在不考虑股票盘子大小的情况下，将所有股票对指数影响看作相同而计算出来的大盘指数。
- 红绿柱线：用来反映大盘当时所有的买盘与卖盘在数量上的比率，一般在黄白两条曲线附近。当红柱线的长短变化表示上涨买盘的增减，绿线柱的长短表示下跌的卖盘力量的增减。

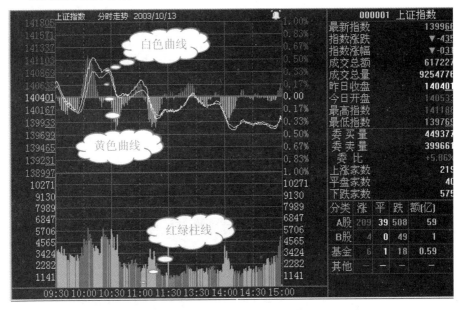

由大盘分时图可以看出，当大盘指数上涨时，黄色曲线在白色曲线之上，则表示流通盘较小的股票涨幅情况较大；若白线在黄线之上，则表示盘小的股票涨幅情况较大。当大盘指数下跌时，黄色曲线在白色的之上，则表示流通盘较小的股票跌幅情况小于盘大的股票；若是相反，则说明盘小的股票跌幅大于盘大的股票。

6.1.2 K线图

通过K线图能够把每日或某一周的市况线完全记录下来，在图上形成一种特殊区域或形态，不同的形态显示出不同的意义。

1. K线周期

根据K线的计算周期可以将K线图分为时K线图、日K线图、周K线图以及多周期图等。分析不同的K线图有着不同的意义。

(1) 日K线图

日K线图是最常用的K线图，每根K线的周期是一个交易日。下图所示为同花顺软件中的日K线图，主要由K线走势图、成交量图、技术指标辅图和信息窗格4部分组成。

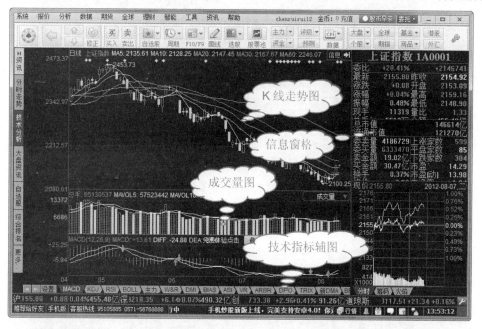

- K线走势图：当用户在炒股软件或是在网上打开某只股票的K线技术分析页面时，在页面的左上方可以看到按照时间顺序排列而成的K线图，它是对股票价格的描述。从图中可以看到整个指数或者价格的整体历史走势情况，以及每个时间周期内的基本K线信息。

- 成交量图：成交量图采用高低不同的柱形反映个股成交量的大小。同时观察K线图和成交量图，可以分析量价配合情况。

- 技术指标辅图：技术指标是在一些市场行为的基础上建立起来的数据模型，它是一种很重要的股票分析方法。使用技术指标可以对一些现象进行定性分析，从而辅助投资决策。在技术指标辅图中，单击下方各指标名称，可以显示不同指标的内容。

● 信息窗格：在信息窗格中会及时显示个股的一些即时信息，例如，行情报价、最新成交价格、最近几笔交易情况等。

(2) 分时 K 线图

分时 K 线图包括 5 分钟、15 分钟、30 分钟、60 分钟 K 线图这 4 种短周期的 K 线图，它能在短时间内反应股价的变化情况，比较适合断线操作者使用，下图为 15 分钟 K 线图。

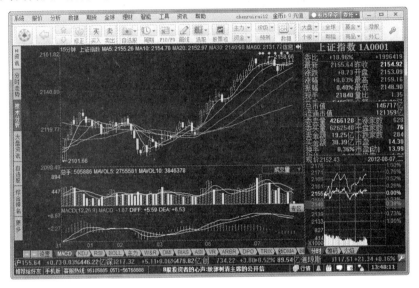

(3) 周 K 线图

周 K 线图以周一的开盘价、周五的收盘价以及全周最高和最低价来绘制的，周期比较长，适合中期投资者操作。除了周 K 线图，还有月线图、季线图。其使用方法基本一样，下图为周 K 线图。

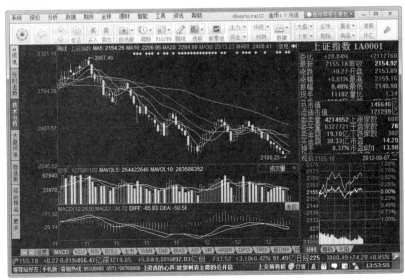

(4) 多周 K 线图

往往只看单一的 K 线图可能会得到错误的信息，所以要结合多个 K 线图联合分析，才能得到准确的信息，下图为多周期 K 线图。

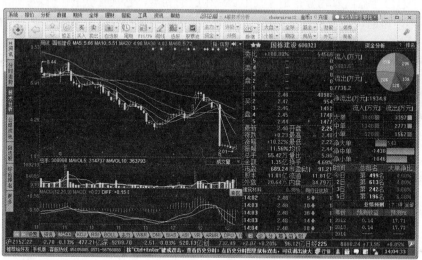

2. 均线指标

均线指标实际上是移动平均线指标的简称，它是反应价格运行趋势的重要指标，其运行趋势一旦形成，将在一段时间内继续保持，趋势运行所形成的高点或低点又分别具有阻挡或支撑作用，因此均线指标所在的点位往往是十分重要的支撑或阻力位，这就为股民提供了买进或卖出的有利时机，均线系统的价值也在于此。

均线趋势具有如下特征。

- 趋势追踪：均线指标的构造原理决定了它具有反映价格运行趋势的特性，因此其指标可以对价格运行起到趋势跟踪的作用，如果在某一天或者某一时刻，价格的波动会暂时脱离原来的运行趋势，但只要其均线系统没有出现相应的变化，股民就不能肯定价格的运行趋势出现了转折。

- 稳定和滞后：由于均线是对收盘价进行算术平均以后产生的新价格点进行连线形成的，因此，均线相对于价格的变化来说就更为稳定。正因为均线系统的稳定和对趋势所具有的这种跟踪特性，相对于价格趋势的变化来说，均线指标又具有一定的滞后性，即当价格趋势已经出现变化的时候，均线指标还会按照惯性再继续维持原来的方向运行一段时间，而不是立即改变现在运行的方向，这是均线指标的不足之处。

- 助涨助跌性：这是股民一定要注意的问题，当价格对均线形成突破后，均线指标将对价格突破后的运行产生助涨或助跌的作用，尤其是当均线系统多头发散或者空头发散时，所产生的助涨助跌性就更为强烈。

3. 筹码分析

筹码分析即成本分析，基于流通盘是固定的，无论流通筹码在盘中如何分布，累计量必然等于总流通盘。筹码分布是寻找中长线牛股的利器，它具有以下作用。

● 能帮助识别主力建仓和派发的全过程，像放电影一样把主力的一举一动展现在大家面前。

● 能有效地判断该股票的行情性质和行情趋势。

● 能提供有效的支撑和阻力位。

4. K 线组合分析

不同的 K 线组合，代表着不同的意义，下面将介绍几种常见的 K 线组合。

(1) "希望之星"。

出现在下跌途中，有三根 K 线组成，第一条是根阴线，第二条是带上下影线的十字星，第三条是根阳线。这三根 K 线在心理上构成了一个完整的转化过程：看跌心理，多空平衡，看涨心理，此类组合称为"希望之星"(见左下图)。

(2) "反攻"。

出现在下跌行情中，显示出现一根阴线，接着跳低开盘，收盘时为中阳线或大阳线，并且收在前一根 K 线收盘价相同或相近位置，此类组合称为"反攻"，是见底信号，后市看涨(见右下图)。

(3) "曙光初现"。

出现在下跌行情中，显示出现一根大阴线或中阴线，再出现一根大阳线或中阳线，阳线的实体深入到阴线实体的一半，此类组合称为"曙光初现"(见左下图)。

(4) "平底"。

出现在下跌行情中，两根 K 线的最低价在同一位置，此类组合称为"平底"(见右下图)，是见底信号，后市看涨。

(5) "红三兵"。

出现在上涨行情中，由连续三根创新高的小阳线组成，此类组合称为"红三兵"(见左下图)，是买进信号，后市看涨。

(6) "黄昏之星"。

出现在涨势中，第一根为阳线，第二根为十字线，第三根阴线实体深入第一根阳线实体之内，此类组合称为"黄昏之星"(见右下图)，是见顶信号，后市看跌。

(7) "乌云盖顶"。

出现在涨势中，大阴线深入到大阳线实体 1/2 以下位置，此类组合称为"乌云盖顶"(见左下图)，是强见顶信号，后市看跌。

(8) "黑三兵"。

出现在涨势或跌势中，由三根小阴线组成，最低价一根比一根低，卖出信号，后市看跌(见右下图)。

(9) 下跌三部曲。

出现在下跌趋势中，卖出信号，后市看跌(见左下图)。

(10) "倒三阳"。

出现在下跌初期，多数发生在庄家股中，此类组合称为"倒三阳"(见右下图)，下跌概率极高，应果断斩仓离场。

(11) "多方炮"。

多方炮是指在上升途中出现一根阴线夹在两根阳线中间的 K 线组合形体，此类组合称为"多方炮"(见左下图)，出现这种形态表示多方力量强势，股价短期内看涨。

(12) "孕线"。

孕线的第二根 K 线的实体很小，且含在第一根 K 线的实体内，此类组合称为"孕线"(见右下图)，出现这种形态，预示着市场将同先前的趋势分道扬镳，行情可能演化为反转或者止跌横盘趋势。

5. K线走势分析

运用一些理论可以对K线进行趋势分析，下面介绍几种常见的K线形态。

(1)"头肩顶"。

"头肩顶"属于顶部反转形态，中间的高点称为头部，头部两侧相对较低的两个高点称为肩，预示后市看跌，见左下图。

(2)"头肩底"。

"头肩底"属于底部反转形态，中间的低点称为头部，头两侧相对较高的两个低点称为肩，预示后市看涨，见右下图。

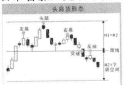 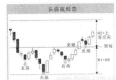

(3)"三重顶"。

"三重顶"形态和头肩顶形态的唯一区别在于它没有头部，它的三个峰值高低几乎一致，见左下图。

(4)"三重底"。

三重底形态和头顶底形态的唯一区别在于它没有头部，它的三个谷底高低几乎一致，见右下图。

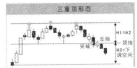 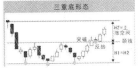

(5)"圆形顶"。

"圆形顶"属于顶部反转形态，形成的时间比较长，见左下图。

(6)"圆形底"。

"圆形底"属于底部反转形态，形成时间比较长，在底部蓄积的动力较大，它是比较可靠的底部反转形态，见右下图。

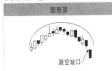 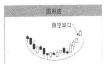

(7)"乌云盖顶"。

出现在涨势中，大阴线深入到大阳线实体1/2以下位置，是强见顶信号，后市看跌，见左下图。

(8)"黑三兵"。

出现在涨势或跌势中，由三根小阴线组成，低价一根比一根低，是卖出信号，后市看跌，见右下图。

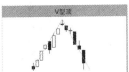 

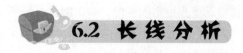

6.2　长线分析

长线，多数情况下是以基本面为依据或者买入后期待公司出现大的发展进而带动股票价格出现涨幅，如果以这种思路去介入股票的话，往往要持续一年以上。

6.2.1　宏观分析

对于股票投资而言，能够准确判断大盘趋势可能是每个投资者的梦想，只有正确把握大盘方向，才能在变幻莫测的股市中立足，但是影响股市的因素有很多，而且常常会出乎意料，下面主要讲解如何对股市进行宏观分析。

- 政治因素：政治是经济的集中反映，并反作用于经济的发展，会使股票市场发生波动，政治因素的变化对股市的影响很大。对股市产生影响的政治因素有国际局势、外交形势的变化、战争、领导层的动态、更替、风格和背景，此外，还包括证券管理层领导的风格及背景。

- 经济因素：股市是经济发展的晴雨表，股市和经济之间更有紧密的联系，这些因素包括：国民生产总值、固定资产投资、物价、就业、外贸、金融、保险、能源、旅游和科技等。

- 政策因素：政府的社会经济发展规划、经济政策、特别财政政策、货币政策、产业政策、贸易政策、国家对股票市场的管理措施变化都会影响股价的变动。下面从 5 个方面简单叙述。

  - 货币政策：货币政策的改变会直接影响货币投放的增加或减少，如信贷规模的控制、央行票据的发行、国债发行等。一般而言，新增信贷规模下降、发行中央银行票据及国债对于股价会产生一定的负面影响。

  - 供需政策：供求之间的矛盾对商品的价格有直接的影响，当然对于股价也不例外，与此同时资金的供需变化也会对股市产生影响。

  - 税收政策：股票交易印花税的调整对于股市的影响较为直接，同时能够享受国家或地方政府减税、免税或返还等税收优惠的上市公司，股票价格往往呈现上升的势头，而调高个人所得税，则会导致社会消费水平下降，引起商品的滞销，从而对公司生产规模造成影响，导致盈利下降，股价下跌。

  - 财政政策：一般而言，如果财政规模扩大，且国家采取积极的财政政策，股票就会上涨，相反，国家财政规模缩小或显示将要缩紧财政的征兆，投资者将会预测未来景气不好而减少投资，因此股价也会下跌。

  - 产业政策：国家重点扶持、发展的产业，其股票价格会被推高，而国家限制发展的产业，股票价格往往会受到不利的影响，我们需要关注各相关部门出台的支持或抑制各产业或行业发展的文件及规划。

- 其他因素：股票价格变动受到很多因素的影响，因此，除了上面的主要因素外，还要关注其他的一些因素，例如国际股市的涨跌、黄金价格及油价的变化、社会突发事件、社会各层面的态度、社会民意的趋向等。

因此，我们要全方位对政策面进行分析，深入了解并宏观地分析。

6.2.2 行业分析

行业在国民经济中地位的变更，行业的发展前景和发展潜力，新兴行业引来的冲击等，以及上市公司在行业中所处的位置、经营业绩、经营状况、资金组合的改变及领导层人事变动等都会影响相关股票的价格。可以从以下几个方面对行业进行分析。

- 行业增长性：在具体分析时可以将某行业历年的销售额增长率与国民生产总值和国内生产总值增长率进行比较，还可以计算该行业的销售额占国民生产总值的比重，通过分析比较后确定行业的增长性。
- 行业生命周期：每个行业都会经历由成长到衰退的过程。一般可以将行业的生命周期分为以下 4 个阶段：幼稚期、成长期、成熟期和衰退期。
- 行业的市场结构：市场结构可以分为完全竞争市场、不完全竞争或者垄断竞争市场、寡头垄断市场和完全垄断市场。
- 行业前景分析：结合目前的经济社会环境也可以分析判断一个行业的未来前景，例如资源不可再生型、现代农业型、环保型和新能源型等行业的发展前景会比较好。

6.2.3 公司分析

股票是股份公司发行的一种有价证券，公司的运营情况是影响股票价格长期波动的基本因素之一，所以对公司进行分析是投资者的一项重要工作。公司分析主要是对公司的基本情况和财务情况进行分析考察，从而确定股份公司本身的"质量"。

1. 基本情况分析

基本情况分析主要是分析公司所处的行业及其产品和经营管理情况。

- 行业分析：行业分析的目的是确定公司在整个行业中的地位，将目标公司与行业内的其他公司进行比较分析，看看企业有没有竞争力，企业获利能力怎么样，是高于还是低于行业平均水平，从而可以判断出企业在行业内是否为龙头企业。
- 产品分析：可以从市场占有率、品牌和产品竞争能力三个方面进行分析。一个公司的产品在同类市场上的占有率大小是公司实力大小的有效体现。品牌代表一个企业的综合能力，而产品的竞争能力则是企业新能力的体现。
- 经营管理分析：企业的经营理念、企业文化在很大程度上会决定一个企业经营的成败，通过分析公司的经营理念可以了解公司的未来发展战略，是否具有可持续发展能力。一个好的企业离不开好的管理班子，了解公司管理人员的素质和能力，以便合理安排公司员工，及时补充公司人员，保障公司有充足的人力资源。

2. 财务分析

在公司分析中比较重要的是财务分析，因为财务数据可以比较准确地反映一个公司的经营情况。

1) 股本结构

了解一个公司的股本结构将非常有助于制定投资决策。股本结构包括流通股比例、大股东持股情况等内容。

总股本是指上市公司发行股票的总数量。一个公司股本结构中可能包含多种股票类型，例如国家股、法人股、A股、B股等。流通股是指可以在国内证券交易所进行买卖交易的股票，在我国为实际流通A股。由于历史原因我国的股票分为流通股和非流通股两种，目前国家股和国有法人股就属于非流通股。流通股比例就是流通股数占总股数的百分比。根据流通股数的大小还可以将股票分为大盘股和小盘股两种，一般将流通股数大于1.5亿的股票称为大盘股，流通股数小于5000万的称为小盘股，两者之间的为中盘股。

2) 财务比率

财务数据主要来源于各种财务报表，例如资产负债表、利润表和现金流量表等。根据一些基本的财务数据可以计算出很多财务指标，这些财务指标可以反映企业经营管理的各个方面。

(1) 市盈率

市盈率是普通股每股市价与每股收益的比率，其计算公式如下：

$$市盈率=每股价格/每股收益$$

一般认为较高的市盈率表明市场对公司未来看好，从而愿意对每元净利润支付更高的价钱，但高市盈率的股票存在泡沫的风险也很大，所以投资低市盈率的股票风险较小。另外由其计算方法可以看出市盈率相当于一项投资的回报期，所以市盈率越低回本期越短。

不同的行业之间以及不同的市场状态下，市盈率的差别可能很大。一般来说缓慢增长型公司的股票市盈率较低，这类企业多数集中在夕阳行业中；而快速增长型公司的股票市盈率会较高，这类企业一般集中在高科技等朝阳行业中。在牛市中，市场整体的市盈率水平会比较高，所以个股出现较高的市盈率也是正常的，然而当多数股票的价格相对于其收益水平上涨到一个不合理的高度时，则是一个危险的信号。

在应用市盈率时，可以将其与同期银行的存款利率进行比较。

(2) 净资产收益率

净资产收益率是净利润与平均净资产的百分比，其计算公式如下：

$$净资产收益率=净利润/平均净资产$$

其中，平均净资产=(年初净资产+年末净资产)/2。净资产是资产总额与负债总额之差，是所有者权益。净资产收益率值越大说明企业的成长性越强。

(3) 市净率

市净率侧重资产的角度去评估上市公司的价值，其计算公式如下：

$$市净率=每股价格/每股净资产$$

市净率太高或者太低都不好。市净率太高说明股票被严重高估，投资风险大。市净率太低，说明人们普遍对其不看好，就像"处理品"一样。

(4) 资产负债表

资产负债表是负债总额除以资产总额的百分比。它反映了债权人所提供的资本占全部资本的比例。资产负债率用于衡量企业在清算时保护债权人利益的程度。

6.3 短线选股

在股市中，短线操作是股市高手的游戏，需要对股市有一定的了解，知道庄家操盘的手法，另外还要有良好的心理素质，最重要的一点就是要时刻关注庄家的一举一动。

6.3.1 短线参数

短线参数主要包括成交量、图形、技术参数和均线。

(1) 成交量

在股市中有这么一句话"量为价先导"，量是价的先行者，股价的上涨，一定要有量的配合，成交量的放大，也就意味着换手率的提高，平均持仓成本的上升，上档抛压就会减轻，这样股价才会持续上涨。有时，在庄家筹码锁定良好的情况下，股价也可能缩量上攻，但缩量上攻的局面不会持续太久，否则平均持仓成本无法提高，抛压大增，股票缺乏持续上升动能。因此，短线操作一定要选择带量的股票，对底部放量的股票尤其应加以关注。

(2) 图形

短线操作，除了应高度重视成交量外，还应该留意图形的变化。有几种图形值得高度关注：W 底、头肩底、圆形底、平台、上升通道等。W 底、头肩底、圆形底放量突破颈线位时，应是买入时机。这里有两点必须高度注意，一是必须放量突破方为有效突破，没有成交量配合的突破是假突破，股价往往会迅速回归启动位。二是在低价位的突破可靠性更高，高位放量突破很有可能是庄家营造的"多头掐阱"，引诱散户跟风，从而达到出货目的。很多时候，突破颈线位时往往有个回抽确认，这时也可作为建仓良机。

(3) 技术指标

股票市场的各种技术指标数不胜数，至少有 1000 种，它们各有侧重，投资者不可能面面俱到，只需熟悉其中几种便可。常用的技术指标有 KDJ、RSI 等。一般而言，K 值在低位两次上穿 D 值时，是较佳的买入时机；在高位两次下穿 D 值时，形成死叉，是较佳的卖出时机。RSI 指标在 0～20 时，股票处于超卖期，可建仓；在 80～100 时，属于超买期，可平仓。值得指出的是，技术指标最大的不足是滞后性，用它作唯一的参照标准往往会带来较大误差。许多强势股，指标高位钝化，但股价仍继续飙升；许多弱势股，指标已处低位，但股价仍阴跌不止，而且庄家往往利用这点，在进货时将指标做得一塌糊涂，在出货时将指标做得近乎完美，利用指标进行骗钱几乎是庄家通用的手法。因此，在应用技术指标时，一定要综合各方面情况，尤其是量价关系进行深入分析。

(4) 均线

短线操作一般要参照 5 日、10 日、20 日三条均线。如 5 日均线突破 10 日、20 日均线，10 日均线突破 20 日均线交叉，称作金叉，是买进时机；反之，20 日均线突破 10 日均线，则称作死叉，是卖出时机。三条均线都向上排列称为多头排列，是强势股的表现，股价缩量回抽 5 日、10 日、20 日均线是买入时机(注意，一定要是缩量回抽)。究竟应在回抽哪一条均线时买入，应视个股和大盘走势而定；三条均线都向下排列称为空头排列，是弱势的表现，不宜介入。

6.3.2　短线炒股技巧

短线炒作则完全不同，不着重寻找底部，只着重拉升段。

短线炒作就要寻找高能量的股票，这类股票方能有震幅做短线，下面有几种仅供参考。

- 一天行情，涨停买入。这种股票大多会在开市十几分钟即急速拉高到涨停，之后全天被封涨停，然后第二天顺势大幅高开。
- 在价位不太高的前提下，连续放量拉两条大阳线，阳线实体要足够大。这种股票一定要仔细留意当天的分时走势，开盘拉高，全天横盘的走势预示着后市潜力不大，那些上冲下突，左穿右插的走势才有足够的潜力。
- 博反弹——高位放量下跌。这种股票成功率只有20%左右，只建议少量参与。
- 如果股价涨停、涨停、再涨停，这种股票可谓能量最高，但敢跟的却很少。
- 长期成交稀疏，跌幅不大，近期成交活跃。这种股票最适合稳健的短线炒手参与，成功率极高。
- 空头陷阱，标准上升通道被打破，稍作调整后重新拉高，而且大多能创出新高。

短线炒作必须要好好分析分时走势，多留意，多总结。

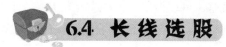

6.4　长线选股

长线选股并不难，关键是要有耐心和信心。以投资的战略来进行选股，持股的时间较长，通常在一年以上，投资者要忽略在这段时间内股价的短期波动，不能因为短期的涨跌而影响到自己的持股信心，当找到具有价值低估和潜力的股票就应该学会长期持有。

6.4.1　基本面选股

股票分析方法包括基本分析以及技术分析。技术分析就不多说了，就是以图表的手段对市场行为进行研究从而判断股价未来的运行趋势，很多投资者都在运用技术分析，也有一部分喜欢运用基本分析，不过对基本分析认识并不足以支撑投资者分析股票，下面简单介绍如何用基本面选股。

(1) 正确使用市盈率

市盈率是估计股价水平是否合理的最基本、最重要的指标之一，是股票每股价格与每股盈利的比率。一般认为该比率保持在20～30之间是正常的，过小说明股价低，值得购买；过大则说明股价高、风险大，购买时应谨慎。

(2) 从每股净资产看公司前景

每股净资产重点反映股东权益的含金量，它是公司历年经营成果的长期累积。无论公司成立时间有多长，也不管公司上市有多久，只要净资产是不断增加的，尤其是每股净资产是不断提升的，则表明公司正处在不断成长之中。相反，如果公司每股净资产不断下降，则公司前景不妙。因此，每股净资产数值越高越好。

(3) 每股未分配利润值应适度

每股未分配利润，是指公司历年经营累积下来的未分配利润或亏损额。它是公司未来可扩大再生产或可分配的重要物质基础，与每股净资产一样，它是一个存量指标。每股未分配利润应该是适度的值，并非越高越好，未分配利润长期积累而不分配，肯定是会贬值的。由于每股未分配利润反映的是公司历年的盈余或亏损的总积累，因此，更能真实地反映公司历年滚存的账面盈余或亏损。

(4) 现金流指标

股票投资中参考较多的现金指标主要是自由现金流和经营现金流。自由现金流表示的是公司可以自由支配的现金；经营现金流则反映了主营业务的现金收支状况。经济不景气时，现金流充裕的公司进行并购扩张等能力较强，抗风险系数也较高。

6.4.2 技术面选股

选股的策略，主要以两大证券投资基本分析方法为基础，即基本分析和技术分析进行选股。由不同的基本选股策略，可以衍生出各种选股方法，另外随着市场走势和市场热点不同，在股市发展的不同阶段，也会有不同的选股策略和方法，下面重点讲解技术面选股。

技术面选股基于以下三大假设：市场行为涵盖一切信息、价格沿趋势变动、历史会重演；若用户以技术分析面进行选股，通常不必过多关注公司的经营、财务状况等基本面情况，而是运用技术分析理论或技术分析指标，通过对图表的分析来进行选股；该方法的基础是股票的价格波动性，即不管股票的价值是多少，股票价格总是存在周期性的波动，技术面选股就是从中寻找有爆发力的个股，捕捉获利机会。

6.4.3　长线炒股技巧

长线资金大多数寻求稳健的投资路径，正因如此，准确地判定股票的底部和如何分批投入是很重要的。但首先需要说明的是，如果你想以接近最低价满仓某只股票作长线持有的话，那是不现实的。近年的底部形态大约有以下几种。

(1) 打压、下跌突破平台，放量见底：这种股票大多已经积累了一定的幅度跌幅，然后在低位横盘一段时间，接着突然放量下跌突破了平台，在放出巨量后再收阴线，底部形成。

(2) 标准下降通道，突然发性放量拉高：这种股票大多数都有标准的下降通道，会突然在某天放巨量收阳线，底部形成。它还能跑出短期黑马，但大部分拉高后会再作调整。

(3) 构筑双底、三底、四底：这种股票的底部和顶部都很标准，低位跑不掉，高位套不住。

(4) 在低成交量的水平下，升时放量，跌时缩量，振幅不大，横盘走势：这种股票一般会出现阴阳相隔、两阴夹一阳或两阳夹一阴的走势。这类股票的庄家一般实力不算太强(相对于期货资金来说)，但控盘性很高。

(5) 期货资金入主，井喷行情：这种股票看不出底部，庄家就是底部，运气就是底部，只适合短线资金参与。

(6) 迅速拉高翻番后，向下调整近一年，价位到达黄金分割点处。

6.5　案例剖析

王先生是某公司下岗员工，夫妻双方收入稳定，有一个孩子，是个幸福美满的家庭。王先生没有别的爱好，就是喜欢炒股，可是就是因为炒股差点让王先生失去了幸福美满的家庭。

王先生刚开始时赚了一点钱，胆子就放大了，就这一次，亏得血本无归，妻子要跟他离婚，他内心十分愧疚，可是他觉得在哪跌到就应在哪站起来，后来他向亲戚朋友借钱，可是没有一个人肯借给他，最后他决定把房子卖掉，周围的邻居也都觉得他是一个疯子。此时，妻子已经带着孩子回娘家去了。

好运这次降临到王先生身上了，本次炒股王先生赚钱了，他接回了妻子、孩子，一家人又找回了从前的幸福。

坚持就是胜利

王先生在面对人生失意的时候，没有家人的鼓励，没有朋友的帮助，还都是别人的冷嘲热讽，但是他并没有放弃。因为他坚强的毅力，终于换来了成功。

王先生说他的成功来之不易，若这次没有赚钱，他将输得一无所有。通过本案例，也说明有时坚持就是胜利，但还是要量力而行，谨慎投资。

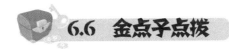

6.6 金点子点拨

Q01. 通过指标参数分析股票行情

要更好地分析股票的行情，首先要掌握最新的股票行情动态，其次还需要专业的技术支撑。

1. 趋向指标

趋向指标(DMI)又称"动向指标"，表示当前的走势方向，如下图所示。

趋向指标是用来分析预测未来走势的工具，通过分析股价在上升和下降过程中的均衡度，从中提供对趋势判断的依据。下面介绍一些常用的趋势指标。

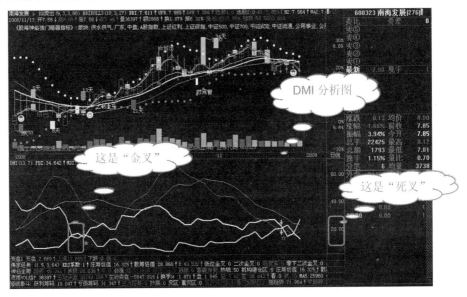

1) MA

MA 指标是英文 Moving average 的简写，叫移动平均线指标，动平均线(MA)具有趋势的特性，它比较平稳，不像日 K 线会起起落落地震荡。越长期的移动平均线，越能表现稳定的特性。

(1) MA 的计算公式如下：

$$N 日 MA = N 日收市价的总和/N$$

例如，5 日平均线的"当日价格"=(当日收盘价+昨日收盘价+…+5 日前收盘价)/5，然后将所有的"当日价格"连接起来就成了 5 日平均线。

(2) MA 葛兰碧的八大法则：

● 平均线从下降逐渐转为走平，而价格从下方突破平均线为买进信号。

- 价格虽然跌破平均线，但又立刻回升到平均线上，此时平均线仍然持续上升，仍为买进信号。
- 价格趋势走在平均线上，价格下跌并未跌破平均线且立刻反转上升，也是买进信号。
- 价格突然暴跌，跌破平均线，且远离平均线，则有可能反弹上升，也为买进时机。
- 平均线从上升逐渐转为盘局或下跌，而价格向下跌破平均线，为卖出信号。
- 价格虽然向上突破平均线，但又立刻回跌至平均线下，此时平均线仍然持续下降，仍为卖出信号。
- 价格趋势走在平均线下，价格上升并未突破平均线且立刻反转下跌，也是卖出信号。
- 价格突然暴涨，突破平均线，且远离平均线，则有可能反弹回跌，也为卖出时机。

2) MACD

MACD 称为指数平滑异同移动平均线，是从双移动平均线发展而来的，由快的移动平均线减去慢的移动平均线得到，MACD 的意义和双移动平均线基本相同，但阅读起来更方便。当 MACD 从负数转向正数，是买的信号。当 MACD 从正数转向负数，是卖的信号。当 MACD 以大角度变化，表示快的移动平均线和慢的移动平均线的差距正在非常迅速地拉开，代表了一个市场大趋势的转变。

(1) MACD 的计算方法如下：

$$MACD=(当日的 DIFF-当日的 DEA)\times 2$$

DIFF 长期(LONG)指数平滑移动平均线与短期(SHORT)指数平滑移动平均线的差，DEA 为 DIFF 线的 M 日指数平滑移动平均。

(2) MACD 的运用法则：

- DIF 与 DEA 均为正值，即都在 0 轴以上时，大势属多头市场；DIF 与 DEA 均为负值，即都在 0 轴以下时，大势属空头市场。
- 在 0 轴之上，当 DIF 为向上金叉 DEA 时，为买入信号；在 0 轴之下，当 DIF 为向下死叉 DEA 时，为卖出信号。
- 当 DIF、DEA 处于 0 轴以下，且短期内连续发生两次金叉，则发生第二次金叉的时候，是极佳的买入机会。DIF、DEA 短期内发生二次黏合，也是极佳的买入点。
- 背离信号。当股价曲线的走势向上，而 DIF、DEA 曲线走势与之背道而驰，则表示行情即将转跌；反之，则表示行情将出现好转。
- 当柱形图 MACD 由正变负时，为卖出信号；反之，为买入信号。

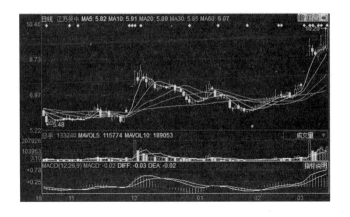

3) 瀑布线

瀑布线(PBX)是一种中线指标，一般用来研究股价的中期走势，与普通均线系统相比较，它具有反应速度快，给出的买卖点明确的特点，并能过滤掉盘中主力震仓洗盘或下跌行情中的小幅反弹，可直观有效地把握住大盘和个股的运动趋势，是目前判断大势和个股股价运行趋势颇为有效的均线系统。

(1) 计算方法。

瀑布线指标由 6 条指标线组成，他们的计算方法相同，只是期限长短不同，下面介绍其中一条的计算方法。

$$PBX1=(收盘价的 M1 日指数移动平均+收盘价的 M1×2 日简单移动平均+$$
$$收盘价的 M1×4 日简单移动平均)/3$$

(2) 应用法则。

- 瀑布线在低位黏合，并且短期瀑布线向上穿越长期瀑布线时为买入信号。反之，瀑布线在高位黏合，并且短期瀑布线向下穿越长期瀑布线时为卖出信号。
- 当瀑布线形成多头排列时，可以继续持股。反之，形成空头排列时则应该空仓。

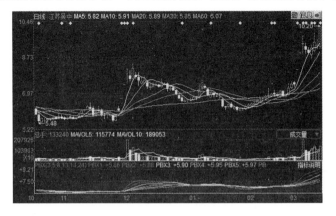

4) MTM

MTM 指标又叫动量指标，其英文全称是 Momentum Index，是一种专门研究股价波动的中短期技术分析工具。

(1) 计算方法。

$$MTM(N 日)=C-CN$$

式中，C=当日的收盘价，CN=N 日前的收盘价，N 为计算参数，一般起始参数为 6。

(2) 运用法则。

- MTM 从下向上突破 MTMMA，为短期买入信号；
- MTM 从上向下跌破 MTMMA，为短期卖出信号。

股价在上涨行情中创出新高点，而 MTM 未能配合上升，出现背离，为卖出信号；股价在下跌行情中走出新低点，而 MTM 未能配合下降，出现背离，为买入信号。

若股价与 MTM 在低位同步上升，显示短期将有反弹行情；若股价与 MTM 在高位同步下降，则显示短期可能出现股价回落。

5) EXPMA

指数平均数(EXPMA)构造原理是对股票收盘价进行算术平均，并根据计算结果来进行分析，用于判断未来价格走势的变动趋势。

(1) 计算方法。

$$EXPMA=[当日或当期收盘价*2 +上日或上期 EXPMA*(N-1)] / (N+1)$$

首次计算，上期 EXPMA 值为昨天的 EXPMA 值，N 为天数，可设置多条指标线，参数为 12，50。

(2) 应用法则。

- 多条指标形成的多头排列时为买进信号；
- 多条指标形成的空头排列时为卖出信号；
- 短周期线向上穿越长周期线，形成交叉时为买入信号；
- 短周期线向下穿越长周期线，形成交叉时为卖出信号。

6) CYS

CYS 指标揭示的只是一个简单的市场事实，就是 13 个交易日内入场的短线投资者的浮动赢利或浮动亏损情况，所以叫作市场盈亏。

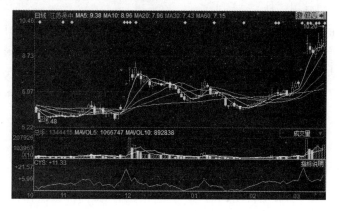

CYS 的简单用途是判断超涨和超跌，CYS 过大就是超涨，过小就是超跌。CYS 的算法实际上就是 13 日成本均线乖离率。假如股价高于 13 日成本均线 15%，则 CYS 就是 15%，又比如 CYS 的值为-10%，也就是股价比 13 日成本线低 10%，同时也就意味着市场 13 日短线平均浮动亏损 10%，所以这个指标又叫短线盈亏。

7) EMV

EMV 指标是一个将价格与成交量的变化结合在一起的指标。其设计者认为，价格在上升趋势的保持过程中不会耗用太多的能量，仅当趋势发生转折时成交量才会放大。这种说法虽然与传统价升量增加的观点相悖，但确有独到之处。

(1) 计算方法。

$$EMV=N\ 日内\ EM\ 的累和$$

式中，EM=(A-B)*C/今日成交额，A=(今日最高+今日最低)/2，B=(前日最高+前日最低)/2，C=今日最高-今日最低，参数 N 为 14，参数 M 为 9。

(2) 运用法则。

- EMV 指标上升代表放量上升，在股价上升阶段是正常信号；EMV 指标下降代表缩量下跌，在股价下跌阶段也是正常信号。
- EMV 由下往上穿越 0 轴时，视为中期买进信号；EMV 由上往下穿越 0 轴时，视为中期卖出信号。

2. 反趋向指标

反趋向指标主要用于预测股价今后可能发生的反转趋势。它是与前面的趋向指标背离的，就是价格在涨，指标向下。

1) KDJ

KDJ 指标的中文名称是随机指数，它在通过当日或最近几日最高价、最低价及收盘价等价格波动的波幅，反映价格趋势的强弱。KDJ 由三条线组成，K 线、D 线和 J 线。

KDJ 指标又叫随机指标，是由乔治·蓝恩博士最早提出的，是一种相当新颖、实用的技术分析指标，它起先用于期货市场的分析，后被广泛用于股市的中短期趋势分析，是期货和股票市场上最常用的技术分析工具。

随机指标 KDJ 以最高价、最低价及收盘价为基本数据进行计算，得出的 K 值、D 值和 J 值分别在指标的坐标上形成的一个点，连接无数个这样的点位，就形成一个完整的、能反映价格波动趋势的 KDJ 指标。它主要是利用价格波动的真实波幅来反映价格走势的强弱和超买超卖现象，在价格尚未上升或下降之前发出买卖信号的一种技术工具。

(1) 计算方法。

$$当日\ J\ 值=3\ 当日\ K\ 值-2\ 当日\ D\ 值$$

式中，当日 K 值= 2/3 前 1 日 K 值+ 1/3 当日 RSV；

当日 D 值= 2/3 前 1 日 D 值+ 1/3 当日 K 值；

N 日 RSV=(N 日收盘价-N 日内最低价) /(N 日内最高价-N 日内最低价)×100

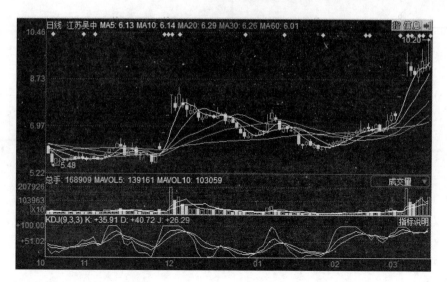

(2) 运用法则。

- 一般而言， D线由下转上为买入信号，由上转下为卖出信号。
- KD都在0～100区间内波动，50为多空均衡线。如果处在多方市场，50是回档的随机指标支持线；如果处在空方市场，50是反弹的压力线。
- K线在低位上升突破D线为买入信号，K线在高位下跌突破D线为卖出信号。
- K线进入90以上为超买区，10以下为超卖区；D线进入80以上为超买区，20以下为超卖区。宜注意把握买卖时机。
- J值可以大于100或小于0.1指标为依据KD买卖信号是否可以采取行动提供可信判断。通常，当J值大于100或小于10时被视为采取买卖行动的时机。

2) ROC

ROC(变动速率指标)，是以当日的收盘价和N天前的收盘价比较，通过计算股价某一段时间内收盘价变动的比例，应用价格的移动比较来测量价位动量，达到事先探测股价买卖供需力量的强弱，进而分析股价的趋势及其是否有转势的意愿，属于反趋势指标之一。

(1) 计算方法。

$$ROC=(收盘价-前N日收盘价)/前N日收盘价$$

式中，MAROC=ROC的M日移动平均线，参数N为12，参数M为6。

(2) 运用法则。

- 在趋势明显的市场中，当ROC由上往下跌破0时，为卖出时机；当ROC由下往上穿破0时，为买进时机。
- 在趋势不明显的平衡震荡行情中，当ROC由上往下跌破MAROC时，为卖出时机；而当ROC由下往上穿破MAROC时，为买进时机。
- 当股价创新低点，而ROC未配合下降，意味下跌动力减弱，遇到此背离现象，应逢低承接；当股价创新高点，而ROC未配合上升，意味上涨动力减弱，遇到此背离现象，应慎防股价反转而下。

- ROC 波动于"常态范围"内，上升至第一条超买线时，应卖出股票；下降至第一条超卖线时，应买进股票。

3) W&R

W&R(威廉指标)应用摇摆原理来判断股市是否处于超买或超卖现象，既可以测量股市同期循环内的高点和低点，而提出有效的买卖讯号。

(1) 计算方法。

W&R=(N 日内最高价-当日收盘价)/(N 日内最高价-N 日内最低价)×100

式中，N 为统计天数，一般取 6 日、10 日、12 日、12 日和 20 日等。

(2) 运用法则。

- W&R 的值越小，市场交易越接近于超买，当低于 20 时，发出卖出信号。
- W&R 的值越大，市场交易越接近于超卖，当低于 80 时，发出买入信号。

4) BIAS

BIAS (乖离率)是反映股价在波动过程中与移动平均线偏离程度的技术指标。

(1) 计算法则。

BIAS=(当日指数或收盘价-N 日平均指数或收盘价) / N 日平均指数或收盘价×100%

式中，N 的参数一般确定为 6 日、12 日和 24 日，并且同时设置成三条线。

(2) 运用法则。

- 乖离率可分为正乖离率与负乖离率，若股价大于平均线，则为正乖离率；股价小于平均线，则为负乖离率；当股价与平均线相等时，则乖离率为零。
- 正乖离率越大，表示短期超买越大，则越有可能见到阶段性顶部；负乖离率越大，表示短期超卖越大，则越有可能见到阶段性底部。
- 股价与 6 日平均线乖离率达+5%以上为超买现象，是卖出时机；当其达-5%以下时为超卖现象，为买入时机。
- 股价与 12 日平均线乖离率达+7%以上为超买现象，是卖出时机；当其达-7%以下时为超卖现象，为买入时机。
- 股价与 24 日平均线乖离率达+11%以上为超买现象，是卖出时机；当其达-11%以下为超卖现象，为买入时机。

5) RSI

相对强弱指数(RSI)是根据一定时期内上涨和下跌幅度之和的比率制作出的一种技术曲线。能够反映出市场在一定时期内的景气程度。

(1) 计算法则。

$$RSI=100×RS/(1+RS)$$

其中，RS=14 天内收市价上涨数之和的平均值/14 天内收市价下跌数之和的平均值。

(2) 运用法则。

- 受计算公式的限制，不论价位怎样变动，强弱指标的值均在 0~100 之间。

- 强弱指标高于 50 表示为强势市场，反之低于 50 表示为弱势市场。
- 弱指标多在 70～30 之间波动。当 6 日指标上升到达 80 时，表示股市已有超买现象；假如一旦继续上升，超过 90 以上时，则表示已到严重超买的警戒区，股价已形成头部，极可能在短期内反转。
- 当 6 日强弱指标下降至 20 时，表示股市有超卖现象，假如一旦继续下降至 10 以下时则表示已到严重超卖区域，股价极可能有止跌回升的机会。

3. 量价指标

量价指标将成交量与成交价格结合在一起进行分析，以反映股票交易市场的一些表现。主要包括 OBV、ASI 和 PVT 三个指标。

1) OBV

OBV (能量潮)指标通过统计成交量的变化(见下图)来判断市场人气的敛散，推测市场势态的变化。当投资者的认同不一致时，则成交量越大。

(1) 计算方法。

从股票上市第一天算起，逐日累计股票总成交量，若当日收盘价高于前一日收盘价，当日 OBV = 前一日 OBV + 当日成交量；相反则减去当日成交量。

(2) 运用法则。

- 股价上升，OBV 指标线下降，代表买盘无力，为卖出信号。
- 股价下跌，OBV 指标线上升，代表买盘旺盛，为买进信号。
- 在出现横向走平超过 3 个月时，要注意随时发生行情脱离盘整的情况。用户可以结合运用法则观察上图中的 OBV 指标线的走势情况。

2) ASI

ASI (累积震荡)指标以开盘、最高、最低、收盘价等筑成的一条幻想线，如下图所示。ASI 指标用来研究判断市场的方向性。

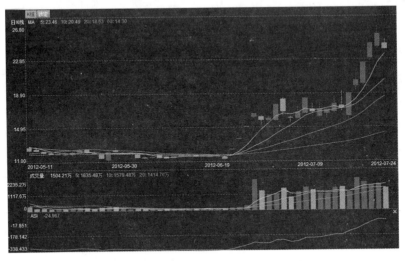

ASI 指标的运用法则如下。

● 当 ASI 向下跌破前一次低点时为卖出信号。

● 当 ASI 向上突破前一次高点时为买入信号。

● 股价走势一波比一波高，但是 ASI 却没有随之创新高点，两者形成"牛背离"时应卖出。

● 股价走势一波比一波低，但是 ASI 却未随之创新低点，两者形成"熊背离"时应买入。

3) PVT

PVT (价量趋势)指标很巧妙地把能量变化与价格趋势有机地联系到了一起，从而构成了量价趋势指标。

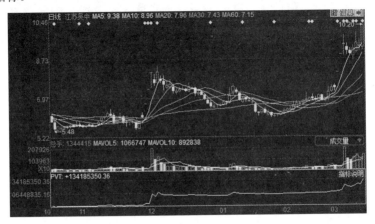

(1) 计算方法。

如果设 x＝(今日收盘价-昨日收盘价)/昨日收盘价×当日成交量，那么当日 PVT 指标值则为从第一个交易日起每日×值的累加。

(2) 运用法则。

● 股价上升，PVT 指标线下降为卖出信号。

● 股价下跌，PVT 指标线上升为买入信号。

● PVT 的用法基本同 OBV，但 PVT 比 OBV 能更快地反映趋势。

4. 能量指标

能量指标主要用来分析买卖力量的强弱，包括 VR、CR、ARBR 和 PSY 等指标。

1) VR

VR(容量比率)指标的作用是从成交量的角度分析股价的热度，如下图所示。

(1) 计算方法。

24 天以内凡是股价上涨那一天的成交量都称为 AV，将 24 天内的 AV 总和相加后称为 AVS；24 天以来凡是股价下跌那一天的成交量都称为 BV，将 24 天内的 BV 总和相加后称为 BVS；24 天以来凡是股价不涨不跌，则那一天的成交量都称为 CV，将 24 天内的 CV 总和相加后称为 CVS。

$$VR=(AVS+1/2CVS)/(BVS+1/2CVS)$$

计算参数 24 天可以修改，但是周期不宜小于 12，否则，采样天数不足容易造成偏差。

(2) 应用法则。

● VR 下跌至 40 以下时，市场极易形成底部。

● VR 值一般维持在 150 左右，一旦超过 250，市场极易产生一段多头行情。

● VR 值超过 350 时，应随时注意反转的可能性，此时可以配合 CR 和 PSY 指标使用。

2) ARBR

AR (人气指标)采用开盘价的相对位置表示人气。BR (意愿指标)采用今日相对于昨日收盘价的波动范围来表示意愿，如下图所示。

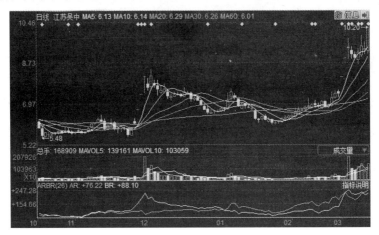

(1) 计算方法。

$$AR＝N 日内(H-O)之和/N 日内(O-L)之和$$

式中，H 为每日最高价；L 为每日最低价；O 为每日开盘价；N 为公式中的设定参数，一般设定为 26 日。

$$BR＝N 日内(H-C)绝对值之和/N 日内(C-L)绝对值之和$$

式中，C＝昨日收盘价；其他符号及参数设定与 AR 相同。

(2) 运用法则。

- 当 AR 指标值在 80～100 之间时，表示处于行情调整期；AR 值在 150 以上，则随时可能回落，回落到 120 为稳健卖出信号；AR 值低于 70，则可能反弹，向上突破 80 为稳健买入信号。

- BR 指标值在 70～150 之间时，表示处于行情调整期；BR 值在 300 以上，则随时可能回落；BR 值低于 50，则随时可能反弹。

- 当 BR 与 AR 指标线一齐向上时，表示开盘前看好，高开后果然继续向上；弱势一齐向下，表示低开后果然继续看坏。

- 若 BR 指标线向上，而 AR 却向下，表示开盘前看好，高开后后继无力；若 BR 向下而 AR 却向上，表示开盘前没有信心，低开后却逐渐收高，转多的机会较大。

3) CR

CR (能量指标)是分析股市多空双方力量对比、把握买卖股票时机的一种中长期技术分析工具。除了 CR 指标线外，一般还绘制了三条超前的 CR 平均线：MA1、MA2 和 MA3，如下图所示。

(1) 计算方法。

$$CR＝N 日内每天上升值之和/每天跌值之和$$

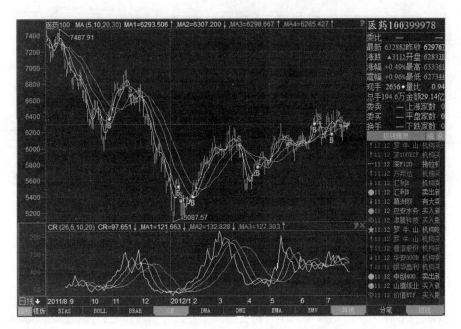

(2) 运用法则。

- 当 CR 数值在 75～125 之间波动时,表明股价属于盘整行情,投资者应以观望为主。
- 在牛市行情中(或对于牛股),当 CR 数值大于 300 时,表明股价已经进入高价区,可能随时回挡,应择机抛出。
- 对于反弹行情而言,当 CR 数值大于 200 时,表明股价反弹意愿已经到位,可能随时再次下跌,应及时离场。
- 在行情中,当 CR 数值在 40 以下时,表明行情调整即将结束,股价可能随时再次向上,投资者可及时买进。
- 在熊市行情末期,当 CR 数值在 30 以下时,表明股价已经严重超跌,可能随时会反弹向上。投资者可逢低吸纳。

4) PSY

PSY (心理线)是研究投资者对股市涨跌产生心理波动的情绪指标,它将一定时间内投资者看涨和看跌的心理波动转换为数值,以分析股价未来的走势。下图的底部窗格是 PSY 指标线,用户可以结合后面介绍的运用法则来分析指标线的走势情况。

PSY 指标的运用法则如下。

- PSY 指标值在 25～75 之间时,表示多空双方处于基本平衡状态。
- PSY 高于 75,形成 M 头时,股价容易遭遇压力。
- PSY 低于 25,形成 W 头时,股价容易获得支撑。

PSY 与 VR 指标属于一组指标群,可以相互搭配使用。

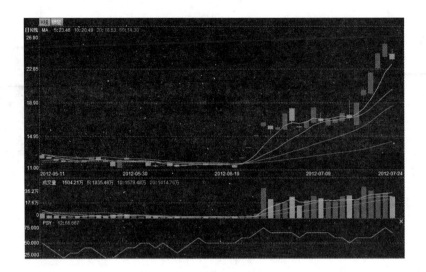

5. 压力支撑指标

顾名思义，压力支撑指标是从压力和支撑两个方面分析股价运行趋势的。常见和常用的压力支撑类指标包括 CDP、SAR、MIKE、MI、BOLL 以及 BBIBOLL 等。

(1) CDP

CDP (逆势操作)指标是由 Welles Wilder 提出的一种极短线分析方法。该方法假设今日股价的波动幅度不会超过昨天，在此状态下计算出今天的最高价、最低价及收盘价。

与其他指标不同，CDP 指标没有曲线图，只有 CDP、AH、AL、NH 和 NL 这 5 个数据。

 小贴士

CDP 指标的数据含义

在 CDP 指标的 5 个数据中，CDP 称为中价，是指最高价、最低价和收盘价的均值。中价与前一天的振幅的和、差分别称为最高值(AH)、最低值(AL)。两倍中价与最低价的差称为近高值(NH)，与最高价的差称为近低值(NL)。

CDP 指标的运用法则如下。

- 股价波动不大时，开盘价位于近高值与近低值间，投资者可以在近低值价位买进，近高值价位卖出。
- 开盘价位于最高值或最低值附近时，意味着跳空，一般是大行情发动的开始。投资者可以在最高值价位追买，在最低值价位追卖。

(2) SAR

SAR (抛物转向)指标又称停损转向操作点指标，是一种简单易学、比较准确的中短期技术分析工具，它利用抛物线方式随时调整停损点的位置。下图所示为 SAR 指标曲线图。

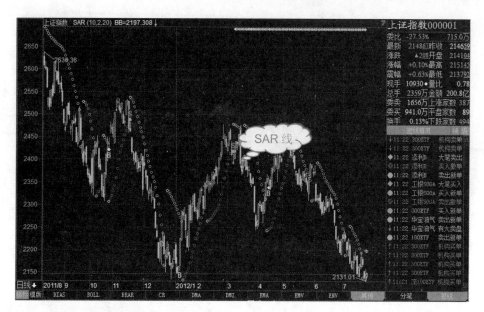

SAR 指标的运用法则如下：

● K 线在 SAR 线之上时为多头市场，此时买方力量强；反之，在 SAR 线之下时，
卖方力量强；

● SAR 由红色变成绿色，且 K 线向下跌破 SAR 时为卖出信号；

● SAR 由绿色变成红色，且 K 线向上突破 SAR 时为买入信号。

(3) MI

MI (动力指数)用来表示股票价格的涨跌速度，一般由 A(A 为当日收盘价与 N 日前的
收盘价的差)和 MI(为 A 的 N 日移动平均)两条指标线组成，如下图所示。

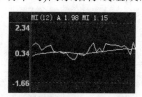

动力指数的运用法则是：当 A 和 MI 两条指标线交金叉时为买入时机，交死叉时为卖
出时机。

(4) MIKE

MIKE (麦克)指标是一种随股价波动幅度大小而变动的压力支撑指标，它设定一个起始
价格(TYP)作为计算基准，然后计算初级、中级、强力三种不同级别的支撑和压力价位区，
在图中形成 6 条指标线，分别是初级压力线(WR)、中级压力线(MR)、强力压力线(SR)、初
级支撑线(WS)、中级支撑线(MS)和强力支撑线(SR)，如下图所示。投资者可以结合运用法
则观察、分析指标线的走势情况，预测股价的短期、中期、长期的走势。

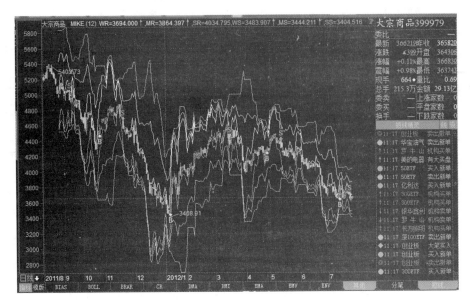

MIKE 指标的运用法则如下：

● 当股价往压力线方向上涨时，其下方支撑线不具参考价值；

● 当股价往支撑线方向下跌时，其上方压力线不具参考价值；

● 当股价在上涨过程面临压力时，一般有回调的可能；当股价在下跌过程面临支撑位时，有反弹的可能。

(5) BOLL

BOLL (布林)指标是研究市场运动趋势的一种中长期技术分析工具,它是以移动平均线为中线，收盘价的均方差为带宽的轨道带，如下图所示。

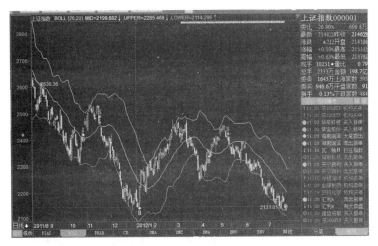

上图中的曲线参数取值公式(参数 N 和 P 通常默认为 20 和 2)如下。

MID=收盘价的 N 日移动平均

UPPER(支撑线)=MID+P×收盘价的 N 日标准方差

LOWER(压力线)=MID－P×收盘价的 N 日标准方差

BOLL 指标的运用法则如下。

- 当股价处于盘整状态时，股价下触支撑线为买入信号，上触压力线为卖出信号；
- 当股价连续上涨时，股价会沿着中线和阻力线形成的通道上升；当股价不能再触及压力线时，上涨趋势减弱时为卖出信号；
- 当股价连续下跌时，股价会沿着中线和支撑线形成的下降通道下跌；当股价不能再触及支撑线时，下跌趋势减弱时为买入信号。

(6) BBIBOLL

BBIBOLL (多空布林线)是以多空线为中心线，多空线的标准差为带宽的轨道线，如下图所示。

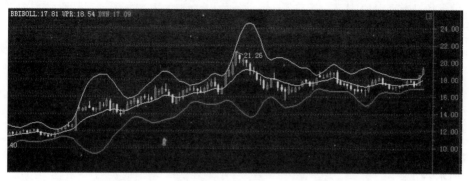

上图中的曲线取值公式(参数 M 和 N 通常默认为 11)如下。

BBIBOLL(中线)=(收盘价的 3 日简单移动平均+收盘价的 6 日简单移动平均

+收盘价的 12 日简单移动平均+收盘价的 24 日简单移动平均)/4

UPR(上轨)= BBIBOLL+M×BBIBOLL 的 N 日估算标准差

DWN(下轨)=BBIBOLL-M×BBIBOLL 的 N 日估算标准差

BBIBOLL 的运用法则是：轨道收敛时，股价向上突破 BBIBOLL 为买入信号，向下突破则为卖出信号。轨道极度发散时，股价突破上轨(UPR)为卖出信号，股价跌破下轨(DWN)为买入信号。

Q02. 了解分时图的形态类型

分时图是对股票动态走势的描述，根据股票的走势不同，分时图的形态也是千变万化的，下面简单介绍几种特殊走势的分时图。

(1) 尾盘拉升型

顾名思义，这类型分时图在收盘的最后几分钟内出现抛盘拉升的情况，如下图所示。

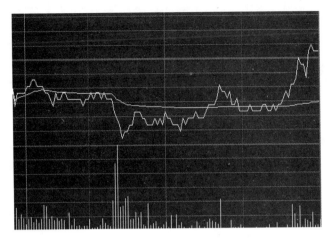

尾盘拉升有两种原因：

- 第一种：庄家资金有限，在抛盘比较少的尾盘拉升可以达到节约资金的目的。如果庄家的货没有出完，在尾盘拉升有利于下一个交易日的出货。如果在尾盘突然有了重大有利好消息，大量资金抢筹进入也会快速拉高股价；

- 第二种：在股价处于相对底部或在上升趋势中出现尾盘拉升现象，同时成交量也随之放大，这表示股市人气旺盛，普遍看涨，次日股价上涨的可能性很大。

(2) 单天上涨型

这类型分时图的特点是：股价线处于一路上升的强势状态，且一直在均价线之上，如下图所示。

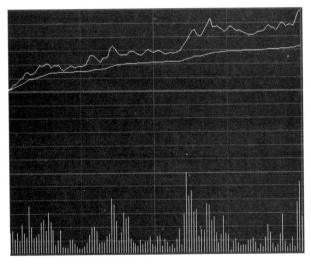

(3) 涨停型

这类型分时图的特点是：股价在涨停后成为一条水平线，如下图所示。

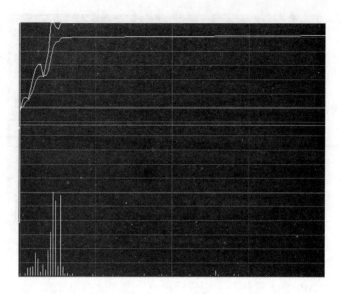

　　股票涨停的原因可能是有重大利好消息的发布或是庄家的刻意拉升。对于要购买涨停股票的股民，要注意分析股票的涨停前提，若个股本身的技术形态好，同期的大盘走势较强，那么，股票在后市还会有一定的上升空间，可以追买。

　　(4) 早盘上攻型

　　这类型分时图的特点是：早上开盘后很快形成当日的最高点，其后的交易基本是在最高点下一个相对比较低的位置小幅度波动，如下图所示。

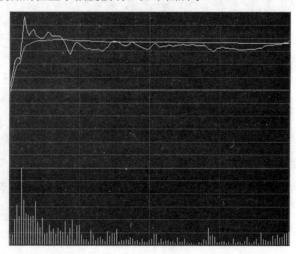

　　如果在股价相对低位上出现了这类分时图，表示庄家可能需要拉高建仓，而在股价的相对高位上出现，可能是庄家要出货或者洗盘的表现。

　　(5) 震荡型

　　这类型分时图的特点是：股价围绕均价线上下波动，如下图所示。

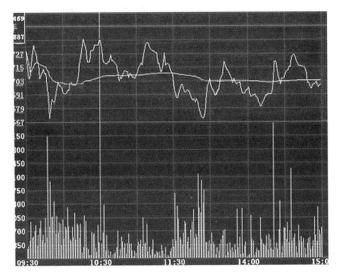

在震荡型分时图中，若股价跌落均价后很快上涨，说明均价线的支撑力较强，多方的力量大于空方的力量；若股价的波动幅度特别大，均价线没有体现出支撑和阻力的作用，可能是庄家要出货或者洗盘的表现，这时需要结合股价的相对位置来区分出货和洗盘。

(6) 单天下跌型

这类型分时图的特点是：股价线处于一路走低的弱势状态，且一直在均价线之下，如下图所示。

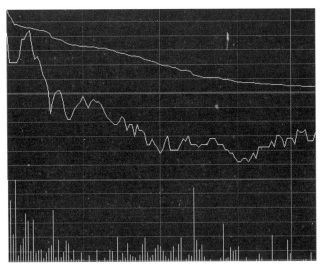

(7)早盘冲高回落型

早盘冲高回落型表现为开盘后股价快速升高，但在后来的交易时间中又逐渐下滑，如下图所示。股价处于高位时出现此种走势，可能是由于庄家出货造成；股价处于低位时出现此种走势，可能是由于庄家为了吸货打压股市，还有可能是庄家洗盘。

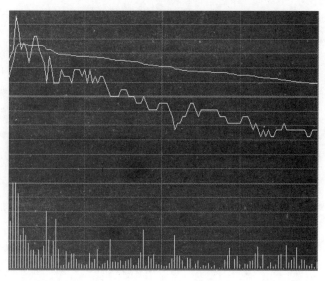

(8) 下跌盘整型

下跌整盘型表现为开盘后股价快速走低，然后再均值线附近小幅度震荡，如下图所示。

在股价上涨之后的回落期出现这种情况，表示主力洗盘的可能性大；在均线空头排列初期出现这种情况，则后市下跌的可能性较大。

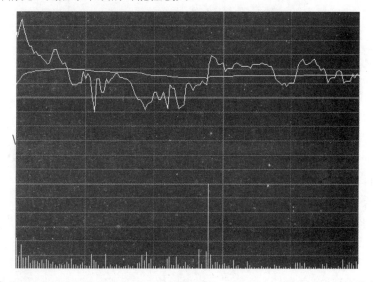

如果这类分时图出现在股价上涨之后的回落期，表示主力洗盘的可能性比较大；若出现在均线的空头排列初期，预示后市下跌的可能性较大。

所谓市场面是指市场供求状况、市场品种结构以及投资者结构等因素，市场面的情况也与上市公司的经营业绩好坏有关。

Q03. 通过牛市除权选股

所谓牛市，也称多头市场，指证券市场行情普遍看涨，延续时间较长的大升市。

股票经过除权后，进行一段时间的横盘整理，随着大盘的走好，开始放量，5 日线突破 10 日线，甚至 60 日线，股价开始上涨，是进入的时期。此时选股方法有以下几种。

(1) 选择符合当时产业政策和宏观经济政策的板块。

(2) 对这些板块类的除权股票进行技术分析，选择符合上述要求的股票介入。

(3) 忽略短期波动，稳定持股。

Q04. 通过比价效应选股

选择优质价低的股票进行中长线投资，"比价效应"是推动证券市场不断变化的一个最主要的市场动力。例如，在牛市的初期，大盘绩优股由于业绩好而显得价格低廉，于是就成为中线资金的追捧对象，股价也就逐级上扬。当这类股价上涨到较高位置时，与其他股票相比，不再具备这种比价优势后，二线股就接过市场的热点成为这一阶段市场最主要的上涨动力。二线股之后就是三线股、垃圾股，而当所有的股票上升一轮之后，牛市也将告一段落。

根据"比价效应"的这种态势，具体的比价关系主要有以下几方面：

● 与同一地域板块间的个股比价，选择股价较低的个股。

● 与同一行业间的个股比价，选择股价较低的个股。

● 与同一炒作题材股间的个股比价，选择股价较低的个股。

● 与相同流通股本规模及类似股本结构间的个股比价，选择股价较低的个股。

● 与前期的历史高位比较，选择股价超跌的个股。

● 与前期的成交密集区比较，选择股价超跌的个股。

● 用技术指标作为参考标准，选择股价超跌的个股，最常用的是 RSI、BIAS 和随机指标。

● 股本结构中有 H 股、B 股，可以和 H 股和 B 股比较，特别是和 H 股进行价格比较。

投资者在选股时要综合考虑分析以上的比价关系，并注意以下投资要点：

● 选择目前仍然处于底部区域的股票。

● 要注意市盈率与市净率两项指标，其中市盈率低于 25 倍，市净率低于 3 倍。

● 要注意底部成交量的变化，如果出现放量收小阳、缩量收小阴的股票，或者是连续小阳的股票，后市的投资机会较大。

● 在突破密集区缩量回调后介入可使资本的有效回报率更高。

Q05. 网上申购新股技巧

虽然申购新股的中签率普遍低于 1%，能否申购上全凭运气，但掌握一些申购新股的小窍门，可以相对地提高中签的可能性。

- 回避热门追冷门：当出现多只新股同时发行时，可以优先考虑较为冷门的新股，避开先发股，集中资金打后发股。假如有几只新股几乎同时发行，那么，选择申购时间相对较晚的品种，因为大家一般都会把钱用在申购第一天和第二天的新股上，而第三天时，很多资金已经用完，此时申购第三天的新股，中签率更高。

- 集中资金申购大盘股：如果多只新股同时发行，就选准一只全仓出击，以提高中签率。资金较少的散户应积极参与超级大盘股的新股申购，因为大盘新股的中签率明显高于小盘股。

- 资金量大保障高：当申购资金达到一定数量时，中签率就会有保障，以工商银行为例，要出来三个号，末两位数为85、35、16，也就是说，在100个连续的申购号码中，至少有三个中签号，因此，只要申购资金达31.2万元，就可以申购100个号，可获取三个中签号码。

- 选择时间再下单：根据历史经验，刚开盘或收盘时下单申购的中签率小，而上午10:30~11:15和下午1:30~2:00之间下单的中签概率相对较高。

- 借助基金力量申购新股：目前有不少基金、银行理财产品等都直接与新股挂钩，收益率一般在10%左右。

第 7 章　刀过竹解——**股票被套与解套**

本章导读

股票被套是指预测股票上涨而在买进之后价格又下跌，处于亏损的状况。股票解套是指股价回升到买进价以上，将股票卖出，可收回资金的状况。下面就带领大家一起来学习股票被套知识以及股票解套方法。

本章重点

- 精于选股
- 选股技巧
- 被套的原因与程度
- 股票解套
- 主动解套与被动解套

7.1　防御股票被套

在股票被套之后，股民只要不出货，则只是账面亏损，构不成实际损失。若股民在低位补仓，再加上分红派息、送股配股，就有可能安全度过当前的困境，从而等到解套机会。下面带领大家学习如何预防股票被套。

7.1.1　精于选股

1. 寻找强势股

短线投资者可以依靠技术分析、敏锐的市场洞察力和充足的看盘时间，学会捕捉走势强健的强势股，从而获得短期的利益回报。股民在进行短线投资时，可以从以下几个方面追踪短期强势股。

(1) 涨幅榜

股民可以在涨幅榜上直观地获得近期涨幅较大、走势强健的股票。例如，在同花顺软件窗口中选择"报价"/"涨幅排名"/"上海A股涨幅排名"命令，打开上海A股涨幅排名页面(见下图)，在此页面中查看股票涨幅榜，投资者可以再综合昨收、今开、涨速等参数后选择可以投资的股票。

(2) 量比和换手率

量比是衡量相对成交量的指标，指股票开市后平均每分钟的成交量与过去5个交易日平均每分钟的成交量之比，它反映了当前盘口的成交力度与最近5天成交力度的差别，差别的值越大表明盘口成交越趋活跃。

如果个股的当日量比值小于1，说明该股当日缩量；若大于1，则说明该股当日放量。

换手率也称为周转率，是指一定时间内市场中股票转手买卖的频率，是反映股票流通性强弱的指标之一。

例如，小盘股换手率一般在 10% 以上就应该提高警惕，中盘股在 15% 左右，大盘股则在 20% 以上。

在股票行情分析软件中，用户可以在个股分时图窗口中查看股票的量比和换手率情况，例如，在同花顺软件窗口中，选择"报价"/"涨幅排名"/"上海 A 股涨幅排名"命令，打开上海 A 股涨幅排名页面，单击页面右下角的三角形按钮，切换显示的股票信息参数，这里切换到量比和换手这两个信息列，如下图所示。

在同花顺软件窗口中移动股票信息列

同花顺软件中量比和换手两列股票信息本来是不在一起的，用户可以选中一列信息，按住鼠标右键不放，将其拖动到想要放置的位置。这样可以将自己想要重点关注的股票信息拖到靠前的列，以方便查看。

（3）大盘对照

投资者在选股时，可以将个股的走势图和大盘指数的走势图对照，从总体上分析个股未来的走势。例如，在同花顺窗口中打开某只股票的个股分时图，然后在右侧的信息窗格中单击"大盘"选项卡即可看到该股票的大盘分时走势图，如下图所示。

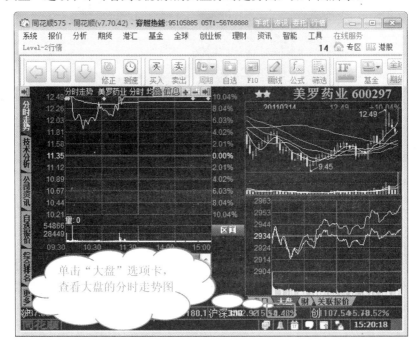

单击"大盘"选项卡，查看大盘的分时走势图

（4）大单跟踪

大单指的是每笔成交额在 100 万以上的交易。股民在看盘的过程中，可以实时查看大单的发生情况，以便在第一时刻关注存在异动的个股。下面以同花顺软件为例，介绍大单的查询分析方法，具体操作步骤如下。

Step 01 启动同花顺软件。

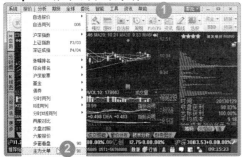

1 打开"同花顺"软件窗口。

2 选择"报价"/"主力大单"命令。

Step 02 查看大单情况。

大单列表

在窗口中查看即时大单的情况。

Step 03　选择要查看详细成交情况的个股。

① 选择想要查看详细成交情况的个股。

② 选择"分析"/"成交明细"命令。

Step 04　关闭"保存对象"对话框。

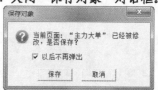

弹出"保存对象"对话框，询问是否保存当前已被修改的"主力大单"页面，单击"保存"按钮。

Step 05　查看个股的详细成交情况。

这时将打开个股的成交明细页面，按 Page Up 键或者 Page Down 键可以上下翻页浏览个股的成交明细情况。

(5) 技术指标

股票有一整套的技术指标，投资者也可以根据这些指标进行选股。

Step 01 启动同花顺软件。

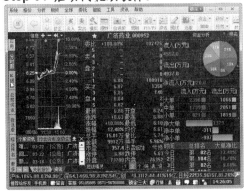

首先打开"同花顺"软件窗口，然后单击左侧的"K线图"选项。

Step 02 查看 MACD 指标。

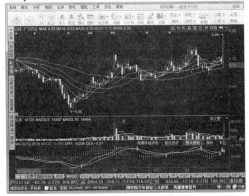

单击 MACD 选项卡，查看近期 MACD 指标的走势。根据其运用规则，DIFF 和 DEA 均为正，且 DIFF 突破 DEA，为买入信号。

Step 03 查看 KDJ 指标。

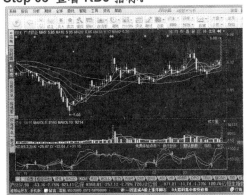

在指标辅图中切换到 KDJ 面板，查看近期 KDJ 指标的走势。根据该指标的运用规则，K 和 D 指标近期存在交叉情况，为买入信号。

Step 04 查看 RSI 指标。

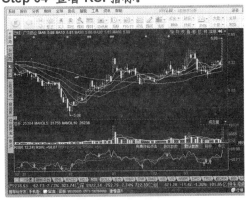

在指标辅图中切换到 RSI 指标，查看近期 RSI 指标的走势。根据该指标的运用规则，短期 RSI 向上穿越长期 RSI，为买入信号。

Step 05 查看 OBV 指标。

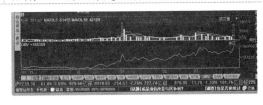

在指标辅图中切换到 OBV 指标，查看近期 OBV 指标的走势。根据该指标的运用规则，OBV 指标线在近期内上升，为买入信号。

　(6) 财经资讯

　　通过财经资讯，投资者可以及时了解市场热点、国家政策等影响股票市场因素的变动情况，为选股提供参考。例如，在同花顺软件窗口中选择"资讯"/"财经资讯"命令，进入"财经资讯"页面，在这里可以浏览近期的市场资讯，如下图所示。在左侧窗格中选择资讯类别，在右上方窗格中选择要查询的资讯标题，即可在下方窗格中查看资讯的详细内容。

(7) 超低价反弹

当个股价格已经接近历史最低水平或已经低于发行价格，或股票价值被严重低估的情况下，这类股票往往会成为投资者争相购买的股票，从而出现反弹现象。

2. 中长线强势股

从长远的眼光来看，强势股意味着在大盘下跌的情况下，该股出现横盘整理，甚至上涨情况；而在大盘上涨时，该股已经先行上涨，且其涨速超过大盘。

3. 使用条件选股

选对股票是盈利的前提，选股除了要考虑自身的因素(如盈利预期、个人经济状况、个人心理素质等)外，还要考虑整个经济大环境(如国家政策、科学技术的发展、自然灾害等)。所以，选股不能仅凭个人喜好或随大流，一定要经过认真分析。下面以大智慧软件作为例子，来介绍如何使用条件选股。

Step 01 启动大智慧软件。

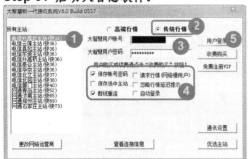

① 双击桌面上的大智慧快捷方式图标，然后在弹出的对话框中选择主站。

② 选中"传统行情"单选按钮。

③ 输入大智慧用户账号及密码。

④ 选中"保存账号密码"和"断线重连"复选框。

⑤ 单击"用户登录"按钮。

Step 03 单击"分组"选项卡。

① 单击"分组"选项卡。

② 单击"条件选股"选项。

③ 单击"1.指标条件选股"选项前面的加号图标。

Step 02 打开"条件选股"对话框。

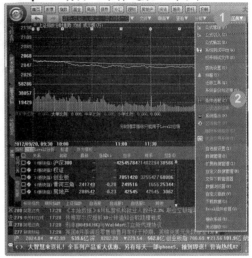

① 单击"工具"命令。

② 从打开的菜单中选择"条件选股"命令。

Step 04 选择指标条件。

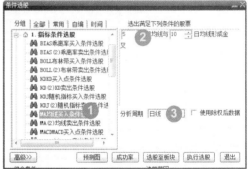

① 单击"MA均线买入条件选股"选项。

② 设置选股条件。

③ 设置分析周期。

Step 05 加入条件。

① 单击"高级"按钮。

② 在组合条件对话框中单击"加入"按钮，将选股条件加入到组合条件框中。

Step 06 选择基本面条件。

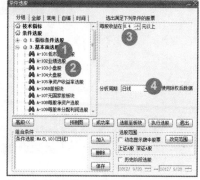

① 在"条件选股"选项下单击"基本面选股"选项。

② 单击"A-102业绩选股"选项。

③ 设置每股收益在0.4元以上。

④ 设置分析周期。

Step 07 加入条件。

① 单击"加入"按钮，将该条件加入到组合条件框中。

② 单击"保存"按钮。

Step 08 保存组合条件。

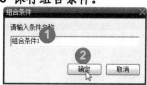

① 单击"保存"按钮之后，弹出对话框，输入条件并保存。

② 单击"确定"按钮。

Step 09 选股至板块。

返回到"条件选股"对话框，单击"选股至板块"按钮。

Step 10 选择"自选股"。

① 在弹出的"加入到板块"对话框中，选择"自选股"选项。

② 单击"确定"按钮。

Step 11 执行选股。

返回到"条件选股"对话框，单击"执行选股"按钮，软件会按条件执行选股，并将选择出来的股票保存到"自选股"板块中。

4. 其他选股条件简介

下面具体介绍其他的选股条件。

Step 01 技术指标。

技术指标包括趋向指标、反趋向指标、能量指标、量价指标、压力支撑指标、统计指标、摆动指标等，用户可以对这些指标的参数进行设置，从而设定选股条件。

Step 02 条件选股。

在条件选股列表下，用户可以对指标条件选股、基本面选股、走势特征选股、形态特征选股等进行选择。

Step 03 交易系统。

在这里可以对交易系统进行选择。

Step 04 五彩 K 线。

在这里可以对 K 线模式进行选择，如上涨 K 线模式、下跌 K 线模式以及反转 K 线模式等。

7.1.2　选股技巧

股票投资最重要的就是选股，选对了股票，即使暂时被套也不用怕，早晚会给投资者带来丰厚的收益；如果选错了股票，一旦被套就会进入漫漫长夜，不知道何时是尽头。为此，下面为大家总结了一些选股技巧。

1. 看业绩

业绩是股票投资最重要的基础，它包括两个方面：一是现实的业绩；二是未来的业绩。一般而言，真正的高手选股，除了会选择那些有着坚实业绩支撑的股票外，更会重视未来业绩是否会超过当前的业绩。因为未来业绩能够带来更大的上涨空间和更丰厚的利润，而当前的业绩则有提前被充分炒作和挖掘的可能。

但是一般投资者都不想看财务报表，该怎么办呢？其实，股民朋友可以简单地看一下"每股收益"、"市盈率"等指标，也算得上一目了然。另外，还有一种倒推法，看看大股东持股情况，凡是有 QFII(Qualified Foreign Institutional Investors，合格境外机构投资者)重仓的股票，一般而言，业绩都不会差。

2. 看股东户数

有些股票原本非常好，业绩也不错，交叉持股收益丰厚，生产的产品供不应求，但就是不涨，原因就是散户太多，而且散户认为这只股票早晚会涨，抱着股票不丢，该股票的主力机构就把这只股票先晾起来，另觅新股，通过熬时间的办法把散户手中的筹码给骗出来，等股东散户减少，就该开始涨了。

3. 看解禁股

很多人怕"有限售条件股份可上市交易"，认为这会导致股票下跌，于是一看到临近解禁日，一些人就慌不择路地抛售。但是，真实情况大部分是相反的，很多股票往往是在临近解禁日的时候突然大涨，这是为什么呢？道理很简单，如果是你的限售股票要上市，你愿意低价卖吗？这个问题用利益分析来解释，就可以迎刃而解，尤其是当那些要上市的限售股掌握在重要的个人手中、第一大股东手中的时候，已临近上市交易日，就往往会有利好因素次第出笼，等股价被抬高之后，这些限售股才有卖的意向。

4. 看重仓机构

注意机构主力的真正实力和每种机构主力的编号。例如，凡是社保资金重仓的股票，一般都是安全第一，比较稳妥一些，具体到某一种机构的特点也不一样，比如在众多基金中，有的基金喜欢狂拉某只股票不止；有的则喜欢稳着来；有的则干脆喜欢坐在轿子里闷等，遇到这种机构没有耐心是不行的，这需要投资者留心和积累。

5. 从底部区域选股

从底部区域选股是股市中最重要的投资方式，该方式是选择相对较低的价位买入，然后再选择相对较高的价位抛出。这种投资方式会面临过早地买入或踏空的命运，因此，把握正确的买入和卖出时机非常重要，下面总结了几点从底部区域选股的技巧。

- 选择价格已经远远低于其历史成交密集区和近期的套牢盘成交密集区的个股。
- 选择经历过一段时间的深幅下调后，价格远离 30 日平均线、乖离率差较大的个股。
- 在实际操作过程中要注意参考移动成本分布，当移动成本分布中的获利盘小于 3 时，要将该股定为重点关注对象。
- "涨时重势，跌时重质"。在熊市末期或刚刚向牛市转化期间，选股时要关注个股业绩是否优良，是否具有成长性等基本因素。
- 选择具有丰富题材的个股。
- 通过技术指标选股时，不能仅仅选择日线指标探底成功的股票，要重点选择日线指标、周线指标和月线指标同步探底成功的股票，这类个股构筑的底部往往是历史性的底部。
- 从成交量分析，股价见底前夕，成交量往往持续低迷，当大势走稳之际，则要根据盘面的变化，选择成交量温和放大的活跃品种。
- 从形态上分析，在底部区域要选择长期低迷、底部形态构筑时间长和形态明朗的个股。
- 从个股动向分析，大盘处于底部区域时，要特别关注个股中的先行指标，对于先于大盘企稳，先于大盘启动，先于大盘放量的个股要密切跟踪观察，行情中的主流热点往往在这类股票中崛起。

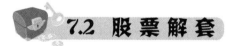

7.2 股票解套

炒股，几乎人人都被套过，这是每个股民都不愿提起的，但又不能回避的问题。既然不能简单回避，就要勇敢地面对，找出适合自己的解套方案。

7.2.1 被套的原因与程度

股票被套后，应该首先分析股票被套的原因和程度，然后才能根据具体的情况研究解套的方法。

投资者应该从以下几个方面来分析股票被套的原因与程度。

1. 选股原因

投资者选股错误是被套的一个重要原因。例如投资者选择了一支冷门股，因为冷门，股票的交易量很少，短期内很难有大涨的机会，投资者若选择了这样的股票，最好考虑卖出此股票，买入新的股票。买入股票前应该从多方面分析股票的发展前景，同时应避免在高价位买入股票，防止是庄家拉升出货等的操作。

2. 股市整体情况

如果股市整个不景气，也就是常说的熊市，绝大部分股票处于下跌状态，很多投资者都被套住，在大盘下跌的初期抛出股票，可以避免被套；如果大盘整个走势上扬，也就是常说的牛市，这时就要具体分析个股的情况。

3. 判断错误

短线操作者喜欢追涨杀跌，以期速战速决，快速出局，这就容易陷入庄家控股刻意营造的适合追涨杀跌走势的陷阱，从而被套。

4. 套牢程度

从被套程度来看，可以将套牢程度分为浅套和深套。套牢幅度在 10%左右的称为浅套；套牢幅度在 40%以上的称为深套。浅套容易解套，深套就需要将其转换为浅套之后再解套。

7.2.2　股票解套

在知道了股票被套的原因后，接下来就可以根据被套的具体原因解决被套或缓解被套程度。下面介绍几种常用的解套方法。

1. 换股法

当觉得自己的股票实在是没有什么希望了，可以选一支与该股票价格差不多的、有机会上涨的股票来换，让后面买入的股票上涨后的利润抵消前面买入的股票因下跌而产生的亏损。

2. 向上/下差价法

当投资者判断后市上扬时，先在低点买入股票，等反弹到一定的高度再卖出。通过这样来回操作几次，降低股票的成本，弥补亏损，完成解套。

当投资者判断后市是继续向下时，等反弹到一定高度先卖出，待其下跌一段后再买回。通过这样不断地高卖低买来降低股票的成本，最后等总资金补回了亏损，完成解套，并有盈利，再全部卖出。

3. 单日 T+0 法

因为股票的价格每天都有波动，可以利用这些波动来为自己赚取利益。例如，昨天有100 股被套，今天可先买 100 股，然后等股价上涨了，再卖 100 股；也可先卖 100 股，然后等股价下降了，再买 100 股。等今天收盘时，手中还是 100 股，但已经买卖过一个或几个来回了。一进一出或几进几出，收盘数量和昨天是相同的，但现金增加了。这样就可以降低成本，直到解套。

4. 降低均价法

每跌一段，就加倍地买入同一只股票，降低平均的价格，这样等股票反弹或上涨，就解套出局。

5. 被动解套法

上面都是主动解套的方法，也可以采用被动解套的方法，当股票的基本面不错时，可以持股不动，等待股价反弹，挽回损失后，再全部卖出。

6. 半仓滚动操作法

方法类似向下差价法、向上差价法和单日 T＋0 法，但不是全仓进出，而是半仓进出。半仓滚动操作法可以防止出错，进退方便。

7.3 案例剖析

小林预备年底结婚，现有流动资产共计 41 万元，其中股市资金占 21 万元，现金 20 万元。按计划，小林希望在结婚时首付一套价值大约 130 万元的房价(首付 30%)，另外，婚宴、蜜月等费用大概需要准备 3～5 万元，购买简单家具家电大概需要 4～5 万元。小林年薪 10 万元，基本保险齐全，女朋友是某外资企业的白领，年薪 12 多万元。

但是由于近期股市低位再跌，他的流动资金被套了 9 万元，小林不知道该如何处理被套的股票？如何在年底之前的这 6 个月时间内挣够结婚的费用和房款？

分散投资争取较高收益

于是，小林找到了理财专家，经专家分析，建议小林多元、灵活、合理地分散投资，以争取较高的收益率。具体理财内容如下。

- 20 万元现金需要重新规划，建议 10 万元购买混合型基金，5 万元逢低买入纸黄金，最后的 5 万元购买债券型基金。
- 需要审视自己的股票构成，如买的是低市盈率的龙头股，则不必换股，等待解套，若买的是概念股，则可在反弹中调仓换股，补充购买部分资源、消费类股票。
- 严格控制支出，按两人的职业特点，将每人每月支出控制在 1500 元，这样到年底之前的这 6 个月的两人收入将有：$(10+12) \div 2 - 0.15 \times 2 \times 6 = 9.2$ 万元。

理财结论

如果下半年股市原地回稳，小林将获得约为 6.5% 的投资收益率，41 万元将增加到 42.3 万元，加上 9.2 万元的收入，总计 51.5 万元，完全够支付结婚费用和房款。

7.4　金点子点拨

Q01.　对比个股K线和大盘K线

下面以同花顺软件为例，介绍如何使用行情软件进行个股K线和大盘K线的对比，具体操作步骤如下。

Step 01　启动同花顺软件。

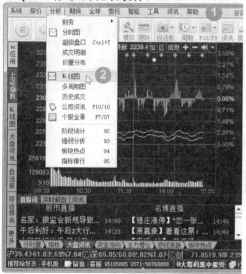

① 首先启动同花顺软件。

② 在菜单栏中选择"分析"/"K线图"命令，打开K线图分析窗口。

Step 02　打开"选择股票"对话框。

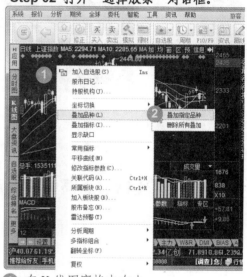

① 在K线图窗格中右击。

② 从弹出的快捷菜单中选择"叠加品种"/"叠加指定品种"命令。

Step 03　选择股票。

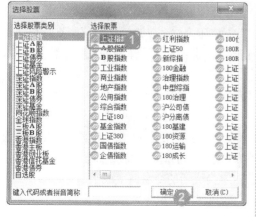

Step 04　查看大盘K线图。

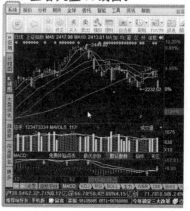

这时即可看到大盘指数的K线图和个股的K

1 选择要对比的股票，这里选择"上证指数"选项。

2 单击"确定"按钮。

线图，同时纵坐标为百分比坐标。

Step 05 删除大盘 K 线图。

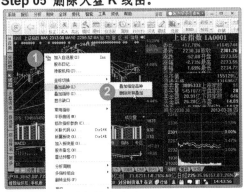

1 在 K 线图窗格中右击。

2 从弹出的快捷菜单中选择"叠加品种" / "删除所有叠加"命令。

Step 06 查看删除叠加后的个股 K 线图。

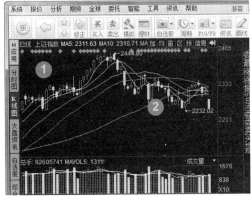

这时即可发现大盘 K 线图已被删除，窗口中只有个股的 K 线图。

Q02. 预期理论在止损中的运用技巧

提起止损，许多人都会表现得很不耐烦：从一买进就被套，怎么止损？还有人表示，赢利时没卖，亏钱了更舍不得卖。其实，这样理解止损是错误的。止损的含义是指投资者必须在实施操作前就科学合理地设定止损点，使自己真正明了此次投资可能承担的风险，从而有效降低投资的盲目性，同时避免因情绪失控而陷入过度频繁操作而导致的越套越深或越亏越多。也就是说，止损的运用具有前瞻性，它主要包括以下几个方面。

(1) 通过预设止损点(或止盈)验证计划的投资时机是否妥当

当选定了要投资的股票后，先测算拟买入股价或当时股指点位与上档压力位的距离，再测算拟买入股价或当时股指点位与下档第一个有效支撑位的距离，并将上档压力位和下档支撑位分别假定为止盈点和止损点。如果距离上档压力位非常近，距离下档支撑位非常远，表明对市场趋势的判断正确。反之，判断错误，若此时买入，承担的风险远超过收益，本次操作应该放弃。

(2) 通过预设科学合理的止损点，确保止损操作的实施

一些投资者之所以屡屡不能按计划实施止损操作，原因主要有两个。

● 止损点的设定距离拟买入价位太近，若把止损点设定在市场的正常活动范围内或个股的趋势线之内，只要进场价格不太理想，或行情波动较为剧烈，就会在最不该止损时频频触及止损点，致使一些原本会成功的交易演变成小赔。

● 止损点设定距离拟买入价位距离太远，超过了安全位置，致使实际损失大大超过

所愿意承受的合理范围,使止损点从根本上失去了保护资金免遭严重损失的作用。

(3) 短线投资者应运用时间止损法控制各种意外风险

一笔好交易应该在进场后立即出现预期的走势,当实际情况并非如此时,则表明你的前期判断很可能存在问题,包括天灾人祸在内的各种因素随时都可能使市场走势发生逆转,不确定性存在的本身就意味着风险。所以,当在你预期的时间内未出现某种趋势,就应该趁着当时小赚或小赔果断出场。

Q03. 短线止损技巧

下面简单介绍短线止损的操作技巧。

(1) 时间止损

时间止损法是指投资者买入股票后,在确定的一段时间内股价始终未达到预定目标,等到时间期限结束时,不论是盈还是亏,投资者都应坚决抛出手中所有股票的方法。

时间止损法是根据交易周期设计的止损技术,一般使用该方法的投资者大多是运用长时间的科学数学模型测算,并能严格要求自己执行纪律的人。时间周期的天数也是严格按照交易系统的要求设置的,通常为 20~30 天。

(2) 心理止损

心理止损是指投资者根据个人心理承受能力,设置相应的止损点。例如,在买入股票时设置下跌 7%为止损点,止损点是投资者根据个人心理状况设定的,没有什么特殊的技术要求。但是,设置止损点超过 10%没有任何意义,这和投资者拥有多少资产无关。

(3) 技术止损

技术止损法是指将止损设置与技术分析相结合,剔除市场的随机波动后,在关键的技术位设定止损单,从而避免亏损进一步扩大。该方法要求投资者有较强的技术分析能力和自制力。技术指标的选择因人而异,其主要指标有重要的均线被跌破,趋势线的切线被跌破,头肩顶、双顶或圆弧顶等头部形态的颈线位被跌破,上升通道的下轨被跌破,缺口的附近被跌破等。

但是要注意,同一种技术指标在不同情况下的参数选择,短线操作必须使用适合做短线的参数,不能把中长线指标用在短线上。

(4) 均线止损

均线止损为大多数投资者所采用,例如,以股价跌破 5 日均线或 10 日均线为止损点,或者以跌破上升趋势线为止损点,甚至设置跌破前期整理平台的下边线为止损点等。但由于心理因素诸多方面的影响,往往在实践中执行不力。

(5) 一根 K 线止损

一根 K 线止损的含义是指买入股票后股价必须上涨否则止损,一般应用于短线强势股和上升通道保持良好的股票。要求投资者短线分析技术水平较高,对各项技术指标有一定的综合分析能力,对个股盘面变化了然于胸。这里有两个原则:一是股价跌破前一日的中间价即止损；二是股跌破前一日的最低价即止损。

(6) 无条件止损

无条件止损是一种不计成本的止损方法。当市场的基本面发生根本性转变时，投资者就摒弃任何幻想，当机立断不计成本地杀出，以求保存实力，择机再战。

Q04. 主动解套的方法

进入股市的投资者几乎都被套牢过，是每个投资者迈向成熟的一道必经门槛，既然不能简单回避，就要勇敢地面对它，找出适合自己的解决方案。为此，下面总结了几种主动解套的方法。

1. 及时止损

及时止损一来可以将自己的亏损控制在一定的范围内，二来可以使自己能腾出资金，以便在以后的行情中能及时地抓住赚钱的机会。所以，不要因短期的亏损而耿耿于怀，股市中永远有无数的机会可以再赚回来。如果是在以下三种情况下，投资者一定要注意观察股市走势，选择适当时机，及时止损。

(1) 当大盘转势时要及时止损

在牛市中，当大盘要从上升趋势转为下跌趋势时，持有股票是很危险的，投资者要去掉幻想，即使亏本，也要迅速抛出手中的股票，否则，损失会更大。

在熊市中，许多投资者在做超跌反弹失败后被套，熊市中的超跌反弹因为时间短，力度大，而反弹后的下跌也十分迅猛，基本没有再次弹起的空间，因此此时的止损更为重要。

(2) 误购炒高股

在人为的炒作下，有些股票的价格远远高于它的内在价值，且脱离大盘运行的轨道。而在市场上，有些投资者欠缺思考，盲目跟风追涨，错将这些被炒高的股票购入。这些被炒的股票已属天价，一旦下跌，难有回升解套的机会。故而，投资者在投资过程中，不要盲目跟风，在选股前要查找相关资料，确定其最高价格、最低价格和平均价格，看清股票走势。若不幸误买入了炒高的股票，应当机立断，迅速脱手，即使亏本也在所不惜。

(3) 牛市误入熊股

大家不要认为只有在熊市中才需要止损，在牛市中有时也需要止损。因为在牛市中也有很多熊股，这些股票因为基本面很糟糕，或是前期经历过大幅炒作，主力已经出货，上方有大量套牢盘，呈现震荡下跌的走势，如果投资者不甚买入这样的股票，应该及时止损，因为在牛市里时间很重要，如果在牛市里买入一只熊股，其造成的损失(即少赚的利润)将远远超过止损带来的亏损。

2. 冷热互换

冷热互换法有以下两种模式可供投资者选择。

(1) 去冷换热

去冷换热是指先将手中被套的弱势股卖出，换入市场中的热点股票，通过股票上涨带来的收益弥补股票止损带来的损失。当投资者发现手中的股票被套牢后处于弱势并且仍有下跌空间时，并且能够准确地判断另一只股票的后市上涨空间大，走势必强于自己手中的品种，即可采用此模式以减少损失甚至解套。

(2) 去热留冷

去热留冷与去冷换热相反，若投资者在市场轮动时不幸买入了已经被炒高的热门股，而且此时股价已开始下跌，应及时把热门股卖出，换进仍在低位徘徊的冷门股，这类股票一般都会有补涨行情，以避免被套牢的危险，又可以通过冷门股的补涨弥补损失。但是要注意，补涨的股票一般涨势猛、时间短，投资者要注意及时出局。

3. 波段操作

波段操作有以下两种模式可供投资者选择。

(1) 先卖后买

先卖后买是指在预计被套的个股后市仍有下跌空间时，先行卖出股票，然后在股价超跌或者反复震荡筑底时买入，反复高抛低吸，来回几次便可解套。此模式适合满仓被套无法动弹的投资者。

(2) 先买后卖

先买后卖是指买入的股价离可能触发反弹的强支撑位不远，并且投资者此时的仓位没有超过半仓，可以采用分步买入的方法先买入股票，然后等股价反弹时卖出。因为是先买后卖，所以这种模式也可以进行盘中的 T＋0 操作，避免隔夜风险的发生。

但是要注意，波段操作法的前提是个股的基本面未发生恶化，否则波段操作可能会导致更大损失。而且波段操作需要严格实行仓位控制，根据形势的变化，仓位有所不同。

4. 补仓摊低成本

补仓是很多投资者最喜欢的策略，不愿"割肉"的心态使其选择补仓。但是补仓法却是最难掌握的，与波段操作高抛低吸不同，补仓法主要是通过在不同的时间和价位摊低成本，然后依靠股价的上涨来解套，并不涉及频繁的高抛低吸操作，因此补仓的时机和仓位是很有学问的。很多投资者在股票下跌初期补仓，而且补仓用的资金一下占了总资金的一半以上，导致后来已经无钱可补。下面总结两点补仓的技巧。

(1) 大盘处于下跌通道或中继反弹时都不能补仓

大盘处于下跌通道或中继反弹时都不能补仓，因为股指进一步下跌时会拖累绝大多数个股一起走下坡路，只有极少数逆市走强的个股可以例外。补仓的最佳时机是在指数位于相对低位或刚刚向上反转时。这时上涨的潜力巨大，下跌的可能最小，补仓较为安全。

(2) 弱势股不补

那些大盘涨它不涨，大盘跌它跟着跌的无庄股不能进行补仓。因为，补仓的目的是希望用后来补仓股的盈利弥补前面被套股的损失，既然这样大可不必限制自己一定要补原来被套的品种，要补就补强势股，不能补弱势股。

Q05. 被动性解套技巧

(1) 摊平

当买入的价位不高，或对将来的大盘坚定看好时，可以选用摊平的技巧。普通投资者的资金通常只能经得起一、二次摊平。因此，最重要的是摊平的时机一定要选择好。

(2) 坐等

当已经满仓被深度套牢，既不能割肉，也无力补仓时，就只有采用这种消极等待的方法了。

(3) 最后的解套策略也是最好的解套策略

重点在于投资者对自己心态的把握。套牢后，首先不能慌，要冷静地思考有没有做错，错在哪里，采用何种方式应变。

千万不要情绪化地破罐破摔，或盲目补仓，或轻易割肉地乱做一气。套牢并不可怕，杨百万曾说过："有时候不套不赚钱，套住了反而赚大钱"。所以，不要单纯地把套牢认为是一种灾难，如果应变得法，它完全有可能会演变成一种机遇。

第 8 章 集思广益——网上获取炒股与

基金信息

本章导读

随着网络如雨后春笋般进入千家万户，人们的生活习惯也在悄悄改变。网上炒股与炒基金也已经被越来越多的人接受了，大家都感受到了网上炒股与炒基金的便捷。为此，下面介绍如何从网上获取炒股与炒基金。

本章重点

- 网上获取股票信息
- 加入股友天地
- 股友交流
- 网上查看基金信息

8.1 网上获取股票信息

现在，互联网资源已经渗透到人们生活的各个领域，投资者可以通过网络了解财经新闻、股市信息等，下面一起来看看如何从网上获取股票信息的。

8.1.1 通过证券交易所查看股票信息

通过上海和深圳两大证券交易所的网站，股民可以在网页上查看最新股市信息，掌握股市变化情况。

1. 从上海证券交易所网站获取股票信息

上海证券交易所是中国内地最大的证券交易所，查看上海证券交易所信息的操作方法如下。

Step 01 打开"上海证券交易所"主页。

① 在 IE 浏览器的地址栏中输入上海证券交易所网址 http://www.sse.com.cn。

Step 02 查看市场交易提示。

① 单击"信息披露"选项卡，显示出"交易提示"、"上证所公告"、"上市公司公告"、

❷ 单击"转至"按钮或按 Enter 键打开上海证券交易所网页。

Step 03　按日期查看市场交易提示。

在"市场交易提示"页面中包括特别提示、发行与中签、其他提示、休市安排等信息。还可以输入日期,查看某一指定日期的提示。

"基金公告"等选项。

❷ 单击"交易提示"按钮。

Step 04　打开行情信息。

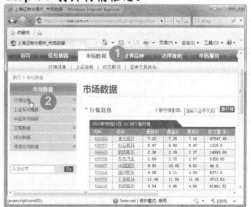

❶ 将鼠标放在"市场数据"选项卡上,会显示"行情信息"、"上证指数"、"成交概况"等选项。

❷ 单击"行情信息"按钮。

Step 05　选中要查看的项目。

在"行情信息"选项下单击"日内走势"选项。

Step 06　查看日内走势。

在右侧窗格中查看日内走势情况。

Step 07 指定要查找的股票。

用户可以输入股票代码，查看某一只股票的行情，在"证券代码"位置输入股票代码，单击 GO 按钮。

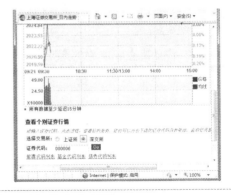

Step 08 查看指定证券行情。

这时会在网页中显示出指定股票的日内走势图。

Step 09 选中分析图。

① 将光标移动到"分时切换"按钮上。
② 选择"近期走势"命令。

Step 10 查看近期走势。

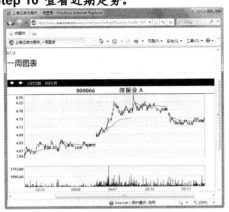

这时即可在网页中查看个股的近期走势情况。

Step 11 选中 K 线。

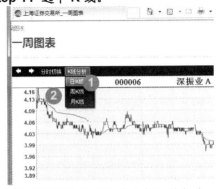

① 将光标移动到"K 线分析"按钮上。
② 选择"日 K 线"(或"周 K 线"、"月 K 线")命令。

Step 12　查看个股 K 线图。

在弹出的网页中查看日 K 线图。

Step 13　选择"分类排序"选项。

在左侧单击"分类排序"选项。

Step 14　查看排行榜。

在弹出的网页中查看分类排行榜。

Step 15　使用服务。

① 单击"市场服务"选项。

② 在左侧窗格中选择要查看的服务选项，
然后在右侧窗格中单击要查看的信息，
即可在随后弹出的网页中浏览信息了。

2. 从深圳证券交易所网站获取股票信息

从深圳证券交易所网站获取股票信息的操作步骤如下。

Step 01　打开"深圳证券交易所"主页。

① 打开 IE 浏览器，在地址栏输入深圳证券
交易所网址 http://www.szse.cn。

Step 02　查看信息。

单击"信息披露"按钮，进入"信息披露"
页面，在此可以查看本所公告、交易公开信

② 单击"转至"按钮或按 Enter 键打开深圳证券交易所网页。

息、上市公司公告、基金公告等信息。

Step 03 单击"信息列表"选项。

① 单击"交易公开信息"选项。

② 单击"信息列表"选项。

Step 04 查看交易公开信息列表。

① 在右侧窗格中查看交易公开信息列表。

② 输入要查看的股票代码，并设置时间，再单击"确定"按钮。

Step 05 查看个别证券信息。

在网页中查看搜索到的个股信息。

Step 06 查看主板 A 股信息。

单击左侧列表中的"主板 A 股"选项卡，即可查看公开信息。

Step 07 查看市场数据信息。

单击"市场数据"选项卡，进入"市场数据"页面。

Step 08 查看股票信息。

单击左侧"交易品种"下的"股票"选项，即可查看所有股票信息，用户可翻页浏览。

Step 09　查找个股。

在"信息查询"右侧的文本框输入股票代码，再单击"确定"按钮。

Step 10　查看个别股票信息。

在网页中列出个股信息，单击"公司名称"列中的 🢒 按钮。

Step 11　查看股票所属上市公司信息。

在弹出的网页中查看上市公司的信息。

Step 12　查看股票行情及走势。

在 Step09 中单击要查看的股票代码，则会弹出如上图所示的网页，显示该股票的行情及走势。

Step 13　查看证券交易相关法律规则。

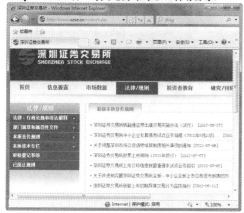

单击"法律/规则"选项卡，进入"法律/规则"页面，可以查询证券交易相关法规。

Step 14　进入"投资者教育"页面。

单击"投资者教育"选项卡，进入投资者教育中心页面。

8.1.2 查看股评

进入股市，不管老手还是菜鸟，自然要关注股评，尤其是一些知名股评家和机构的评论。大市如何发展？个股如何筛选？举棋不定的时候，听听股评家论市选股，不同渠道的消息、不同侧面的分析，会多一点思路、多一些消息，可结合自身的具体情况和对市场的理解，用批判的眼光看股评，可以从理论的高度重新认识自己的经验，使原来模糊的想法明晰起来。

不过，要始终牢记一点，股评对小股民的意义主要是参考，最终还要靠自己定夺。股评家对大市及个股的判断，毕竟只是一家之言，由于种种因素的制约，不可能做到永远正确。而且，股市少有常青树，成功的股评家往往只能火爆一段时间，要求股评家永远正确是不现实的，但每个时期总有比较正确的股评。所以看股评，在比较鉴别的基础上选择某几个作者之后，还要注意整体性，多看多比较，自己的思考更不可少。

下面以金融界网为例，介绍如何查看股评。

Step 01 打开"金融界"首页。

① 在 IE 浏览器的地址栏中输入 http://www.jrj.com.cn/，按 Enter 键打开金融界网页。
② 单击"评论"链接。

Step 02 打开"谈股论金"页面。

在打开的网页中单击"谈股论金"选项卡。

Step 03　选中主题。

在打开的页面中可以看到很多股评，单击感兴趣的主题，单击即可查看正文。

Step 04　查看评论内容。

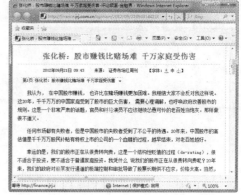

在弹出的股评信息页面中可查看专业人士对个股的分析。

8.2　加入股友天地

股友天地就是股民互相交流、沟通的场所，大家可以在股友天地里互相讨论最新的行情，同时股友天地还为股民朋友们提供了良好的操作条件及优惠的手续费。

8.2.1　注册账号

在股友天地注册账号的操作步骤如下。

Step 01　打开网站首页。

❶　在 IE 浏览器的地址栏中输入 http://sns.cofool.com/t/info/4736，按 Enter 键打开东方股友天地网页。

Step 02　输入信息。

在弹出的页面中填写用户基本信息，并单击"东方股友天地"按钮，选择参赛组别。

② 单击"免费注册"按钮。

Step 03 设置参赛组别。

① 单击选择要参赛的组别。

② 单击"确定"按钮。

Step 04 立即注册。

继续填写相关信息，输入完毕后单击"立即注册"按钮。

Step 05 注册完成。

注册完毕后，页面会显示如上图所示的对话框，为用户显示注册账号和密码等信息，单击"叩富首页"选项卡即可跳到叩富网首页界面中。

8.2.2 查看论坛内容

账号注册完成后，下面一起来查看论坛的内容吧。

Step 01 打开叩富网模拟炒股首页。

① 在 IE 浏览器的地址栏中输入网址 http://sns.cofool.com/。

Step 02 用户登录。

① 输入模拟炒股用户名和密码。

② 单击"转至"按钮打开叩富网模拟炒股首页。

② 选中"第一主站"单选按钮。

③ 单击"登录"按钮。

Step 03　选择导航目录。

登录成功后，在弹出的网页中单击"我的股友"链接。

Step 04　打开论坛交流区网页。

进入"我的股友"页面，单击"论坛交流区"链接。

Step 05　选择查看类别。

进入"论坛交流区"页面中，在"分类查看"区域中单击"股票交流"链接。

Step 06　选择要查看的内容。

选择要查看的内容，并单击"查看全文"链接。

Step 07　查看全文内容。

在弹出的网页中查看他人的观点和评论，若要发布观点，可以在网页底部的"网友评论"文本框中输入评论内容，再单击"发表"按钮发表评论。

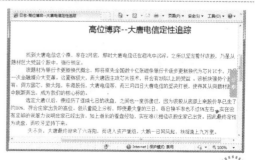

8.2.3 查看股票行情

查看大智慧行情的操作步骤如下。

Step 01 打开"股票行情"网页。

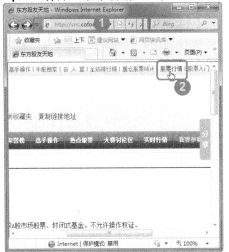

① 在 IE 浏览器的地址栏中输入 http://sns.cofool.com/t/info/4736，按 Enter 键打开东方股友天地网页。

② 单击"股票行情"链接。

Step 02 搜索股票。

① 在"查询"文本框中输入要查看的股票代码。

② 单击"查询"按钮。

Step 03 查看股票行情。

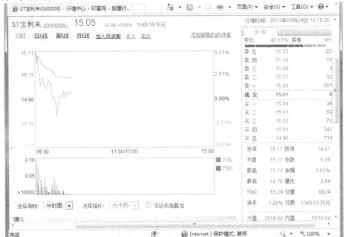

在弹出的网页中查看股票的行情。

8.3　股友交流

股民朋友们可以在股友天地内发表自己的看法，回复他人评论。

8.3.1　添加股友

添加股友的操作步骤如下。

1. 通过发送邀请链接来添加股友

Step 01　用户登录。

❶ 在浏览器中打开叩富网模拟炒股首页。

❷ 输入用户名和密码，选择参加主站。

❸ 单击"登录"按钮。

Step 02　单击"邀请好友"链接。

进入"股票实时行情"网页，单击"邀请好友"链接。

Step 03　选择添加股友方式。

在弹出的网页中选择添加股友方式，这里单击"发送邀请链接给朋友"链接。

Step 04　复制链接。

单击输入框中即可复制链接。

Step 05 允许访问剪贴板。

这时将会询问是否允许此网页访问剪贴板，单击"允许访问"按钮，将链接复制到剪贴板中。

Step 06 关闭"来自网页的消息"对话框。

成功复制链接到剪贴板后，单击"确定"按钮，关闭"来自网页的消息"对话框。

Step 07 用 QQ 或 MSN 邀请朋友。

这时可以使用 QQ 或 MSN 等聊天工具发送邀请信息，这里在 QQ 聊天窗口中输入邀请信息，并按 Ctrl+V 组合键粘贴链接，然后单击"发送"按钮发送邀请。

Step 08 成为好友。

当对方在 QQ 聊天窗口中单击链接后，将会弹出类似上图的网页，单击"按此注册，并加 mnjoyl 为好友"按钮，注册新账户，并加 mnjoyl 为好友。

2. 通过发送电子邮件邀请股友

Step 01 打开"模拟炒股-叩富网"网页。

① 参考前面方法，打开"模拟炒股-叩富网"网页，并单击"我的叩富"选项卡。

Step 02 发送邀请邮件。

① 输入自己的真实姓名和好友的电子邮箱地址。

② 单击"通过 Email 邀请"链接。

② 单击"发送邀请"链接，给好友发送邀请邮件，等待对方回应。

3. 直接查找好友

如果知道股友的真实姓名、用户名和邮箱地址，可以通过"查找"功能直接找好友，具体操作步骤如下。

Step 01　登录叩富网。

① 登录叩富网。

② 在用户名后面单击"账号设置"链接。

Step 02　单击"查找"选项卡。

① 单击"我的好友"选项卡。

② 单击"查找"选项卡。

Step 03　选择查找方式。

如果知道股友的真实姓名，可以使用"查找同城好友"方式进行查找，这里单击"精确查找"链接。

Step 04　查找股友。

① 输入股友的用户名或邮箱地址。

② 单击"查找"按钮，按条件查找好友。

Step 05 打开好友个人空间。

这时将会显示出查找结果，单击"加为好友"链接。

Step 06 发送邀请信息。

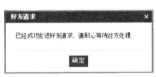

① 输入认证附加信息。

② 单击"确定"按钮。

Step 07 等待好友处理。

这时将会提示成功发送好友邀请，等待好友处理，单击"确定"按钮，关闭"好友请求"对话框。

8.3.2 与股友交流

1. 通过留言板交流

通过留言板与股友交流沟通的操作步骤如下。

Step 01 登录叩富网。

① 参考前面方法，登录叩富网，并进入"个人空间"网页。

Step 02 打开好友个人空间。

在"我的好友"选项卡下选择要交流的好友，

❷ 单击"我的好友"选项卡。

然后单击其图像或用户名链接，即可打开好友的个人空间。

Step 03　打开留言板。

进入好友的个人空间网页，单击好友图像下的"给他留言"链接。

Step 04　给股友留言。

❶ 输入留言内容，填写验证码。
❷ 单击"发表"按钮。

Step 05　打开"个人空间"网页。

在"个人空间"网页的右上角单击"消息"链接。

Step 06　单击要查看的消息。

在"消息首页"选项卡下选择要查看的消息类别，这里单击"系统提醒"选项右侧的数目链接。

Step 07　选择要查看的消息。

在"系统提醒"选项卡下选择要查看的消息，

Step 08　查看股友留言。

在弹出的页面中查看股友的留言信息，若要

并单击其后的"留言"链接。

回复某条信息，可以单击"回复"链接，将留言板展示出来。

Step 09 回复股友留言。

① 输入要回复的内容。

② 单击"发表"按钮，回复股友留言。

2. 给股友发送消息

给股友发送消息的操作步骤如下。

Step 01 登录叩富网。

参考前面方法登录叩富网，并进入"个人空间"网页，然后在"我的好友"栏中单击好友图标。

Step 02 打开发送信息页面。

进入好友的个人空间，然后在好友头像下方单击"发送消息"链接。

Step 03 给股友发送信息。

① 设置收件人，并输入消息内容。

② 单击"发送消息"按钮，等待股友回应。

3. 给股友评论

浏览股友日志，给其评论，具体操作步骤如下。

Step 01　登录叩富网。

参考前面方法登录叩富网，并进入"个人空间"网页，然后在左侧的"个人功能"栏中单击"日志"选项。

Step 02　浏览大家日志。

在"大家的日志"选项卡下查看好友的日志内容，若要留言评论，请单击"评论"链接。

Step 03　发表评论。

①　输入评论内容。

②　单击"发表"按钮，发表评论。

8.4　网上查看基金信息

在选择基金之前有必要了解一些关于基金的各种信息，例如基金的基本档案信息、基金净值排行情况等，下面介绍如何在相关网站上查询这些基金信息。

8.4.1　查看基金基本信息

基金的基本信息包括基金概况、财务指标基金公告、基金管理人、基金托管人和基金经理等基本信息。下面以金融界网站为例，介绍查询基金基本资料信息的方法。

Step 01 打开网站首页。

在 IE 浏览器的地址栏中输入 http://www.jrj.com.cn/，按 Enter 键打开金融界网站首页。

Step 02 搜索基金。

选中"股票/基金"单选按钮，并在文本框中输入要查询的基金代码，这里输入代码为"000001"的华夏成长基金，再单击"行情"按钮。

Step 03 查看基金净值。

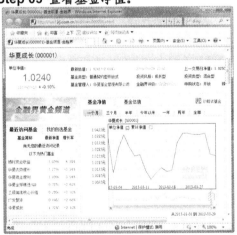

弹出华夏成长基金的"基金净值"页面，可以看到基金净值走势图和净值数据等信息。

Step 04 分红拆分。

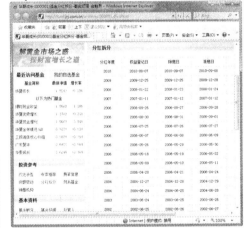

单击"投资参考"列表中的"分红拆分"选项，在弹出页面中可以看到该基金每年的分红情况。

Step 05　销售机构。

单击"投资参考"列表中的"销售机构"选项，在弹出页面中可以看到基金的直销机构、代销机构。

Step 06　基金概况。

单击"基本资料"列表中的"基金概况"选项，在弹出的页面中可以看到基金的基本情况，包括基金类型、基金成立日、基金托管人和投资范围等内容。

Step 07　基金经理。

单击"基本资料"列表中的"基金经理"选项，在弹出页面中可以看到该基金的现任经理的基本信息。

Step 08　托管人。

单击"基本资料"列表中的"托管人"选项，在弹出页面中可以看到基金托管人的基本信息。

Step 09 管理人。

单击"基本资料"列表中的"管理人"选项，在弹出页面中可以看到基金管理人，即基金公司的基本信息。

Step 10 资产配置。

单击"投资组合"列表中的"资产配置"选项，在弹出页面中可以看到该基金近三个季度的资产净值和股票市值、债权市值、国债等金额以及占净值的比例。

Step 11 行业投资。

单击"投资组合"列表中的"行业投资"选项，在弹出页面中可以看到最近三个季度各个行业的投资市值以及占净值的比例。

Step 12 持股明细。

单击"投资组合"列表中的"持股明细"选项，在弹出的页面中可以看到每个季度的股票仓位比重和仓位比重，持股明细每个季度公布一次。

Step 13 持股变动。

单击"投资组合"列表中的"持股变动"选项，在弹出的页面中可以看到每季度和上季度相比持仓的变化情况。

Step 14 资产负债表。

单击"财务数据"列表中的"资产负债表"选项，在弹出页面中可以看到该基金最近4个半年度的资产和负债状况。

Step 15 利润分配表。

单击"财务数据"列表中的"利润分配表"选项，在弹出页面中可以看到该基金最近4个季度的收入和支出情况。

Step 16 主要财务指标。

单击"财务数据"列表中的"主要财务指标"选项，在弹出的页面中可以看到该基金各项财务指标的数据信息。

基金公告包括最新公告、季度报告、半年报、年度报和招募书。

Step 01 单击"最新公告"选项。

参考前面方法，在金融界网站中搜索"000001华夏成长"基金，然后在左侧的"基金公告"栏中单击"最新公告"选项。

Step 02 查看最新公告。

在弹出的网页中查看该基金的最新公告，单击某个标题即可查看详细内容了。

Step 03 季度报告。

单击"季度报告"选项，即可查看该基金每个季度的报告。

Step 04 半年报。

单击"半年报"选项，即可查看该基金半年的报告。

Step 05 年度报告。

单击"年度报告"选项，即可查看该基金全年的报告。

Step 06 招募书。

单击"招募书"选项，即可查看该基金的招募书。

8.4.2　查看评级

关注权威网站对基金的评价，对基金的选择很有帮助。目前国内主要有晨星、理柏和银河证券等三家权威的基金评级机构，基本采用收益评价指标、风险评价指标和风险调整后收益指标三大项来综合衡量。投资者可根据这三大机构的评级来了解基金风险、业绩等情况。

下面以晨星评级机构为例进行介绍，在晨星网查看基金评级的具体步骤。

Step 01　打开晨星首页。

① 在 IE 浏览器的地址栏中输入 http://cn.morningstar.com/main/default.aspx，按 Enter 键打开网页。

② 在文本框中输入"华夏成长混合"基金，单击"搜索"按钮。

Step 02　弹出华夏成长混合页面。

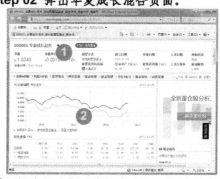

① 在弹出"华夏成长混合"页面中，可以看到基金的星级评价。

② 还可以看到该基金的其他信息，例如上图所示的万元波动图。

Step 03　业绩回报。

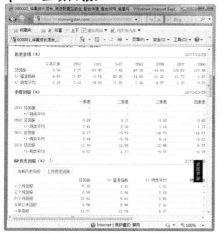

单击"业绩回报"选项，在弹出的页面中即可看到基金的所有业绩的回报。

Step 04　风险评估。

单击"风险评估"选项，在弹出的页面中可看到该基金的风险统计情况。

Step 05 投资组合。

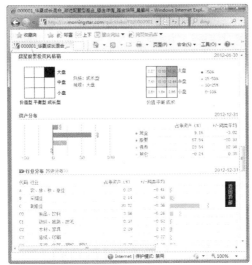

单击"投资组合"选项，在弹出的页面中可看到该基金的股票投资风格和规格、资产分布、行业分布、债券品种和持仓分析。

8.4.3 到其他网站查询基金信息

下面我们在银河证券网站查看华夏成长混合基金。

Step 01 打开银河证券首页。

在 IE 浏览器的地址栏中输入 http://www. chinastock.com.cn/，并按 Enter 键打开网页。

Step 02 输入华夏成长混合。

在文本框中输入"华夏成长混合"基金，单击"搜索"按钮。

Step 03 查看华夏成长混合基金。

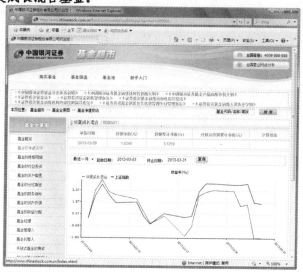

如上图所示为华夏成长混合基金。

8.5　案例剖析

　　张先生与张太太均是独生子女，张先生 33 岁，是某外企的工程师，年薪 10 万元。张太太 34 岁，是医生，年薪 17 万元，另有一年 2 万元的公积金。按国家政策，夫妇俩生了两个宝宝，一个 2 岁半，一个近 1 岁，雇了保姆，家中还有父母同住。家庭现有存款 5 万元，股票现值 7 万元(被套)。该类家庭何时才能实现 100 万元的流动资产梦？

　　张先生家庭目前开销较大，需要梳理好小朋友的开销计划，节约为本。同时，由于养育子女初期，需要父母付出较大的精力，相应在家庭理财方面的投入时间就显得不足，建议采取稳健为主、进取为辅的多元资产组合投资模式提高家庭组合投资收益率，购买理财产品力求精简，发挥代理理财长处，多买混合型基金。

理财建议一：建立不同阶段宝宝开销计划

　　张先生家庭有两个小朋友，负担比一般家庭要重，可按照婴儿阶段、幼儿园阶段、小学初级阶段的三个不同时间段，建立中线消费计划。

　　(1) 支出一为保姆费，按广州市场价格，全天候照看一个婴儿每月需要 1000～1500 元的保姆费用。

　　(2) 支出二为饮食医疗等日常开销，每个宝宝每月约需要 1000 元。以上两项两个宝宝每月约 4000 元。

　　(3) 支出三为幼儿园费用。随着宝宝的成长，到 3 岁小朋友将入读幼儿园。在天河区就读一般幼儿园学费每月约需要 1000 元，此时家中保姆只需接送小孩，每个小朋友的费用

需要 500 元。另外，每个小朋友每月的饮食、玩具等其他费用约为 500 元。两个宝宝每月合计仍为 4000 元。

(4) 支出四为上学后的总费用。7 岁后，小朋友上小学了。小学学费较低，但各类兴趣班花费较大，估计一个小朋友每月需花费 1000 元。

理财建议二：留够 5 万元应急款

对于已有流动资产，建议张先生筹备 3~6 个月家庭生活支出作为家庭紧急备用金，可以将现有的 5 万元存款作为家庭的紧急备用金，但可调整为货币基金。在大市回暖的情况下，张先生的 7 万元股票建议保持不动，预计在未来几年内可以获得 10% 上下的投资收益率。

理财建议三：年度节余多买混合型基金

建议张先生采取稳健为主的多元资产组合投资模式，年度节余可以 7:3 的比例投资于基金和较稳健的一年期定期存款。在大市走强的情况下，可购买股票型基金与债券型基金，大市振荡时，就只购买混合型基金。

乐观情况下，股市回暖，基金组合中股票型基金拉高收益率，预期收益率为 10%，利率调升至 3%，资产组合预期收益率约为：70%×10%+30%×3%=7.9%。

悲观情况下，股市回落，股票型基金走弱，基金组合中的债基走好，预期收益率为 4%，银行存款利率为 2.25%，则资产组合预期收益率约为：70%×4%+30%×2.25%=3.48%。

这样，在乐观情况的预期下，5 年即可实现百万流动资产梦想，在悲观情况的预期下，需要 6 年时间实现百万流动资产梦想。

8.6 金点子点拨

Q01. 使用股票代码查看上市公司信息

使用股票代码查看上市公司信息的操盘者步骤如下。

Step 01 打开"股票"首页。

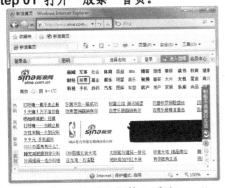

启动 IE 浏览器，在地址栏输入网址 http://www.

Step 02 输入股票代码。

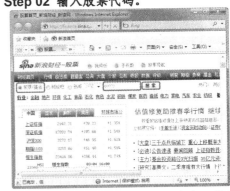

打开"新浪财经-股票"页面，选中"股票/

sina.com，按 Enter 键进入"新浪"首页，然后在首页上单击"股票"链接。

基金"，输入代码，如"600033"，单击"搜索"按钮。

Step 03 查看股票公司信息。

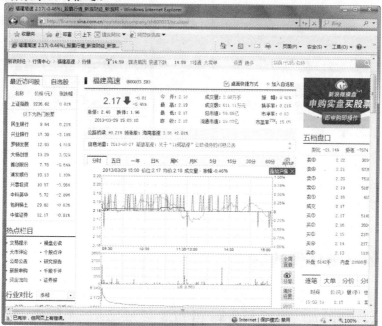

在弹出窗口中下拉网页可以查看股票的各项信息，如公司简况、公司高管、公司章程等。

Q02. 使用股票代码查看上市公司公告

使用股票代码查看上市公司公告的操作步骤如下。

Step 01 打开"股票"首页。

启动 IE 浏览器，在地址栏输入网址 http://www.sina.com，按下 Enter 键进入"新浪"首页，然后在首页上单击"股票"链接。

Step 02 打开"公告"网页。

打开"新浪财经-股票"页面，单击"公告"链接即可。

Step 03 打开银河证券首页。

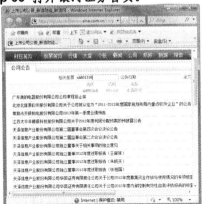

Step 04 查看股票信息。

在弹出窗口中的"相关股票"后面的输入框中输入要查看的股票的代码,然后单击后面的"查询"按钮。

在网页中显示出搜索到的股票信息,单击某链接即可进行查看了。

Q03. 如何选择保本基金

保本基金是指在基金产品的投资期内为投资者提供一定固定比例的本金回报保证,除此之外,还通过其他的一些高收益金融工具(股票、衍生证券等)的投资保持为投资者提供额外回报的潜力。只要投资者持有基金到期,就可以获得本金回报的保证。

在市场波动较大或市场整体低迷的情况之下,保本基金为以下各类投资者提供了一种低风险、又具有升值潜力的投资工具。

- 风险承受能力较低而又期待分享股市收益的个人投资者。
- 本金安全需求较高,希望通过投资跑赢 CPI、3 年定期存款、3 年期国债利息的投资者。
- 有资产配置需求的投资者。

Q04. 在股票论坛浏览发帖

下面以金融界网为例,介绍如何查看股评。

Step 01　打开论坛首页。

打开 IE 浏览器,在地址栏输入网址 http://www.
55188.com/,按 Enter 键进入理想论坛,再单击 "加入理想" 按钮。

Step 02　选择获得通行证的方法。

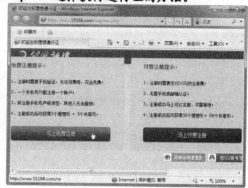

在弹出的网页中选择获得通行证的方法,这里在 "免费注册提示" 组中单击 "马上免费注册" 按钮。

Step 03　设置用户信息。

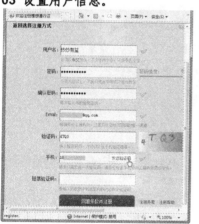

在页面中设置用户名、密码、Email、验证码和手机号等信息,再单击 "发送验证码" 按钮。

Step 04　输入接收到的短信验证码。

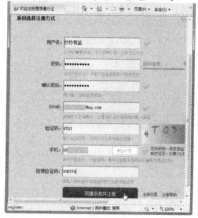

输入手机接收到的短信验证码,再单击 "同意条款并注册" 按钮。

Step 05　成功加入理想。

Step 06　会员登录。

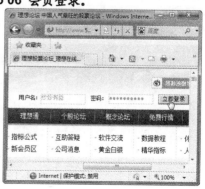

这时将会在弹出的网页中提示成功加入理想，稍等几秒将会返回理想论坛首页。

在理想论坛首页输入用户名和密码，并单击"立即登录"按钮。

Step 07 进入新会员区。

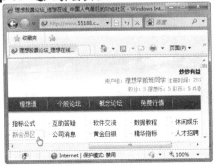

成功登录会员后，在导航栏中单击"新会员区"链接。

Step 08 选择感兴趣帖子。

在"新注册会员实习区"网页中选择感兴趣的帖子标题，单击打开相应的网页。

Step 09 浏览帖子正文。

在弹出的网页中浏览帖子的正文。

Step 10 回复帖子。

拖动垂直滚动条至页面底部，设置回复内容，再单击"发表帖子"按钮。

Step 11 打开"发帖"页面。

若要发表新话题，可以在"新注册会员实习区"

Step 12 发表话题。

网页中单击"发帖"按钮。　　　　　　　输入话题标题和内容，再单击"发表话题"按钮。

Step13 查看发表的话题。

成功发表话题后，将会弹出如上图所示的网页，即可在页面中看到自己发表的帖子了。

Q05. 在综合性网站中查看股票信息

在搜狐网站上查看股票信息的操作步骤如下。

Step 01 打开"搜狐"首页。

打开 IE 浏览器，在地址栏输入搜狐的网址 http://www.sohu.com，按 Enter 键打开网页，然后单击"财经"链接。

Step 02 打开"个股"页面。

在打开的"搜狐财经"页面中单击导航链接中的"个股"链接。

Step 03 搜索个股。

在"个股风云"页面的搜索区域选中"行情"单选按钮，在右侧的文本框中输入想要查看的个股代码，如"600000"，再单击"搜索"按钮。

Step 04 查看个股信息。

在弹出的个股行情页面可以查看个股名称、当前价格、分时走势、K线图、技术指标等。

第 9 章　自成一格——买卖基金

本章导读

基金适合长期投资。如果投资人抱着在股市上博取短期差价的心态投资基金，频繁买卖开放式基金，结果往往都是以失败告终。因为一来申购费和赎回费加起来并不低；二来基金净值的波动远远小于股票。基金适合于追求稳定收益和低风险的资金进行的长期投资。

本章重点

- 基金账户的开立与注销
- 查询基金账户
- 基金的买卖形式
- 认购基金
- 申购基金
- 赎回基金

9.1 基金账户的开立与注销

基金交易账户是银行为投资者设立的用于在该行进行基金交易的账户，投资者通过银行代销网点办理基金业务时，必须先开立基金交易账户，该账户用于记载投资者基金交易活动的情况和所持有的基金份额，每个投资者只能申请开立一个基金交易账户。

9.1.1 开立基金账户

Step 01 打开广发基金首页。

在 IE 浏览器的地址栏中输入 http://www.gffunds.com.cn，按 Enter 键打开广发基金首页。

Step 02 开户。

在页面中单击"我要开户"按钮。

Step 03 实名认证。

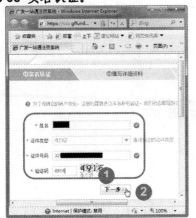

1 在弹出的"实名认证"页面中输入个人信息。

2 输入完毕后,单击"下一步"按钮。

Step 04 填写详细资料。

1 在弹出的"填写详细资料"页面中输入详细的个人信息。

2 输入完毕后,单击"下一步"按钮。

Step 05 完成开户。

完成开立基金账户,弹出如上图所示的提示网页。

9.1.2 注销基金账户

如果你是代销机构客户,投资人可于开户网点办理基金账户的销户,但应同时满足以下条件。

- 该基金账户状态正常、无任何基金单位和基金在途权益、交易账户已撤销。
- 个人投资人撤销基金账户必须由本人亲自办理。
- 个人投资人办理撤销基金账户的业务需提交的资料包括本人的有效身份证件原件及复印件。
- 基金账户卡或基金账号。

● 填妥的销户申请表。

如果您是网上直销客户，注销基金账户时要保证目前账户状态是正常、无任何基金单位和基金在途权益，需要准备如下资料。

● 在银华网站"单据下载"栏目中下载《直销账户业务申请表》填妥相关信息。

● 开户证件复印件。

9.2 查询基金账户

投资者开户后进行基金交易时，如果想了解自己账户中的基金余额、交易明细或其他相关业务信息，就要进行基金账户的查询操作。

9.2.1 销售机构查询

基金投资者可以通过原销售机构或客户服务中心查询开户资料、持有基金份额、基金份额变更及其他相关业务信息。

(1) 个人投资者申请查询，由本人亲自到销售机构办理，需提供以下资料：

● 基金账户卡或交易账号卡原件；

● 投资者身份证原件和复印件。

(2) 个人投资者申请查询，如委托他人到销售机构办理，需提供以下资料：

● 基金账户卡或交易账号卡原件；

● 投资者本人身份证复印件；

● 被委托者身份证原件和复印件；

● 投资者本人授权委托书。

(3) 机构投资者申请查询，需提供以下书面资料：

● 有效的营业执照原件；

● 法定代表人身份证复印件；

● 经办人身份证原件及复印件；

● 法人授权委托书；

● 基金账户卡或交易账号卡原件。

9.2.2 网上交易系统查询

使用开户时绑定的银行卡登录代销银行的网上银行，不但可以进行网上基金交易，并且可以很方便地查询明细情况。当然不同银行的网上银行在操作上会略有不同。

另外，有些基金可能不支持网上交易，但大部分还是支持基金网站查询的，一些基金公司的网站已经开通了网上查询或交易平台，用户可以登录所开户基金网站，然后按照网站的要求输入账号或证件号码等信息进行查询。

9.3　基金的买卖形式

投资者在购买基金之前，需要认真阅读有关基金的招募说明书，基金契约及开户程序、交易规则等文件，各基金销售网点应具备上述文件，以备投资人随时查阅。

9.3.1　买卖开放式基金

开放式基金和封闭式基金不同，一般不在交易所挂牌交易，它通过基金管理公司及其指定的代销网点销售，银行是开放式基金最常用的代理销售渠道。投资者可以到这些网点办理开放式基金的申购和赎回。

买卖开放式基金的其他常见问题。

(1) 开放式基金的"成交价格"计算。

开放式基金与封闭式基金的一个重要区别就是交易价格的确定方式不同。封闭式基金是在证券市场上投资者之间进行交易，它的价格主要由市场供求关系决定。如果你想卖出基金，但是市场上没有人愿意以你报的价格买入，那么只能降低你的报价直至有人愿意以此价格买入。

开放式基金的交易价格是以基金单位净值为依据，投资者办理赎回手续时即以基金单位净值为"成交价"，同时加收一定的手续费完成"卖出"手续。

那么，开放式基金的单位资产净值是如何计算的？

T日基金资产净值＝基金总资产－基金总负债

T日基金单位资产净值＝T日基金资产净值/T日发行在外的基金单位总数

其中，总资产是指基金拥有的所有资产(包括股票、债券、银行存款和其他有价证券等)按照公允价格计算的资产总额；总负债是指基金运作和融资时所形成的负债，如应付管理费、应付托管费、应付利息、应付收益等。开放式基金的单位总数每天都不同，必须在当日交易截止后进行统计，并与当日基金资产净值相除得出当日的单位资产净值，以此作为投资者申购赎回的依据。

基金的申购和赎回每天都会发生，所以作为交易依据的基金单位资产净值必须在每天的收市后进行计算，并于次日公布。

对基金资产总值的计算，一般遵循以下原则。

- 已上市证券按照公告截止日当日平均价或收盘价计算，该日无交易的，以最近一个交易日平均价或收盘价为准。
- 未上市股票以其成本价计算。
- 未上市债券及银行存款，以本金加计至估值日为止的应计利息额计算。
- 如遇特殊情况而无法或不宜以上述规定确定资产价值时，基金管理人依照国家有关规定办理。

(2) 投资者如何进行开放式基金的买卖？

按照国际惯例，开放式基金的买卖是以基金交易日当天的净值，加减手续费以后来进行的。由于基金净值要在当天股市收盘以后才能计算出来，所以投资人在买卖基金时并不知道所适用的基金净值。因此，投资人在申购基金时，要写明想申购基金的金额；赎回基金时，也要注明想赎回基金的单位款。当基金净值计算出来以后，基金公司会据以计算出投资人能买到的基金单位数或应得到的赎回金额。当然，买卖基金时，还需要支付基金申购和赎回的手续费。

(3) 为什么要关注基金净值？

基金净值是指基金总资产减去总负债后的余额。当基金净值稳步上涨时，投资者可以考虑申购基金，当然申购费用较高的，但是风险降低了。

(4) 买进卖出如何算账？

买卖开放式基金的计算公式大致如下：

$$认购价格＝基金单位面值＋认购费用$$
$$认购金额＝认购价格×认购份数$$
$$申购价格＝单位基金资产净值×(1＋申购费率)$$
$$申购单位数＝申购金额／申购价格$$
$$赎回价格＝单位基金资产净值×(1－赎回费率)$$
$$赎回金额＝赎回单位数×赎回价格$$

例如，一位投资者准备用 100 万元申购某开放式基金。假定申购的费率为 2%，当天的单位基金资产净值为 1.5 元，那么：

$$申购价格＝1.5 元×(1＋2\%)＝1.53 元$$
$$申购单位数＝100 万元/1.53 元＝65.333 万$$

基金单位非整数份数取整数。

(5) 怎样查询个人资料和历史交易信息？

个人投资者可以用交易卡号和密码通过银行的电话银行查询个人资料和历史交易信息，也可以通过柜台凭交易卡和身份证件进行相关的查询。机构投资者通过柜台凭交易卡及指定经办人有效身份证件进行相关的查询。

(6) 开放式基金有可能无法及时赎回吗？

出现以下情形时可能无法及时赎回。

● 由于出现巨额赎回的情形，即当天净赎回量超过基金规模 10% 时，基金管理人有权决定部分赎回。

● 当连续出现巨额赎回时，基金管理人有权决定暂停赎回，即在一定时期内不接受任何赎回申请。

● 首次认购结束后的三个月内闭锁期不接受任何赎回申请。当出现上述情形时，投资者的投资将可能无法及时变现。

(7) 开放式基金在三个月闭锁期后是否可能出现低于发行价格的情况？

自基金成立之日起基金资产划入托管专户后，基金就开始正式运作。由于开放式基金是一种面向资本市场的投资工具，它的资产构成主要是以股票、国债等价格易波动的资产为主，因此闭锁期过后，开放式基金的单位净值可能会高于或低于发行价格。

(8) 办理赎回资金需要几日能到达投资者的账户？

办理赎回资金需要几日能到达投资者的账户，由基金契约和招募说明书规定。

(9) 何谓"巨额赎回"、"连续赎回"和"取消赎回"

- 巨额赎回是指当开放式基金的当日净赎回量超过基金规模的 10%时，基金管理人可以在接受赎回比例不低于基金总规模 10%的情况下，对其余的赎回申请延期办理。基金投资者在办理赎回申请时，需在连续赎回和取消赎回两种方式中选择该赎回申请的巨额赎回处理方式。

- 连续赎回是指在发生巨额赎回时，投资者对延期办理的赎回申请部分，选择依次在下一个基金开放日进行赎回的赎回方式。

- 取消赎回是指投资者在递交赎回申请时，有权选择一旦发生巨额赎回时，对于延期办理的赎回申请部分，选择予以撤销。

(10) "委托"可以"撤销"吗？

与封闭式基金交易一样，开放式基金的日常申购和赎回申请可以在基金管理人规定的时间(现定为 15:00)以前撤销。

(11) 出现巨额赎回时，资金在几日内可以到达投资者的账户？

根据基金契约和招募说明书的规定，在投资者选择连续赎回的情况下，投资者 T 日可赎回的资金将最迟不超过 T＋7 日从托管账户划出，余下部分将依次在下一开放日顺延。在投资者选择取消赎回的情况下，投资者 T 日可赎回的资金将最迟不超过 T＋7 日从托管账户划出；其余的赎回申请将予以撤销。

(12) 开放式基金是如何报价的？

因为开放式基金的价格以基金资产净值为基础进行计算。一般在开放日公布净值。由于费用不是一个固定比例(可能根据金额不同而有所区别)，所以价格一般不公布，而只是以净值为基准，加减一定的费用计算。

(13) 购买开放式基金需要遵循的章法有哪些？

尽管目前可供投资者购买的开放式基金产品越来越多，但投资者面对基金产品，仍然面临较多的艰难选择。在开放式基金投资中失利的情况，还是时有发生。除了投资者对开放式基金产品的认知程度不高外，主要是没有遵循开放式基金投资的章法。

- 以保底收益作为购买开放式基金的标尺；

- 基金投资不讲风险识别，是大忌；

- 交易规则一知半解，增加申购、赎回成本；

- 不应盲目信赖基金宣传品，崇拜基金经理。

(14) 开放式基金投资的收益来源是什么？

开放式基金在运作过程中收益来源于利息收入、资本利得和其他收入三方面。这些收益均包含在基金单位资产净值中，到一定时候会按照基金契约以分红形式分配给投资者。

(15) 把握净值变动规律走出基金净值理解三误区？

为了更好地分析基金净值，观察净值变动，更好地把握净值变动规律，正确选择和投资基金，需要投资者从以下几个方面走出基金净值理解上的误区。

- 净值越低价格越便宜；
- 净值越低基金的投资价值越大；
- 以静态的眼光看待基金净值的变化，不准确。

(16) 办理基金转托管业务时为何没能成功转入？

基金份额转托管是指投资人申请将其在某一销售机构(或网点)交易账户中持有的基金份额全部或部分转出并转入另一销售机构(或网点)交易账户。

基金份额转托管业务分转出、转入两步完成，投资者应在转出机构提交份额转出申请，转出确认之后，投资者即可去转入机构办理转入申请。办理转托管业务，要求投资者在即将转入的销售机构先开立基金交易账户。

投资者办理转托管业务失败，可能是因为下列原因引起的：

- 投资者在办理转托管转入之前未在转出机构办理转出申请；
- 投资者在办理转托管转入之前未在转入机构办理多渠道开户，即投资者在转托管的转入机构未开立基金交易账户；
- 转出流水号输入错误。建议投资者在转出成功后，持转出机构的转出回执到转入机构办理转入手续，由转入机构填写对应的转出委托流水号。

9.3.2 买卖封闭式基金

跟买卖股票一样，买卖封闭式基金的第一步就是到证券营业部开户，其中包括基金账户和资金账户。如果是以个人身份开户，必须提供身份证等有效证件；如果是以公司或企业的身份开户，则必须提供公司的营业执照副本、法人证明书、法人授权委托书和经办人身份证。

在开始买卖封闭式基金之前，必须在已经与所选定证券商联网的银行存入现金，然后到证券营业部将账户里的钱转到投资人的保证金账户里。在这之后，可以通过证券营业部委托申报或通过无形报盘、电话委托申报买入和卖出基金单位。

必须注意的是，如果已有股票账户，就不需要另外再开立基金账户了，原有的股票账户可以用于买卖封闭式基金。但基金账户却不可以用来买卖股票，只能用来买卖基金和国债。

封闭式基金成立后，其份额固定不变，投资者只能在证券交易所通过交易所平台像买卖股票一样买卖基金。

封闭式基金的买卖和股票一样，在计算机、电话交易系统中输入相应的代码、价格、数量，就可以了。

封闭式基金和开发式基金有什么区别呢？简单为大家介绍一下。

开放式基金，是指基金规模不是固定不变的，而是可以随时根据市场供求情况发行新份额或被投资人赎回的投资基金。封闭式基金，是相对于开放式基金而言的，是指基金规模在发行前已确定，在发行完毕后和规定的期限内，基金规模固定不变的投资基金。

9.3.3　设置基金定投

基金定投是定期定额投资基金的简称，是指在固定的时间以固定的金额投资到指定的开放式基金中，类似于银行的零存整取方式。这样投资可以平均成本、分散风险，比较适合进行长期投资。

基金定投有懒人理财之称，价值缘于华尔街流传的一句话："要在市场中准确地踩点入市，比在空中接住一把飞刀更难。"如果采取分批买入法，就克服了只选择一个时点进行买进和卖出的缺陷，可以均衡成本，可在投资中立于不败之地，即定投法。

目前，已经有工商银行、交通银行、建设银行和民生银行等开通了基金定投业务，值得一提的是，基金定投的进入门槛较低，例如工商银行的定投业务，最低每月投资 500 元就可以进行基金定投。投资者可以在网上进行基金的申购、赎回等所有交易，实现基金账户与银行资金账户的绑定，设置申购日、金额、期限、基金代码等进行基金的定期定额定投。与此同时，网上银行还具备基金账户查询、基金账户余额查询、净值查询、变更分红方式等多项功能，投资者可轻松完成投资。

办理基金定投之后，代销机构会在每个固定的日期自动扣缴相应的资金用于申购基金，投资者只需确保银行卡内有足够的资金即可，省去了去银行或者其他代销机构办理的时间和精力。

9.4　买卖基金

基金的买卖特别是开放式基金的买卖与股票的买卖概念不同，基金的交易形式可分为认购、申购、赎回和转让等。

9.4.1　认购基金

基金的认购是指投资者在基金招募期间、基金尚未成立时购买基金单位的过程。

1. 开放式基金的认购方式

开放式基金认购方式可分为网上现金认购和网下现金认购两种。

网下现金认购是指投资者通过基金管理人及其指定的发售代理机构以现金形式进行的认购。开放式基金正式发行首日，投资者参与认购可分为以下三个步骤。

(1) 办理开户：到代销机构办理开户手续。

(2) 认购：个人投资者认购基金必须提供以下材料：本人身份证、基金账户卡、代销网店在当地城市中指定银行的本人借记卡、已填好的《银行代销基金认购申请表(个人)》。

(3) 确认：投资者可以在基金成立之后向各基金销售机构咨询认购结果，并且也可以到各基金销售网店打印成交确认单。此外，基金管理人将在基金成立之后按预留地址将《客户信息确认书》和《交易确认书》邮寄给投资者。

网上现金认购指南是指投资者通过基金管理人指定的发售代理机构，用网上交易系统以现金形式进行认购。具体来讲有以下三种途径。

- 网上银行：对于一些代销基金的银行，用户开通网上银行后即可通过银行的网上证券交易功能进行基金的认购。
- 基金网站：很多基金公司的网站同样提供网上交易平台，在其上用户可以进行开户、认购、申购、赎回等一系列操作，但前提是需要持有兴业、建行、农行和广发等银行的银行卡。
- 网上交易软件：一些证券公司的网上交易客户软件同样提供了开放式基金认购业务。

2. 封闭式基金的认购

目前，封闭式基金在网上认购，投资者只要有深、沪A股证券账户卡或基金账户卡，即可在基金发行日登录网上交易系统进行认购。封闭式基金在发行结束后，可以在交易所挂牌交易，投资者可通过证券公司交易系统进行委托交易买卖。

3. ETF基金的认购

ETF基金的发售主要有网上现金认购、网下现金认购、网下组合证券认购和网上组合证券认购4种方式。

网下组合证券认购是指投资者通过基金管理人指定的发售代理机构，以组合证券进行的认购。网上组合证券认购是指投资者通过基金管理人指定的发售代理机构，用网上交易系统以组合证券形式进行的认购。

4. 基金的认购费率

基金的认购费率是指认购费用占净认购金额的百分比率。

认购费用又称认购费，是指投资者在认购基金份额时需要按一定比率向基金公司支付的手续费。基金的认购费率一般为1%，具体情况还需要具体查询。

净认购金额是指从认购金额中扣除认购费用后的金额。

下面给出认购基金的相关计算公式。

$$认购费用=认购金额×认购费率$$
$$净认购金额=认购金额-认购费用+利息$$
$$认购率=认购费用/净认购金额$$

基金的认购费率一般为1%，但是具体情况还需要具体查询。

5. 基金认购指南

开放式基金通过认购的方式募集到足够的资金后，将随即宣告基金成立，然后进入封闭期，在封闭期里该基金不做任何运作。关键是等到基金出了封闭期以后，市场情况、运作水平等情况都不能预测，因此认购基金要慎重。在认购前投资者可以参考以下几点建议。

- 考察基金公司，要看其市场形象、公司背景、公司投资团队的实力等，有了优秀的团队才能使基金有好的业绩，才能给投资者带来稳定持续的回报。
- 考察基金经理，有实力、有经验的基金经理将给基金带来好的业绩。
- 投资者可以上网搜索查询，结合上述原则选准优质基金。
- 在选准基金后，投资者可以选择在网上交易，这样有比较优惠的认购费。

9.4.2 申购基金

基金的申购是指投资者在开放式基金宣布成立后，并已过了封闭期，再通过销售机构申请向基金管理公司购买基金单位的过程。

1. 基金申购的方式

开放式基金的申购方式有网下现金申购和网上现金申购两种。

1) 网下现金申购

到代销网点申购基金可以分为以下三个步骤。

(1) 开户。

(2) 申购。个人投资者到银行申购基金，一般要携带以下资料：本人身份证、基金账户卡、本人银行借记卡，之前估算好的申购量，在卡内存足够的金额、已填写好的基金申购申请表。

(3) 确认。投资者通常会在申请日后的第二个或第三个工作日收到通知，投资者可携带缴款单和通知单去销售机构领取基金收益凭证，完成申购。

2) 网上现金申购

网上现金申购是指投资者通过基金管理人指定的发售代理机构，用网上交易系统以现金形式进行的申购，具体有以下几种申购途径。

- 网上银行。对于一些代销基金的银行，用户开通网上银行后即可通过银行的网上证券交易功能进行基金的申购。具体的申购方法会因银行的不同而有所区别。
- 基金网。用户还可以通过基金公司网站上的网上交易平台进行基金的申购。

2. 基金的申购指南

投资者选择投资基金当然都是想有好的收益，在进行基金申购之前，可以参考以下几点建议。

- 关注基金净值，当基金净值稳步上涨时，投资者可以考虑申购基金，当然申购费较高，但是风险却降低了。

- 关注基金的募集程度是相对比较容易的方法，长期关注基金市场的投资者认为，募集很好的基金通常业绩不佳，募集冷清的基金收益反而比较高，所以投资者可以选择"逢低介入"来获得投资收益。
- 网上申购开放式基金可以享受一定的手续费折扣，有的甚至可以打 4 折。
- 投资者可以再投资节省申购费用，来提高基金投资的收益，当然也可以选择现金分红。
- 基金公司一般会选择业绩优良的基金，开展持续营销优惠活动，投资这些基金通常比较安全，还能享受费率优惠。
- 投资者可以参加基金团购，或登录基金团购网，因为基金公司有规定，申购数量越多费用越少。

3. 基金申购的计算

基金的申购费和认购费是不同的，下面介绍基金的申购费用和数额的计算公式：

申购费用＝申购金额×申购费率

净申购金额＝申购金额-申购费用

申购份额＝净申购金额/申请日基金单位净值

在实际的运作当中，开放式基金申购费的收取方式有两种：一种称为前端收费；另一种称为后端收费。

- 前端收费是指在购买开放式基金时就支付申购费的付费方式。
- 后端收费是指在购买开放式基金时并不支付申购费，等到卖出时才支付的付费方式。

采取后端收费的目的是为了鼓励投资者能够长期持有基金，因此，后端收费的费率一般会随着投资者持有的基金时间的增长而递减。

4. 基金申购与认购的区别

基金的申购和基金的认购是购买基金的两种方式，但是即使是对同一基金二者也有很大不同。

- 购买时间不同：认购是在基金成立前购买的，申购是在基金成立后购买的。
- 购买时的基金价格不同：认购时投资者知道购买价格通常为 1 元；申购时是未知价发行的，投资者不知道自己购买了多少份额，只有到第二日早上公布前一天的基金净值，投资者才会知道购买价格。
- 利息计算方式不同：认购基金的资金并没有被马上用于投资运作，这段时间用于投资的资金被基金公司计算为活期利息，到基金成立后，产生的利息被折算为基金份额返还给投资者；申购时基金已经开始上市运作，投资者申购即为投资，投资的风险由自己承担、并不产生利息。

9.4.3　赎回基金

基金的赎回是指投资者将手中持有的基金单位一部分或全部按公布的价格卖给基金公司并收回现金的过程。

1. 基金的赎回方式

基金的赎回方式有网下赎回和网上赎回两种。

到代销网点赎回基金可以分为以下三个步骤。

(1) 办理赎回。个人投资者需准备以下资料：本人或代办人身份证原件、所购基金所属的基金管理有限公司的基金账户卡或银行的银行卡、填妥的《开放式基金赎回申报表》。

(2) 确认赎回申请。基金管理人收到申请的当日为申请日，注册与过户登记人在 T+1 日自动为投资者办理扣除权益的注册与过户登记手续，投资者在 T+2 工作日之后向申请的结果进行确认，并可在 T+2 工作日之后向基金销售机构进行成交查询。

(3) 赎回款项。投资者的赎回申请成交以后，基金公司需要进行资金结算，这需要耗费一定的时间，成功赎回的款项一般会在 T+7 个工作日之内到达投资者的账户。

与网上认购基金类似，投资者同样可以通过登录网上银行、基金公司网站或者网上交易软件系统提供的基金交易平台进行基金的赎回操作。

2. 基金赎回的相关计算

基金赎回价格以赎回当日的基金净值为基础进行计算：

$$赎回费=赎回当日基金单位净值×赎回份额×赎回费率$$
$$赎回金额=赎回当日基金单位净值×赎回份额-赎回费$$

3. 赎回时机的选择

选择何时卖出基金是一门大学问。因为只有卖出基金实现收益，才是衡量投资基金业绩的硬道理。要想准确地算出卖出的最佳时机，不是一件容易的事情，但是只要遵循几个常见的原则，就可以找出相对接近最佳时间的时机，实现较好的收益。

(1) 考虑基金的费率规定，选择合适的赎回时机。

基金管理人在募集基金时，为了吸引更多的投资者，鼓励投资者更长期地持有所投资的基金，针对不同的基金持有时间设立了不同的赎回费率。比如有些基金在持有期满半年赎回，到账时间会延迟。赎回的在途时间如果在一年后，赎回费率会减半或者全免等。所以在选择赎回时，要问费率是否会减半或者全免等。在选择赎回时，要问清楚相关的赎回费率的规定。

(2) 基金业绩明显不佳时，要勇于舍弃，转换为其他基金。

基金投资操作不同于一般的股票投资，它更加倾向于长期性的投资，投资者可以容忍短期的绩效不佳，比如连续三个月或是半年，但是如果等到一年以后基金的业绩仍然没有起色，就应转换为历史业绩优秀、表现比较稳定的其他基金。

(3) 善于部分赎回，适时转换基金。

在市场处于最高点或急需资金的情况下，投资者可以赎回部分份额，取得资金，剩下部分可留待以后观行情而定。

(4) 设置"获利点/止损点"。

在选择基金前，应该有一定的理财目标、投资期望以及可承受的亏损程度。即使投资者投资的时间很长，也应该在期限内设定自己的投资获利点/止损点。如若投资者的理财目标是在投资了一段时间后要赎回变现，应该至少在到期前的半年内关注市场根据设定的获利/止损点适时赎回，以求获利最大。

9.5 案例分析

张先生和张太太都是公务员，月薪分别 3500 元和 3000 元。还没有孩子，每月结余 3000元左右。和母亲同住，现在每月还房贷 1500 元，还剩 30 万元要还。张先生是警察，买了大病险和附加意外险，张太太自己买了有分红功能的人身寿险，每年一共 5000 元的保费。现在手头有 13 万元的现金，另外想在 5 年内买辆车，以后还将有宝宝的加入，想为他存教育基金，现在张太太很想知道如何投资才能实现这些目标。

分散投资

可将 10 万元用于购买券商集合理财产品或者基金类产品(当时股票点位较低，是建仓的好时机)，在 5 年内可达到自己的预期收益，届时可以购买汽车。剩余的 3 万元，可以用来购买货币市场基金或其他流动性好的产品，以备日常应急所需。

理财结论

除了日常开销和缴纳商业保险外，该家庭每月还结余 2500 元左右，建议每月定投 1500元，假如按 4%的年收益计算，5 年以后可以拿到 10 万元左右，10 年以后可以拿到 27 万元左右，这笔钱可以成为宝宝出生后的教育基金。

9.6 金点子点拨

Q01. 基金投资的跨市场套利技巧

在购买基金过程中，人们总是拿股票投资与其相比，认为股票投资可以实现资本利差，而基金因为存在较高的申购、赎回费用，而普遍被投资者所担心，难以通过买基金而实现套利。其实，每一种投资品，都存在一定的投资时间和空间，只要掌握了投资方法，把握了基金买卖的时机，同样可以实现基金的套利计划。

(1) 封闭式基金的套利

随着第一只封闭式基金到期日的临近，解决封闭式基金的去向，将为投资封闭式基金带来较多的套利机会。由于目前封闭式基金价格与净值之间的偏差产生的高折价率，将为投资封闭式基金带来较大的套利空间。另外，封闭式基金因在二级市场挂牌交易，本身也存在一定的价差套利机会。

(2) 跨市场套利

目前已经成功开发的指数基金，如上证 50ETF、LOF 等基金品种，既提供了二级市场的交易功能，又提供了场外的申购、赎回功能。投资者除可进行二级市场的价差套利外，还可以进行场内外的跨市场结算，从而实现套利的目的。

(3) 开放式基金本身也可套利

开放式基金投资主要是为了取得分红，但投资者往往在投资过程中因各种情况的变化不得不选择基金的赎回。投资者只要留心观察基金净值与相关市场的关联度，也可以把握净值变动的幅度选择基金套利。

证券市场发生阶段性市场行情时，投资者只要把握市场行情的节奏，完全可以在行情起动前的时点购买股票型基金，而在行情阶段性见顶时，选择赎回。当基金净值的波动幅度所产生的收益足以抵偿申购、赎回费，并有较大盈利时，此法才可采用，从而实现开放式基金套利的目的。

(4) 模拟套利

基金作为一种专家理财产品，追求的是稳定收益。因此，选择较好的股票品种，并从股票的上涨中获利，是基金进行科学资产配置的主要目标。投资者购买基金不但从分红中获利，还应当指导自身的证券市场投资。运用一部分资金跟踪基金的投资品种，并依基金的净值变化而决定所投资股票的买卖参考，从而实现投资基金的模拟套利。

(5) 基金品种之间的套利

目前，一家基金管理公司旗下有多种基金产品，而且这些基金品种特点不同，受市场的影响程度也不一样，特别是股票、债券市场等本身就是相反的市场变动。资产配置品种的市场行情不同，决定着基金的收益变化不同。但一种基金产品收益的提高，也必定有另外一种基金产品收益的降低。达到了同升同降，除非是基金管理人采取了灵活的资产配置策略，并抓住了某一品种的市场行情和机遇。否则整个市场都变成了同质化，投资者在购买一家基金管理公司旗下的多只基金时，应选择适当时机进行基金之间的巧转换，从而实现基金之间的转换套利。如在证券市场转暖时，购买货币市场基金的投资者可择机转换成股票型基金，从而获取高于货币市场基金的收益。

(6) 政策套利

目前，国内的基金市场还不是很完善，为获取某种基金产品的较高收益。管理层对基金的运作都会进行一定的鼓励和抑制措施，以规避投资者风险。但在风险背后，却为投资者创造了一定的获利机会。如央行执行货币政策手段的变化，直接导致了货币市场基金主要投资品种央行票据收益发生变化，从而使货币市场基金的每万份单位收益发生变化，从而产生套利机会。

Q02. 弱市基金投资技巧

中国股市的周期性波动的特征十分明显，而且波动幅度相对较大。因此，客户在做基金投资时，必须要先知道自己对风险的承受能力，然后才能做综合性的基金配置。这是因为单一种类的基金配置在市场发生意料之外的单边下跌时，容易造成客户投资的重大损失，从而使投资信心受挫。所以为客户构建一个以不同基金类型组合的基金配置极为重要。一个较为完善合理的基金组合应当包括股票型、混合型、债券型、QDII 等各种类型的证券投资基金。可根据市场的情况做出相应的调整，适应不同经济周期下的投资风格。

在弱势情况下，购买新发行基金也是一种不错的选择。原因在于新基金在成立的前半年里，可以一直保持较低的仓位。低仓位缺点是涨不快，优点是跌不多。在弱势氛围下，新基金有较充分的时间来从容选股建仓。相比老基金，新发基金的基金经理也更会关注基金绝对收益。对于从未投资过基金的客户来讲，可以通过对新发基金的投资，逐步适应市场的波动，理解波动与真实损失的差别。面对不确定的股票市场，购买新发基金也可避免短期选时的困难，一般客户在购买老基金的过程中往往会纠结于短期的市场波动，患得患失间错失投资良机。购买新基金就不会存在这样的问题，只要选一个不错的公司，一个可信的基金经理，在将近一个月的认购期内就会把手续办完，它将客户对短期市场波动的不确定性，转变为对基金经理的短期信任度。更何况新基金确实也是有其投资价值，市场上涨了，新基金也会跟随市场同步上涨，只不过涨幅相对较小，一旦未来市场下跌，正好有利于基金经理慢慢建仓，相信总会有雨过天晴的艳阳天。

此外，基金投资客户还可以关注一些正在控制规模的基金，比如嘉实增长、中银中国等的基金。这些基金也许正处在限制阶段，但投资者仍可以通过单笔小额或是定投的方式投资。此类基金往往有较好的过往业绩，但为了降低规模变动对基金操作造成的影响采取了限制。这样的举措将有助于基金经理更好地实践其投资理念，长期来说更有利于该基金良性运作。而且限制申购，能让持有人分批分次慢慢建仓，也抑制了因为市场高涨而一窝蜂涌入的冲动，可培养投资人长期投资的良好投资习惯。

Q03. 基金账户的变更技巧

当基金账户不处于"销户"或"基金账户冻结"状态时，投资者可以提出基金账户资料变更申请。投资者申请变更基金账户资料时，必须提供注册登记中心要求提供的资料。

对于个人投资者，须提供以下书面资料。

● 填妥并盖有预留印鉴的业务申请表。

● 本人身份证原件和复印件。

● 代办人有效身份证件原件及复印件和本人的授权委托书(如非本人亲自办理)。

● 基金账户卡或交易账号卡原件。

● 机构投资者因重组、合并、分立、更名、工商年检变更登记等原因申请办理修改基金账户资料，须提供以下书面资料。

◆ 填妥并盖有预留印鉴的业务申请表。

◆ 有效的营业执照或注册登记证书原件及复印件。

◆ 工商行政管理部门出具的工商变更登记证明文件(需注明"原公司债权、债务皆由新公司承接"字样)。

◆ 法定代表人身份证复印件。

◆ 经办人身份证原件及复印件。

◆ 法人授权委托书。

◆ 基金账户卡或交易账号卡原件。

T+2 日后，投资者可在受理信息变更的销售机构查询信息变更的结果。

Q04. 赎回基金技巧

下面总结了几点赎回基金的技巧，一起来看看吧。

(1) 如果用户所持有的股票或者债券型基金在不同市场周期的表现弱于该基金关联的指数，那么很不幸地告诉你，你碰上了"哑炮"。人们通常习惯将共同基金和非关联的市场基准指标、同类型基金进行比较，但是该做法不仅会给基金投资带来干扰，而且还会掩盖共同基金的真实业绩。

(2) 一旦共同基金的费用增加，必须引起重视，对债券市场基金和货币市场基金尤为如此。和股票型基金相比，它们的长期回报更低，因此，费用增加就会降低长期投资回报。

(3) 投资者选择共同基金通常是基于对基金经理的信赖。不幸的是，大多数管理这些基金的人并没有用长远的眼光来看待投资，因为基金经理一般并不会在同一工作岗位上工作 5～6 年。基金公司向公众鼓吹长期投资理念的同时，基金经理的更换率却很快。

(4) 变更基金经理可能会导致一系列意想不到的变化，比如投资组合业绩下滑，新雇佣的基金经理接替老基金经理的工作，投资者的资金被扣押作为新投资策略的牺牲品。如果你计划 30 年持有某共同基金，期间可能会有 5～6 个不同的基金经理对该基金进行管理。如果不能接受基金经理变更给你带来的困扰，那么在建立投资组合的时候就应该坚定持有指数型基金和指数型 ETF。

(5) 共同基金投资目标和投资策略的改变是另外需要警惕的问题。通常情况下，基金公司对于这类变化不会公布，但是在对共同基金进行评估的时候，这些变化都无法掩饰。那些偏离基金原始投资策略的基金经理并不可靠，他们会给你和其他基金持有人带来一系列风险。

(6) 如果你持有的共同基金突然更改名字，和另外一只基金合并，或者被新的基金公司收购，也是该当心的时候。这种变化对于基金业绩的影响往往是难以想象的。

从 2003～2004 年期间，共同基金业曾曝出盘后交易的丑闻，不过这些丑闻今时今日已经被埋葬。如果你所持有基金的基金公司有过从质朴到肮脏的历史，那么对于它旗下的基金也该有所警惕。

此外，如果所持有的基金业绩没有达到自己的预期，那么继续持有该基金也没有意义，因为它无法满足你的投资需求。

除此之外，各个基金公司对旗下货币基金赎回时间却不统一，有的是 T+3，有的是 T+4，因此，理财专家建议投资人，在购买基金时，一定要看这只货币基金赎回时间是 T+4 还是 T+3，货币基金是每月月底结转收益的，所以货币基金赎回时间如下：如果你是在月底前赎回了部分份额，那么当月的收益要在月底才结转。下面介绍几个小技巧。

(1) 选择 T+3 基金

现如今，大小基金公司发行的开放式股票型基金已经有几百只，但各个基金公司对旗下货币基金赎回时间却不统一，有的是 T+3，有的是 T+4，因此，理财专家建议投资人，在购买基金时，一定要看这只货币基金赎回时间是 T+4 还是 T+3，如果两只基金运作水平不相上下，则不妨选择 T+3 的基金，这样，可缩短资金到账时间。

(2) 巧打时间差

大多数基金公司不仅有股票型基金，也有货币型基金，他们旗下的基金互转时间是 T+0 或 T+1。因此，投资者可以巧打时间差，可有效缩短资金货币基金赎回时间。

(3) 预约赎回

投资者有时会因工作繁忙等使赎回计划泡汤。其实，如果有效应用好银行和基金公司的某些业务项目，就会避免这种情况再度发生，现在多数银行和基金公司都开通了基金投资预约赎回业务，只要投资者提前在银行或基金公司的网上交易系统提前约定货币基金赎回时间，系统就会按照投资者的指令自动完成交易。

(4) 算好时间

货币基金赎回时间都是按工作日来计算的，国家的法定假日和节日，比如星期天、劳动节、国庆节、春节等都不在计算之内。

Q05. 保本基金投资

保本基金是指在定投期限内，对投资者所投资的本金提供一定比例保证的基金。也就是说，基金投资者在投资期限到期日，根据基金管理人的投资结果，至少可以取回一定比例的本金，而未获保证部分的本金和收益仍有一定的风险。一般情况下，投资者可以在到期日前赎回，但提前赎回将得不到任何回报保证。保本基金一旦发行，到期日前一般不再增发，投资者一般很少赎回，但可以赎回，因此，典型的保本基金是一种半封闭半开放基金。

保本基金的投资风险主要来自于三个方面。

● 市场短期内突然巨幅下跌，且在下跌过程中流动性丧失，投资者来不及变现，基金已跌破净值保本线。

● 投资标的市场处于频繁的剧烈波动状态，引发大量的赎回，基金公司不得不频繁地调整风险资产与固定收益资产间的比例，使得运作成本增加，影响保本目标的实现。

- 基金管理人风险监控与内控管理不严，未能严格执行策略，导致基金投资到期不能保本。从整体制度安排而言，保本基金投资风险的防范通过为保本基金引入担保机构可得到有效的增强。

保本基金投资风险的三个方面风险通过精细的测算和严密的制度安排已得到控制。

- 保本基金设定了有效的平仓线，若股票投资部分能以一定范围内的冲击成本及时平仓，则不会出现赔付情况。同时，考虑到如果连续出现大盘无流动性跌幅的情况，保本基金在日常运作的时候会有专门人员每日进行测算，会保留出足够的安全空间以防范此类危险。极端情况下，基金公司会以收取的管理费进行贴补。

- 基金管理公司可通过较高的赎回费率(提前赎回的解约罚金)来控制投资者的资金流动频率的进出，其中一部分将会返回基金资产弥补冲击成本。在市场波动不大的情况下，赎回费率的调控力度将比较有效；但在市场出现异常波动而导致投资者心理恐慌的情况下，赎回费率调控的力度将大大降低。

- 风险监控管理的制度安排和执行是杜绝保本基金运作风险的核心部分。风险控制一般主要由风险监控人员完成。多重监控防火墙的安全设计将有效保证保本投资机制的顺利运行。

保本基金投资的几个误区。

- 保本基金任何时候都保本：保本型基金对本金的保证有保本期限。保本基金是指在一定投资期限内对投资者所投资的本金提供80%或者更高保证的基金。因此，投资者在保本到期日，一般可以收回本金；但如果提前赎回基金，不但无法保障本金，还要支付赎回费用。

- 保本基金不会跌破"一元面值"：随着市场环境变化，保本基金的净值会在一元面值上下波动，有些时候会跌破一元面值。但是，投资者对此不用担心，只要不提前赎回，持有的基金符合保本条款，本金就一定是安全的。为了保证本金安全，保本基金通过一种以保本为基础的投资策略来保证基金的资产净值在到期日能够保持在本金之上。

- 所有保本基金都一样：保本基金对本金的承诺保本比例可以有高有低，即保本基金的保本比例可以低于本金，如保证本金的90％，也可以等于本金或高于本金；此外，保本基金的保本期限、资产配置比例等也不完全相同。因此，尽管都是保本基金，但业绩有高有低。

第 10 章　别有天地——手机上网炒股

本章导读

科技的飞速发展，让股票投资者可以使用手机在任何没有计算机的场合，随时随地的进行股票交易。目前，手机炒股已成为股民炒股最方便、最快捷的方式之一。本章将详细介绍手机炒股最基本的知识和方法。

本章重点

- 手机炒股入门
- 安装并登录手机炒股软件
- 退出手机炒股软件
- 使用手机炒股软件查看大盘指数、沪深 A 股、资讯信息
- 查询个股
- 查看个股 K 线图
- 诊断个股
- 在线交易

10.1 手机炒股入门

使用手机炒股前，用户首先要对手机炒股有初步的认识，并根据自己的需求选择一部合适的手机和手机炒股软件。

10.1.1 选购手机

手机炒股指的是利用 GSM/CDMA 移动通信网络的数据传输功能，实现手机上网查看行情和买卖股票交易，使用手机炒股突破了传统炒股时间和空间的限制。

但不是所有的手机都具有炒股功能。具有上网功能的手机，就具备了手机炒股的基本条件。另外，炒股手机还必须具备 JAVA、SIS 等扩展方式，允许下载第三方软件。只有具备了这些功能，股票投资者才能登录专门的 WAP 网站查看股票行情，并能下载和使用手机炒股软件上网买卖股票。

10.1.2 手机炒股方式

手机炒股主要包括利用第三方手机炒股软件、手机 STK 短信、手机 USSD 等多种方式。下面将分别进行介绍，股民可以根据需要，选择最适合的方式。

1. 利用第三方手机炒股软件

利用第三方手机炒股软件指的是利用手机的可扩展性安装第三方软件来实现炒股交

易，第三方软件和服务器之间的通信是通过手机的通信网络来实现的。一般最常用的手机炒股软件有同花顺、大智慧、投资通、国信证券和银行证券等软件。

2. 利用手机 STK 短信

利用手机 STK 短信指的是股民先去移动营业厅更换一张 STK 卡，然后通过移动通信网与证券系统实时互联，利用预先设定好的股票交易菜单，通过接收和发送短信信息的方式实现股票信息查询、买卖、交易委托和银行转账等功能。

几乎所有的手机都可以使用该方式来进行炒股，但目前开通此项功能的移动通信网和券商并不多。用户换上 STK 卡后，每月只需交纳一笔固定费用(各地收费不同)即可。

小贴士

节约手机炒股收费

在正式使用手机炒股前，建议股票投资者先去申请一个流量套餐，若未选用套餐，移动或联通的通信网络一般会以 0.01 元/kb 收费，远远大于套餐的流量费用。

另外，股票投资者还可以选择免费版的手机炒股。使用该版本的软件，在查看股票行情和进行交易时，软件提供商不收取任何费用，仅花费通信网络的流量费用。

3. 利用手机 USSD

USSD 的全名是 Unstructured Supplementary Services Data，即非结构化补充数据业务。利用手机 USSD 指的是股民先用手机拨打当地移动通信网络提供的特殊号码，系统将返回一个点播菜单供选择，然后服务器根据股民的选择进行交互式信息服务的数据业务。

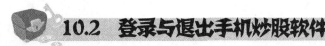

10.2　登录与退出手机炒股软件

10.2.1　安装并登录手机炒股软件

下面以银河证券中的手机炒股软件为例，为大家介绍手机炒股软件的安装及登录软件，具体操作步骤如下。

Step 01 输入网址。

打开手机，选择手机的网络功能，然后在地址栏中输入手机炒股的网址 wap.yhzq.cn，再按手机上的"进入"键进入网页。

Step 02 选择下载专区。

❶ 单击"下载"选项。

❷ 选择手机类型，例如在"通用专区"组中单击"玖乐 Android 手机版"链接。

Step 03 单击下载链接。

在界面中单击"玖乐 Android 手机版"链接，下载银河玖乐程序。

Step 04 单击"安装"按钮。

程序下载完成后，弹出安装询问对话框，单击"安装"按钮。

Step 05 正在安装程序。

开始安装程序，并弹出下载进度对话框。

Step 06 下载完成。

安装完成后，单击"打开"按钮。

Step 07 单击"注册"按钮。

在界面中选择运营商，再单击"注册"按钮。

Step 08 阅读免责条款。

阅读免责条款，并单击"我接受"按钮。

Step 09 短信注册。

注册成功后，开始跳转登录界面。

Step 10 进入首页。

跳转登录界面后，进入银河玖乐软件主页。

10.2.2　退出手机炒股软件

若要退出银河玖乐程序，只需要单击手机上的"取消"按钮，接着在弹出的对话框中单击"确定"按钮即可，如下图所示。

10.3 使用手机炒股软件

10.3.1 查看大盘指数

使用银河玖乐炒股软件查看大盘指数的具体方法如下。

Step 01 进入"大盘指数"页面。

❶ 选中"排行"选项,并按手机上的"确定"键进入。

❷ 选中"大盘指数"选项。

Step 02 查看大盘指数。

进入"大盘指数"界面,选择要查看的股票,例如选中"上证指数"选项,再按手机上的"确定"键进入。

Step 03 查看上证指数。

进入"上证指数"界面,在此可以查看上证指数行情信息。

10.3.2　查看沪深 A 股

使用银河玖乐手机炒股软件查看沪深 A 股行情的操作步骤如下。

Step 01 进入"沪深 A 股"页面。

① 选中"排行"选项，并按手机上的"确定"键进入。

② 选中"沪深 A 股"选项。

Step 02 查看大盘指数。

进入"沪深 A 股"界面，选中"成交金额"选项，再按手机上的"确定"键。

Step 03 按降序查看成交金额。

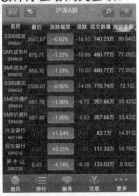

这时将依据成交金额的多少按降序排列沪深 A 股，再次选中"成交金额"选项，并按手机上的"确定"键。

Step 04 按升序查看成交金额。

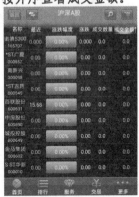

这时将依据成交金额的多少按升序排列沪深 A 股。

10.3.3　查询个股

使用银河玖乐手机炒股软件查询个股的操作步骤如下。

Step 01 打开"个股查询"界面。

在"沪深A股"界面中选中"搜索"按钮，再按手机上的"确定"键。

Step 02 查看分类排名。

弹出"个股查询"界面，输入要查询的个股代码，再按"确定"按钮。

Step 03 查看个股信息。

这时将会弹出个股界面，在此可以查看个股的走势图、委比和买卖价格等信息。

10.3.4 查看K线图

在银河玖乐软件中查看个股K线图的操作步骤如下。

Step 01　选择要查看的个股。

参考前面方法，进入"沪深 A 股"界面，然后按手机上的向下键翻页，找到要查看的个股，选中后再按手机上的"确定"键。

Step 02　展开"菜单"列表。

❶ 进入个股界面，选中"菜单"选项，再按手机上的"确定"键。

❷ 选中"K 线图"选项，并按手机上的"确定"键。

Step 03　查看 K 线图。

这时将会弹出个股的 K 线图界面，若要返回个股走势图界面，可以再次选中"菜单"选项，并按手机上的"确定"键。

Step 04　查看个股信息。

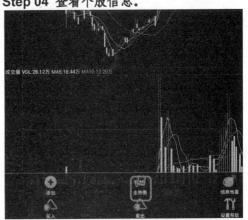

在展开的"菜单"列表中选中"走势图"选项，再按手机上的"确定"键即可进入个股走势图界面了。

10.3.5　诊断个股

在银河玖乐软件中提供个股诊断功能，用户可以使用该功能诊断个股，具体操作步骤如下。

Step 01 进入个股界面。

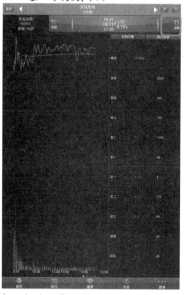

参考前面方法,进入个股界面,然后选中"诊断"选项,再按手机上的"确定"键。

Step 02 个股诊断。

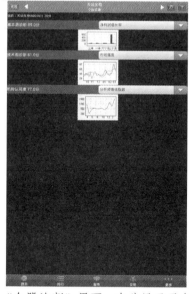

进入"个股诊断"界面,在此显示了个股的诊断信息。

10.3.6 查看资讯信息

使用银河玖乐查看股票资讯信息的操作步骤如下。

Step 01 进入"服务"界面。

在银河玖乐首页中选中"服务"选项,再按手机上的"确定"键进入"服务"界面。

Step 02 查看银河大势。

在"服务"界面选中"银河大势"选项,按手机上的"确定"按钮进入"银河大势"界面,在此查看最新大势信息。

Step 03　查看每日骏马。

在"服务"界面中选中"每日骏马"选项，按手机上的"确定"键，接着在进入的界面中查看每日骏马信息。

Step 04　查看银河热点信息。

在"服务"界面中选中"银河热点导航"选项，按手机上的"确定"键，接着在进入的界面中查看银河热点信息。

Step 05　查看银河投资早参信息。

在"服务"界面中选中"银河投资早参"选项，按手机上的"确定"键，接着在进入的界面显示银河投资早参信息。

Step 06　查看银河每日债券信息。

在"服务"界面中选中"银河每日债券"选项，按手机上的"确定"键，接着在进入的界面中查看银河每日债券信息。

Step 07 查看机构晨会集锦信息。

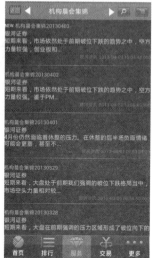

在"服务"界面中选中"机构晨会集锦"选项，按手机上的"确定"键，接着在进入的界面中查看机构晨会集锦信息。

Step 08 查看银河高端内参信息。

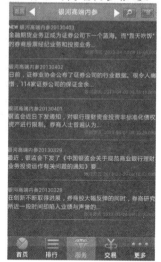

在"服务"界面中选中"银河高端内参"选项，按手机上的"确定"键，接着在进入的界面中查看银河高端内参信息。

Step 09 查看公司研究速览信息。

在"服务"界面中选中"公司研究速览"选项，按手机上的"确定"键，接着在进入的界面中查看公司研究速览信息。

Step 10 查看物价追踪信息。

在"服务"界面中选中"物价追踪"选项，按手机上的"确定"键，接着在进入的界面中查看物价追踪信息。

Step 11　查看新股申购策略信息。

在"服务"界面中选中"新股申购策略"选项，按手机上的"确定"键，接着在进入的界面中查看新股申购策略信息。

Step 12　查看行业研究参考信息。

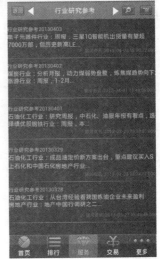

在"服务"界面中选中"行业研究参考"选项，按手机上的"确定"键，接着在进入的界面中查看行业研究参考信息。

10.3.7　在线交易

使用银行玖乐软件进行在线股票交易的操作步骤如下。

Step 01　打开个股界面。

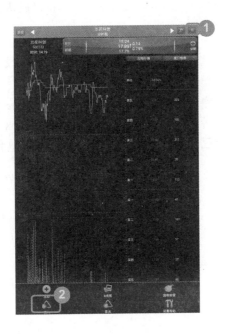

① 参考前面方法，打开个股界面，然后选中"菜单"选项，再按手机上的"确定"键。

② 选中"买入"选项，并按手机上的"确定"键。

Step 02 登录银河玖乐软件。

① 输入账户类型、营业部选择、资金账号、交易密码和验证码等参数。

② 单击"登录"按钮。

Step 03 买入下单。

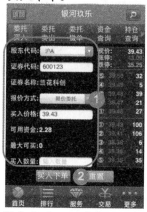

① 输入股东代码、证券代码、报价方式、买入价格和买入数量等参数。

② 单击"买入下单"按钮，在线买入股票。

10.4 案例剖析

严恒力曾是上海交大微电子学院的一名学生，他从读大一开始炒股，每天下课第一件事就是急切地拿出自己的手机，登录证券网站抓紧查询自己心爱股票的行情。他在短短三个月通过炒股炒出了一个由多达300名交大学生组成的炒股协会，他任会长。

 股票跌停

严恒力在读大一时决定开立第一个股票账户，当时的炒股资金是父母给的十几万元。当时的他并没想暴富，只想赚点零花钱。但是没有想到才开户，就赶上2月27日的大跌，那一天，他的股票全部跌停。但是因为学校规定，大一学生寝室不能上网，等他知道这一消息，已经是下午4点多钟了，那时都已经收盘了。为此，他与其他的炒股同学放弃使用笔记本电脑上网，改用自己的手机上网，在手机上下载炒股软件，这样就可以随时查看股票行情了。

 坚持就是胜利

开户后严恒力就取得了不错的成绩，资金增加了40%。特别是在炒股赚钱气氛的感染下，他新注册的上海交大"谈股论金"协会短短数月已经成为交大校园里最热门的学生社团，吸引了300多名男女大学生参加。

对于自己热心股市的所作所为，严恒力透露他不仅获得了父母的同意，甚至还得到了系里辅导员的支持，理由都是炒股的确能锻炼人。

10.5　金点子点拨

Q01.　查看上海板块的股市行情

使用银行玖乐软件查看上海板块的股市行情的操作步骤如下。

Step 01　选中"更多"选项。

① 首先打开银行玖乐软件，然后选中"更多"选项，再按手机上的"确定"键。

② 选中"地区"选项，并按手机上的"确定"键。

Step 02　选择要查看的地区。

选中"上海板块"选项，再按手机上的"确定"键。

Step 03　查看上海板块。

进入"上海板块"界面，在此显示了上海板块的股票行情。选中要查看的个股，按手机上的"确定"键。

Step 04　查看个股。

进入"交大昂立"个股界面，在此查看该个股的详细信息。

Q02. 查看基金、黄金、外汇和期货行情

使用银行玖乐软件查看基金、黄金、外汇和期货的行情的操作步骤如下。

Step 01 选中"菜单"选项。

① 在银行玖乐首页中选中"菜单"选项，再按手机上的"确定"键。

② 选中"银河基金"选项，并按手机上的"确定"键。

Step 02 查看银行基金。

进入"银河基金"界面，在此查看银河基金行情。

Step 03 选择基金。

在首页展开"菜单"面板，选中"基金列表"选项，按手机上的"确定"键进入"基金列表"界面，在此选择要查看的基金。

Step 04 查看安信基金行情。

例如选中"安信"选项，按手机上的"确定"键进入"安信"界面，在此查看安信基金行情。

Step 05 查看全球股指。

在首页展开"菜单"面板，选中"全球股指"选项，按手机上的"确定"键进入"全球股指"界面，在此查看全球股指的行情。

Step 06 查看黄金期货。

在首页展开"菜单"面板，选中"黄金期货"选项，按手机上的"确定"键进入"黄金期货"界面，在此查看黄金期货的行情。

Step 07 查看外汇。

在首页展开"菜单"面板，选中"外汇"选项，按手机上的"确定"键进入"外汇"界面，在此查看外汇行情。

Step 08 进入"全球期货"界面。

在首页展开"菜单"面板，选中"全球期货"选项，按手机上的"确定"键进入"全球期货"界面，在此选择要查看的期货类别。

Step 09 查看股指期货行情。

例如选中"股指期货"选项，按手机上的"确定"键进入"股指期货"界面，在此查看股指期货的行情。

Q03. 不同情况下卖出股票的方法

"会卖的是师傅"这句话充分说明了选好股票卖出时机非常重要，很多投资者就是不知道什么时候该卖股票而导致有利润可得变为亏损套牢。下面介绍几种不同环境下的卖出方法，希望大家能够结合市场实际进行合理运用。

(1) 大盘刚开始下跌的时候，果断地清仓出局。如果个股股价下跌不深，投资者套牢尚不严重的时候，应该立即斩仓卖出。只有及时果断地卖出，才能防止损失进一步扩大。

(2) 被动做空，降低成本。在跌市中投资者先将股票卖出，等跌到一定深度后，再重新买回，通过这种方法获取差价，降低成本。

(3) 在行情持续疲软的市场中，遇到异常走势坚决卖出。如果所持有的个股出现异常走势，则意味着该股未来可能有较大跌幅。

(4) 套牢较深时，适当补仓，逢高卖出。当股市下跌到达某一阶段性底部时，可以采用补仓卖出法，这时股价离投资者买价相去甚远，若强制卖出，损失较大。投资者可适当补仓后降低成本，等待行情回暖时再逢高卖出。这种卖出法适合于跌市已近尾声时使用。

(5) 在行情反弹时候卖出股票。如果股价已经经历了一轮快速下跌，这时再恐慌地杀跌止损，所起的作用就有限了。经过深幅快速下跌后的股市极易出现反弹行情，投资者可以把握好股价运行的节奏，趁大盘反弹时卖出。

Q04. 以图形形式查看股市信息

在银河玖乐软件中，默认以列表形式显示股市信息，用户也可以调整为图形形式，具体方法如下。

Step 01 选中"图形列表"选项。

① 在"沪深 A 股"界面中选中"菜单"选项，按手机上的"确定"键打开菜单。

② 选中"图形列表"选项，并按手机上的"确定"键。

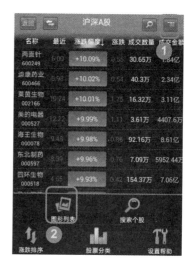

Step 02 以图形形式查看股市信息。

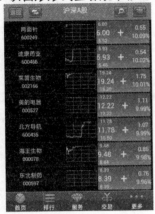

这时将按图形形式查看股市信息。

Step 03 返回列表形式。

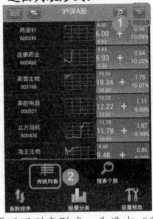

① 若要返回列表形式，先选中"菜单"选项，再按手机上的"确定"键打开菜单。
② 选中"传统列表"选项，并按手机上的"确定"键。

Q05. 管理自选股

　　由于手机的界面往往比较小，为了操作方便，用户可以将感兴趣的股票添加为自选股，这样一打开银行玖乐软件就可以看到股票的信息了，具体方法如下。

Step 01 打开"自选股管理"界面。

首先启动银行玖乐软件，然后在首页中选中"自选股管理"选项，再按手机上的"确定"键。

Step 02 输入自选股代码。

进入"自选股管理"界面，然后在"添加自选"文本框中输入要添加的自选股的拼音或代码，并单击"添加"按钮。

Step 03 成功添加自选股。

这时将会弹出"提示"对话框，提示成功添加自选股，单击"确定"按钮。

Step 04 选择要删除的自选股。

选择要删除的自选股，单击其后的"删除"图标 ⊖ 即可。

Step 05 删除自选股。

这时在股票名称前面将出现"取消"图标 ❗，同时"删除"图标 ⊖ 将变成"删除"按钮，单击"删除"按钮。

Step 06 查看删除的自选股情况。

这时将会弹出"提示"对话框，提示成功删除自选股，单击"确定"按钮。